北京市社会科学
基金项目成果

北京市低碳电力法律保障机制研究

Research on Legal Safeguard System of Low-carbon Electricity in Beijing

李 英 于家琪 / 著

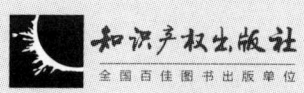

知识产权出版社
全国百佳图书出版单位

图书在版编目（CIP）数据

北京市低碳电力法律保障机制研究 / 李英，于家琪著．—北京：知识产权出版社，2017.6

ISBN 978-7-5130-4995-5

Ⅰ.①北… Ⅱ.①李… ②于… Ⅲ.①电力工业—节能—经济政策—研究—北京 Ⅳ.①F426.61

中国版本图书馆 CIP 数据核字（2017）第 154710 号

责任编辑：彭小华　　　　　　　　　责任校对：潘凤越
封面设计：SUN 工作室　　　　　　　责任出版：刘译文

北京市低碳电力法律保障机制研究

李　英　于家琪　著

出版发行：知识产权出版社有限责任公司	网　址：http://www.ipph.cn
社　址：北京市海淀区气象路 50 号院	邮　编：100081
责编电话：010-82000860 转 8115	责编邮箱：huapxh@sina.com
发行电话：010-82000860 转 8101/8102	发行传真：010-82000893/82005070/82000270
印　刷：北京嘉恒彩色印刷有限责任公司	经　销：各大网上书店、新华书店及相关专业书店
开　本：787mm×1092mm　1/16	印　张：15.5
版　次：2017 年 6 月第 1 版	印　次：2017 年 6 月第 1 次印刷
字　数：277 千字	定　价：48.00 元
ISBN 978-7-5130-4995-5	

出版权专有　侵权必究

如有印装质量问题，本社负责调换。

PREFACE >> 前　言

　　北京是我国的政治、经济、文化中心。2012年11月，中国发展与改革委员会发布了《关于开展第二批国家低碳省区和低碳城市试点工作的通知》，确定北京市为我国低碳试点省市之一。为充分践行低碳发展原则，北京市逐步引导电力行业向低碳方向发展，低碳电力的概念由此产生。相对于高能耗、高排放、高污染的传统电力，低碳电力是指通过提高可再生能源发电比例，降低输配电过程中的电能损耗，促进储能技术发展等方式，降低以二氧化碳为主的温室气体排放，以实现从电力生产到电力消费整个环节可持续发展的电力发展理念。通过北京市地方立法以及相关政策对电力行业发展的逐步规范，当前北京市已经基本实现了电力生产的无煤化发展。但北京市电力行业发展过程中依旧存在一定的问题，不利于低碳电力的稳步发展。建立北京市低碳电力法律保障机制就显得十分重要而且具有针对性。

　　本书共九章。从保障北京市电力低碳发展的角度出发，在第一、二章中，梳理了我国和北京市的低碳电力的起步、发展和推进，并对低碳电力的前景进行了展望。在第三、四章中，对我国和北京市低碳电力的相关法律与政策进行了梳理与总结，并分别从电力行业的发电侧、输配侧、售电侧和需求侧等方面具体分析了取得的成果以及存在的问题。在第五章中，基于北京市低碳电力发展与法制建设的需要，提出了构建北京市低碳电力法律保障机制的建议。在第六章至第九章中，分别从电力行业的发电侧、输配侧、售电侧和需求侧出发，针对电力发展中存在的问题，建议北京市制定《北京市电力低碳生产管理办法》《北京市电力输配办法》《北京市储能行业发展办法》《北京市售电市场管理办法》《北京市公共节能办法》和《北京市新能源汽车发展办法》，以促进低碳电力法律保障机制的建设与健全，保障北京市电力建设的稳步发展。

本书是北京市社会科学基金项目成果。项目编号为2015BJ0138，项目负责人为李英。在本书付梓之际，感谢北京市哲学社会科学规划办公室、北京市教育委员会、北京市支持中央在京高校共建项目的资助出版。感谢北京能源发展研究基地在课题申报与资料收集方面提供的支持，感谢华北电力大学王仲博士在数据搜集、统计与表格制作方面提供的帮助，同时感谢中国能源研究会城乡电力中心副主任王永建、北京市君泽君律师事务所律师助理颜行志为本课题所做的前期论证工作。

本书提出的观点难免存在偏颇，望读者批评指正。

目 录

第一章　我国低碳电力的起步与发展 …………………… 1
　一、我国低碳电力的起步与发展背景 ………………… 1
　　（一）我国低碳电力的环境背景 ………………… 1
　　（二）我国低碳电力的经济背景 ………………… 4
　　（三）我国低碳电力的行业背景 ………………… 6
　　（四）我国低碳电力的法律背景 ………………… 11
　二、我国低碳电力的起步与发展阶段 ………………… 15
　　（一）我国低碳电力的起步 ……………………… 15
　　（二）我国低碳电力的发展阶段 ………………… 16
　　（三）我国低碳电力的发展前景 ………………… 18

第二章　北京市低碳电力建设的推进与发展现状 ……… 24
　一、北京市低碳电力建设的推进 ……………………… 24
　　（一）北京市低碳电力的发展路径 ……………… 24
　　（二）北京市能源消耗情况与电力供应概况 …… 26
　　（三）北京市发展低碳电力的必要性 …………… 28
　二、北京市低碳电力建设的发展现状 ………………… 33
　　（一）北京市电源结构进一步调整 ……………… 33
　　（二）新能源汽车震荡发展 ……………………… 36
　三、京津冀的低碳电力协同发展 ……………………… 38
　　（一）京津冀电力合作现状 ……………………… 38
　　（二）京津冀低碳电力发展方向 ………………… 39

第三章 我国低碳电力相关的法律与政策 …… 44
一、我国低碳电力相关的法律与行政法规 …… 44
（一）我国低碳电力相关的法律 …… 44
（二）我国低碳电力相关的行政法规 …… 47
二、我国低碳电力相关的规章与政策 …… 49
（一）综合性低碳电力的规章与政策 …… 49
（二）发电侧低碳电力的规章与政策 …… 59
（三）输配侧低碳电力的规章与政策 …… 67
（四）售电侧低碳电力的规章与政策 …… 71
（五）需求侧低碳电力的规章与政策 …… 72

第四章 北京市低碳电力的法律与政策 …… 79
一、北京市低碳电力总体发展的法律与政策 …… 79
（一）北京市低碳电力发展的准备阶段的法律政策 …… 79
（二）北京市低碳电力全面开展阶段的法律政策 …… 82
（三）北京市低碳电力高速发展阶段的法律政策 …… 87
（四）京津冀协同发展下低碳电力的法律政策 …… 95
二、北京市发电侧的低碳电力法律与政策 …… 96
（一）节能减排方面 …… 96
（二）清洁生产方面 …… 98
（三）可再生能源发展与消纳方面 …… 99
（四）完善碳交易制度方面 …… 101
三、北京市售配电的低碳电力法律与政策 …… 103
（一）电网建设方面的法律与政策 …… 103
（二）电力销售方面的法律与政策 …… 104
四、北京市需求侧的低碳电力法律与政策 …… 105
（一）公共节能中的法律与政策 …… 105
（二）新能源汽车发展中的法律与政策 …… 107
五、北京市低碳电力相关法律与政策的发展前景 …… 107

（一）北京市低碳电力法律与政策总体发展前景……………… 107
　　（二）北京市低碳电力发电侧法律与政策的发展前景………… 108
　　（三）北京市低碳电力输配侧法律与政策的发展前景………… 109
　　（四）北京市低碳电力售电侧法律与政策的发展前景………… 110
　　（五）北京市低碳电力需求侧法律与政策的发展前景………… 111

第五章　构建北京市低碳电力法律保障机制……………………… 113
一、构建北京市低碳电力法律保障机制的必要性………………… 113
　　（一）北京市低碳电力发展的需要……………………………… 113
　　（二）北京市低碳电力法律政策建设的需要…………………… 115
二、北京市低碳电力法律保障机制的构建目标…………………… 116
　　（一）我国发展低碳电力的总体目标…………………………… 117
　　（二）京津冀协同发展下发展低碳电力的总体需求…………… 119
　　（三）北京市发展低碳电力的发展目标………………………… 120
　　（四）北京市低碳电力法律保障机制的构建目标……………… 122
三、北京市低碳电力法律保障机制的基本原则…………………… 123
　　（一）安全发展，保障民生……………………………………… 123
　　（二）政府引导，统筹兼顾……………………………………… 125
　　（三）清洁替代，促进可再生…………………………………… 126
　　（四）科技引领，高效创新……………………………………… 127
　　（五）京津冀依托，示范全国…………………………………… 128
四、北京市低碳电力法律保障机制的主要内容…………………… 130
　　（一）构建北京市发电侧的低碳法律保障机制………………… 130
　　（二）构建北京市输配侧的低碳法律保障机制………………… 131
　　（三）构建北京市售电侧的低碳法律保障机制………………… 132
　　（四）构建北京市需求侧的低碳法律保障机制………………… 133

第六章　北京市发电侧低碳法律保障机制的建立………………… 134
一、当前北京市发电侧低碳发展存在的问题……………………… 135
　　（一）北京市资源紧缺…………………………………………… 135

（二）北京市电力应急能力有限 ………………………… 137
　　（三）可再生能源成本较高 …………………………… 138
　　（四）外调电力污染性强 ……………………………… 141
二、建立北京市发电侧低碳法律保障机制的建议 …………… 142
　　（一）热电联产全面开展制度 ………………………… 143
　　（二）备用容量补偿制度 ……………………………… 145
　　（三）完善可再生能源发展补贴制度 ………………… 148
　　（四）建立源头清洁制度 ……………………………… 150

第七章　北京市输配侧低碳法律保障机制的建立 ………… 153

一、当前北京市输配侧低碳发展存在的问题 ………………… 154
　　（一）电网安全性相对不足 …………………………… 154
　　（二）京津冀一体化下电网互联互通有待加强 ……… 155
　　（三）可再生能源发电稳定性差 ……………………… 156
　　（四）储能技术尚不成熟 ……………………………… 157
二、建立北京市输配侧低碳法律保障机制的建议 …………… 159
　　（一）制定北京市电力输配办法 ……………………… 159
　　（二）制定北京市储能行业发展办法 ………………… 163

第八章　北京市售电侧低碳法律保障机制的建立 ………… 170

一、当前北京市售电侧低碳发展存在的问题 ………………… 170
　　（一）北京市电力交易中心独立性差 ………………… 170
　　（二）售电市场交易主体准入标准缺失 ……………… 172
　　（三）售电市场电价发展不完善 ……………………… 173
二、建立北京市售电侧低碳法律保障机制的建议 …………… 175
　　（一）整合当前北京市售电政策 ……………………… 175
　　（二）完善北京市电力交易平台建设 ………………… 178
　　（三）严格交易主体的准入标准 ……………………… 180
　　（四）完善电价交易制度 ……………………………… 182

第九章 北京市需求侧低碳法律保障机制的建立 …………… 184
  一、当前北京市电力需求侧低碳发展存在的问题 …………… 184
    （一）新能源汽车"骗补"现象严重 …………………………… 185
    （二）新能源汽车行业监管审查不严 ………………………… 186
    （三）充电桩建设尚未完善 …………………………………… 188
  二、建立北京市需求侧低碳法律保障机制的建议 …………… 189
    （一）制定新能源汽车法律保障机制 ………………………… 189
    （二）制定北京市公共节能办法 ……………………………… 196

附录1 北京市实施《中华人民共和国节约能源法》办法 ………… 198

附录2 北京市政府关于印发《北京市进一步促进能源清洁高效安全发展的实施意见》的通知 ……………………………… 208

附录3 国家发展改革委 国家能源局关于同意北京市开展电力体制改革综合试点的复函 …………………………………… 214

附录4 北京市民用建筑节能管理办法 ………………………… 221

附录5 北京市电动汽车推广应用行动计划（2014—2017年） ……… 230

第一章
我国低碳电力的起步与发展

一、我国低碳电力的起步与发展背景

(一) 我国低碳电力的环境背景

工业革命为世界带来了人造的光明——电力。电力逐步发展成为推进工业生产、保障社会运作的不可或缺的能源。由于受制于当时科学技术的发展水平,加之煤炭发电具有能量密度大、使用方便、输出稳定等特点,很长一段时间,以煤炭为代表的化石能源都是生产生活所依赖的首要能源。但在过度使用化石能源的过程中,我们逐渐认识到了它的弊端:第一,化石能源作为不可再生能源,其产量随着人类的开采利用,正在不断减少;第二,化石能源的利用对自然环境造成了日益严重的污染,直接危害到人类的生存和发展。

从我国电力行业自身发展的角度出发,我国传统的火力发电生产模式即是以煤为燃料,通过锅炉燃煤产生热量加热水体产生蒸汽,再利用蒸汽推动汽轮机而带动发电机组发电。其在发电的过程中对外排放出大量的二氧化碳、二氧化硫、碳氢化合物等有毒烟气,以及工业废水,产生大量污染,对环境造成了消极影响。

1. 我国传统电力生产模式造成的空气污染

传统的电力生产模式造成的首要污染即为空气污染。

以英国为例。伦敦孕育和产生了工业革命，工业革命也加速推进了伦敦的社会进程。然而由于巨大的能源需求，周边电厂、工厂过度燃烧化石燃料，伦敦首当其冲，被迫接受随之而来的恶果。煤炭的大量燃烧导致二氧化硫、粉尘等有毒有害气体颗粒大量排放，并由于城市的建设，导致水平方向上空气流动的阻碍增加，空气流动速度降低，城市长期弥漫着浓雾。且当气候异常时垂直轴的空气流动缓慢，排放废气不断堆积，无法扩散，最终引发了极为著名的伦敦烟雾事件。伦敦及其周边居民饱受毒雾伤害，生命健康受到严重威胁。在工业化发展的进程中，日本的四日市哮喘病事件、美国芝加哥的光化学污染事件，都与周边电厂、工厂大量燃煤，排放气体颗粒有着极为密切的关系。再如我国，长期大规模的传统电力生产模式占主导地位，也是我国空气质量下滑的影响因素之一。

另外近些年来两极冰川与冻土大量融化，导致海平面上升；厄尔尼诺现象频频发生，导致的极端天气频繁出现；部分地区气候反常，导致自然灾害频发、土地沙漠化，农业病虫害增加。这些生态问题的产生与温室效应、全球气候变暖有着极为密切的联系。而在温室气体引致的全球气候变暖效应中，二氧化碳的作用高达77%。

根据国际能源署的数据，2014年，全球二氧化碳排放量达到400亿吨，而来自电力生产的全球二氧化碳排放量为323亿吨，电力生产二氧化碳的排放量占全球二氧化碳排放总量的80.75%。在电力生产中，燃烧石油、煤炭、天然气等化石能源的火力发电在全球电力装机结构中占重要地位。据预测，2015年至2020年，火电将长期占据全球电力装机的主导地位。尽管全球火电占比有所下降，但仍将保持60%以上的较高水平。[①] 因此大量释放的二氧化碳，成为全球范围内产生温室效应，以及全球气候变暖的主要因素，对地球的生态环境和生物的生存环境带来巨大的冲击。

---

① 火电将长期占据全球电力装机的主导地位. http://www.chyxx.com/industry/201310/222199.html. 2015-10-05.

电力是人类生产生活中不可或缺的二次能源，日益增长的电力消费需求同时也在不断拉升电力生产能力。而我国电源结构以燃煤发电为主体，燃煤发电装机占总装机容量的比例超过70%，低碳电源比重较小；煤电的二氧化碳排放占发电总排放比例超过95%。我国电力行业的二氧化碳排放总量大、增长迅速。2005年，电力行业的碳排放相对1980年增加了5.57倍。同时，电力行业碳排放占全部化石能源碳排放的比例逐年增高，由1980年的21.07%逐步增加到2005年的38.73%。① 如图1-1，2010年我国煤炭消费中各行业二氧化碳排放占比中所示，2010年电力行业的碳排放几乎占据全国二氧化碳总排放量的"半壁江山"。对此，有效地缓解温室效应，解决全球变暖问题的主要手段应该集中在二氧化碳减排的治理上。

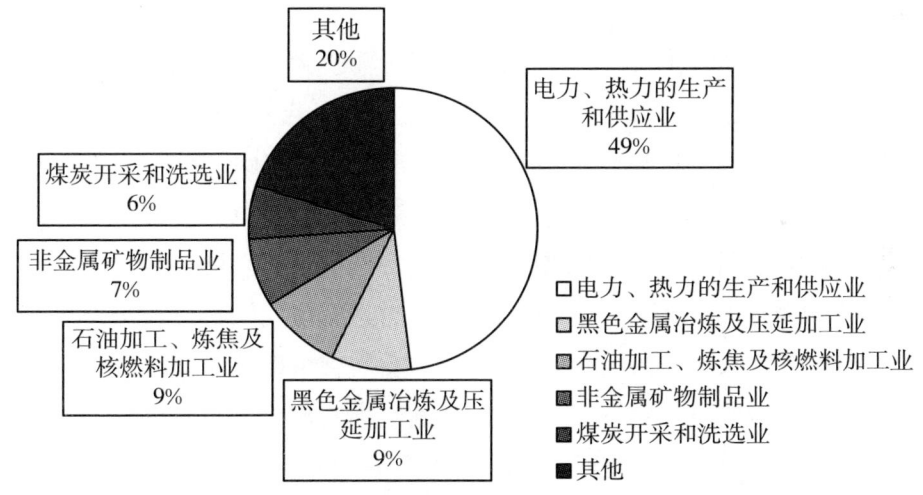

图1-1 2010年我国煤炭消费中各行业二氧化碳排放占比②

2. 我国传统电力生产模式造成的水土污染

除空气污染这种显而易见的污染形式外，传统电力生产还会对周边水体和土壤造成污染。其污染模式主要分为两种：

第一，酸雨的污染。酸雨成分中，硫酸占60%，硝酸占32%，盐酸占

---

① 2014年全球二氧化碳排放量"停滞". http://news.sciencenet.cn/html/shownews.aspx?id=315075. 2015-10-05.

② 参见章轲. 首份行业碳排量名单出炉 [J]. 品牌与标准化，2010 (7)：54.

6%，其余是碳酸和少量有机酸。而大气中的二氧化硫和二氧化氮主要来源于煤和石油的燃烧，它们在空气中氧化剂的作用下形成溶解于雨水的酸。酸雨区主要集中于欧洲、北美等地区，但随着亚洲经济、特别是我国经济的飞速发展，涵盖我国长江以南广大地区和我国台湾岛、朝鲜半岛和日本列岛的东北亚地区成为世界第三大酸雨区。酸雨使土壤酸化，导致土壤中的钙、镁等养分被酸溶解，土壤养分流失，抑制土壤微生物的活性，破坏其正常生态群落。酸雨对水生生物也有很大危害，它使许多河湖水质酸化，导致许多对酸敏感的水生生物种群灭绝。当湖泊、河水的pH值降到5以下时，鱼类、虾类的生长繁殖便受到严重影响，加之湖河底泥中有毒金属遇酸溶解，更加速了这些水生生物群的死亡。欧洲、北美地区已经出现湖泊因酸雨的危害而变为死湖。

第二，发电过程中会产生冲灰水、冷却水和少量的生产废水。其中冲灰水在自然沉降后会含有少量的污染物质，生产废水若不加以有效处理会含有有机物等污染物质。这些水污染物进入水体和土壤后均对陆地生态系统产生危害。

煤炭的燃烧所引发的一系列污染最终将导致气候变化与生态系统的破坏，并连带着对全球的金融经济造成影响。如联合国全球气候变化科学评估指出，由于全球变暖引发的气候问题所造成的总代价将会引起全球每年GDP损失约5%；世界银行前首席经济学家斯特恩在其《斯特恩报告》中同样指出，不断加剧的温室效应将会严重影响全球经济发展，其严重程度不亚于世界大战和经济大萧条，在考虑更广泛的风险和影响情况下，估计损失会上升到GDP的20%或者更多。[①]

（二）我国低碳电力的经济背景

改革开放前我国实行计划经济，社会经济发展速度相对较慢，对于能源的需求相对较低。随着改革开放的进行，我国市场经济飞速发展，能源需求不断扩大，煤炭的消耗也随之增大。逐渐增长的煤炭消耗使得煤炭燃烧所造

[①] 参见康重庆，周天睿，陈启鑫. 电力企业在低碳经济中面临的挑战与应对策略 [J]. 能源技术经济，2010 (6)：1-8.

成的污染问题越来越突出。仅仅关注以物质为基础的经济增长，而忽略随经济增长引发的环境恶化、生态污染，这种先污染、后治理的路线，必然会导致整个经济体制出现问题。[①]

1. "可持续发展战略"的提出

1980年，在世界自然保护联盟、野生动物基金会及联合国环境规划署共同发表的《世界自然资源保护大纲》之中，首次提及可持续发展这一概念。1987年在《我们共同的未来》的报告中正式使用可持续发展这一概念，并将其定义为既能满足当代人需要，又不对后代人满足其需要的能力构成危害的发展。[②] 由于可持续发展涉及的内容较广，在不同侧重中的解释各有不同，但总的说，可持续发展就是建立在社会、经济、人口、资源、环境互相协调和共同发展的基础上，以公平性、持续性、共同性为基本原则的一种发展。

因此，为进一步促进经济平稳发展，1994年我国政府颁布了第一个国家级可持续发展战略《中国21世纪人口、环境与发展白皮书》，指出国家和个人都有责任去推动经济的可持续发展。作为一个权衡经济、社会、环境的综合发展模式，可持续发展必须考虑经济、社会、环境三个系统之间的相互作用，寻求三个维度的平衡。但值得关注的是，可持续发展并非为现实的发展提供一套具体可行的措施，作为一种我们期望的发展模式，它更多的是为我们提供一种发展理念，为我们寻求人与自然和谐友好相处的一个目标。

2. "低碳经济"概念的提出

为实现可持续发展这一目标，应对当前高能耗、高排放、高污染的现状，2003年英国颁布的能源白皮书：《我们能源的未来：创建低碳经济》，首次提出"低碳经济"（Low-Carbon Economy）这一概念，即一种以低能耗、低排放、低污染为基础的经济模式。可以说，实行低碳经济发展模式，最终可以达到可持续发展的目标。2009年，中国环境与发展国际合作委员会发布的《中国发展低碳经济途径研究》中，将"低碳经济"界定为：一个新的经济、

---

① 参见赵洱崟. 中国电力行业低碳化发展研究［D］. 武汉大学，2012.
② 参见联合国副秘书长吴红波：可持续发展是唯一选择. http://www.cusdn.org.cn/news_detail.php? id = 270374. 2017 – 05 – 15.

技术和社会体系，与传统经济体系相比在生产和消费中能够节省能源，减少温室气体排放，同时还能保持经济和社会发展势头。

随着全球气候变暖问题得到更多的关注，国内外学者对于"低碳经济"也进行了较为深入的研究。普遍达成的共识是："低碳经济"是一种正在兴起的发展模式，其核心是在现有市场机制的基础上，通过制度和政策的制定和创新，进而推动新型效节能技术的研究、温室气体捕集、消纳技术的发展，可再生能源发展，生产、管理和消费观念的转变，实现新能源革命、产业制度创新和产业结构的调整，最终改变现有的建立在传统化石能源基础之上的经济增长方式，实现从高碳排放的工业文明向低碳消耗的生态文明的革命性转型。低碳经济，其实质是提高能源利用效率和创建清洁能源结构，核心是技术创新、制度创新和发展观的转变，其根本目标是促进经济发展的碳中性，即经济发展中人为排放的二氧化碳与通过人为措施吸收的二氧化碳达到动态平衡。低碳经济的实现需要考虑技术创新、制度创新和发展观念转变的三方面影响因素。

低碳经济是人类应对全球气候变暖问题，实现可持续发展的一种新的手段，在继续保持经济稳定增长的同时，实现能源利用转型，提高能源利用效率，减少或放弃化石能源的使用，兼顾了经济发展与生态环境。低碳经济概念的提出是顺应当下社会发展阶段的，与全球产业结构调整、节能减排等目标一致。其内涵包括四个方面：在低碳经济的发展道路上，必须执行节能减排；权衡生态资源与经济发展之间的关系，实现能源利用效率最大化，生态环境问题解决最大化以及人民幸福指数最大化；企业是低碳经济发展的基础，推动企业转型，构建低碳型企业是关键；低碳经济的推行应该优先实现电力低碳化。

低碳经济概念的提出顺应了世界能源消费的发展趋势。随着低碳经济理念的不断深化，各国开始致力于探索低碳经济的可持续发展模式，为人类的经济发展模式和生产生活方式都带来了一定的变化。低碳经济概念的提出也为后续低碳相关概念的提出奠定了基础。

(三) 我国低碳电力的行业背景

1. 我国电力工业发展历程

我国电力时代的开始几乎与欧洲同步，1882年英国商人在上海开办的上海电气公司作为我国第一家公用电业公司,标志着我国电力工业的开始。第一次世界大战的爆发促进了民族资本工业的发展,也让电力工业有了最基本的雏形。但日本侵华战争爆发以后刚刚起步的电力工业又遭到了毁灭性的破坏。新中国成立后我国重工业发展迅速。至1978年,30年的时间,我国装机容量增长了30倍,跃居世界第八的位置,发电量则涨了近60倍,跃居世界第七的位置。改革开放以后,我国电力工业发展飞速。1987年装机容量突破1亿千瓦。到1996年,我国的发电量和装机容量仅次于美国,位居全球第二。

进入21世纪以来,如图1-2所示,我国电力行业得到了迅速的发展,电力工业支撑经济发展,装机总量和发电量逐年增加,保障了工业发展与社会居民用电的基本需求。截至2015年年底,全社会用电量为555 000亿千瓦时,发电量为56 045亿千瓦时,发电装机容量为150 673万千瓦,其中火电占比份额最多,为65.7%,电网220千伏及以上输电线路回路长度为610 889千米,220千伏及以上公用变设备容量为313 240万千伏安,电网规模居世界第一。

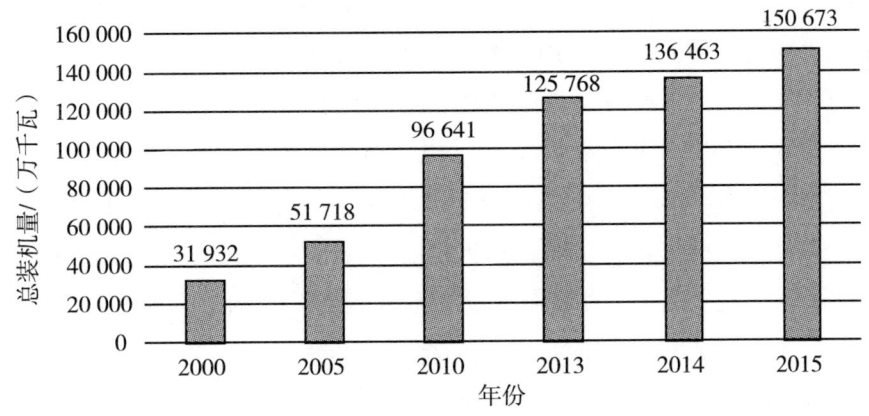

图1-2 2000—2015年我国装机总量①

然而我国传统的电力工业是以燃煤为主,通过锅炉燃煤产生热量加热水体产生蒸汽,然后利用蒸汽推动汽轮机而带动发电机组进行发电。虽然能效

---

① 参见中华人民共和国统计局年度数据。http://data.stats.gov.cn/easyquery.htm? cn = C01. 2016-11-25.

高、发电稳定，但污染严重，煤炭资源有限。"六五"计划中我国首次将新型可再生能源技术列入国家重点科技攻关计划，"七五"计划期间我国提出电力工业发展方针"优先开发水电，大力发展火电，适当发展核电，积极开发新能源"。20世纪90年代后我国积极发展可再生能源，并与欧美多国合作，建立可再生能源试验项目。在内蒙古发展风能、太阳能，在浙江大陈岛成功建成风能、太阳能、潮汐能和生物质能的综合性可再生能源示范基地。2006年我国制定出台了《中华人民共和国可再生能源法》，可再生能源至此步入快速发展的轨道。

2. 我国电力系统改革历程

随着电力工业的发展，我国电力系统逐渐形成和发展。1955年7月30日，中华人民共和国电力工业部成立；1970年到1980年东北、华北、华东、中部、西北部及南方的区域电力网络已经形成；1997年1月16日，国家电力公司正式成立，并按照政企分开的要求，将电力工业部所属的企事业单位划归国家电力公司管理；1998年3月，撤销电力工业部，国家电力公司作为国务院出资的企业单独运营，标志着我国电力工业管理体制由计划经济向社会主义市场经济转变，实现了政企分开的历史性转折。

为了促进电力工业发展，提高国民经济整体竞争能力，消除电力企业垄断经营的缺陷，2002年国务院下发《电力体制改革方案》。其目的在于，打破垄断，引入竞争，提高效率，降低成本，健全电价机制，优化资源配置，促进电力发展，推进全国联网，构建政府监管下的政企分开、公平竞争、开放有序、健康发展的电力市场体系。随后，国务院和国家发展改革委员会相继出台了多项改革方案和措施，从根本上改变了指令性计划体制和政企不分、厂网不分等问题，中国电力行业逐步形成了"厂网分离、竞价上网"的电力市场主体多元化竞争的格局。在发电方面，组建了多层面、多所有制、多区域的发电企业；在电网方面，除国家电网和南方电网外，组建了内蒙古电网等地方电网企业；在辅业方面，组建了中国电建、中国能建两家设计施工一体化企业。此外，相继出台了居民阶梯电价和惩罚性电价，开展大用户与发电企业直接交易，发电权交易等试点和探索，逐步开启了电价机制和电力市场化交易。

在电力系统改革方面,由于没有全面推行电力行业市场化制度的建设,电力工业存在交易机制缺失、电价形成机制不完善、立法修法工作滞后等问题,使得电力体制改革所期待的红利没有体现出来,售电侧也未建立有效竞争机制,导致发电企业和用户之间的市场交易有限,市场无法在电力资源配置过程中起到决定性作用。为改革调整我国能源结构,推动能源转型,增强我国电力市场的活力,提高可再生能源的比重,2015年3月中共中央、国务院发布《关于进一步深化电力体制改革的若干意见》,提出了有序推进电价改革、完善市场化交易机制、稳步推进售电侧改革等重点改革任务。

3. 我国电力行业存在弊端

虽然我国电力工业迅猛发展,电力系统规模庞大,可再生能源稳步发展,但是电力发展模式仍存在诸多问题。

表1-1 我国2015年不同方式发电量对比情况①

发电方式	年发电量(亿千瓦时)	占比(%)
火电	40 972	73
水电	11 143	20
核电	1 695	3
风电	1 851	3.3
太阳能发电	383	0.68

在电源结构上,如表1-1所示,我国呈现出以化石能源发电为主,核电、水电、新能源发电为辅的局面,形成这种局面的原因在于我国"富煤、少油、贫气"的能源储量分布特点,在过去几十年的时间大力发展煤电机组;另外,我国新能源技术起步较晚,前期投入的研究设备成本还没有得以回收,并且由于可再生能源具有不稳定性,发电质量较差,导致可再生能源消纳困难,在总发电量中的占比较低,与煤电机组竞价上网没有优势,主要还是依赖于政府补贴。目前的电源结构不利于我国电力的可持续发展。

---

① 参见中国电力企业联合会. http://www.cec.org.cn/guihuayutongji/tongjxinxi/. 2017-05-21.

表1-2　2015年我国主要省自治区、直辖市用电量对比情况（单位：亿千瓦时）①

地　区	用电量	地　区	用电量
北　京	953	山　东	4 243
天　津	801	河　南	2 880
河　北	3 176	湖　北	1 665
山　西	1 737	湖　南	1 448
内蒙古	2 543	广　东	5 311
辽　宁	1 985	广　西	1 334
吉　林	652	海　南	271
黑龙江	869	重　庆	875
上　海	1 406	四　川	1 992
江　苏	5 115	贵　州	1 174
浙　江	3 554	云　南	1 439
安　徽	1 640	西　藏	41
福　建	1 852	陕　西	1 222
江　西	1 087	甘　肃	1 099
青　海	658	宁　夏	878
新　疆	1 602	/	/

　　为了满足社会用电总需求量的快速增加，我国电力经历了粗放式的发展。这种发展导致的是火电行业整体效率低下，污染物排放超标，可再生能源技术不成熟等问题。其中，火电行业整体效率低下，一方面是由于高能耗、低效率的小机组在发电端占比过高。为了提高发电行业整体效率，国家能源局采用上大压小的政策，自"十一五"规划以来累积关停小火电约1.1亿千瓦。并且在2016年国家能源局下达煤电行业淘汰落后产能的通知，对能耗高、污染严重的落后煤电机组，特别是单机30万千瓦以下的机组加大关停力度。另一方面是火电机组为了参与电网调峰，而在高能耗的低负荷区间内运行。根据中电联的统计数据，2015年，全国火电机组运行小时数4 364小时，

---

① 参见中国电力企业联合会. http://www.cec.org.cn/guihuayutongji/tongjxinxi/. 2017-05-21.

为 1969 年以来的年度最低值①。

在电力需求方面，我国电力还存在资源分布和需求分布不平衡的问题。如表 1-2 所示，我国东部等地区经济发达，电力需求量大，但是能源储量匮乏；经济总量较小的西北、西南地区，电力需求量小，但是化石燃料储量大，且水资源、风资源、太阳能等可再生资源同样丰富。2013 年，我国东部地区一次能源消费所占比重 53.5%，用电比重占 57.1%，煤炭资源只占 10.5%，水电资源占 7.3%。随着能源的深入开发与利用，我国的能源生产重心会更加向西部转移，电力消耗与电力生产的区域间不平衡矛盾会更加严重。因此，我国电力工业要加快跨区域大电网建设，西气东输、西电东送等资源跨区域配送，实现电力资源的优化配置。

（四）我国低碳电力的法律背景

1. 我国发展低碳电力的国际法背景

环境污染所引发的全球气候变暖以及各种极端天气使得各国政府、企业与社会民众意识到温室气体的排放已经成为全球性问题，实现温室气体的减排更需要全世界各国共同努力，共同实现。联合国与世界各国政府相继通过立法和政府规划等各种途径，制订了二氧化碳减排目标，并通过产业经济结构调整，提高能源效率，大力发展清洁能源等手段，为提高经济发展的可持续能力，探索新途径，做好技术储备。

为解决气候变暖问题，联合国于 1979 年召开第一次世界气候大会。1987 年，联合国世界环境与发展委员会发布了《我们共同的未来》报告，总结了过去的经济发展模式对生态环境所造成的影响，指出我们要走环境保护与经济建设共同兼顾的可持续发展路线。1988 年建立了政府间的气候变化专门委员会。1992 年 6 月，在巴西里约热内卢举行的联合国环境与发展会议中通过了《联合国气候变化框架公约》（United Nations Framework Convention on Climate Change，UNFCCC）。该公约是世界上第一个为全面应对温室效应给人类生存发展造成的不利影响的国际公约，明确提出了减少温室气体排放，减

---

① 参见中国电力. http://www.chinapower.com.cn/informationtjzlqg/20160825/49787.html. 2017-05-21.

少人为活动对气候系统的危害，减缓气候变化，增强生态系统对气候变化的适应性，确保粮食生产和经济可持续发展的目标。自 1995 年以来，联合国气候变化框架公约缔约国每年举行一次联合国气候变化大会，其中，尤以第三次和第十三次大会的影响最为深远。1997 年 12 月，在日本京都举行的联合国气候变化框架公约参加国第三次会议中，通过了《联合国气候变化框架公约》的补充条款即《联合国气候变化框架公约的京都议定书》，简称《京都议定书》。《京都议定书》第一次以法规的形式对温室气体的排放提出了明确的限制。2007 年 12 月，在印度尼西亚巴厘岛举行的联合国第十三次气候变化大会上通过了"巴厘路线图"，"巴厘路线图"为应对气候变化谈判的关键议题确立了明确议程，首次开启了"双规"谈判。明确了 2020 年发达国家减排 25%～40%，2050 年全球减排 50% 的中远期目标。2009 年 12 月在丹麦哥本哈根召开第十五届联合国气候变化大会，来自全球 192 个国家和地区的代表就 2012 年至 2020 年的全球减排协议进行了谈判。2015 年 12 月，在巴黎召开第二十一届联合国气候变化大会，近 200 个缔约方参与，达成了《巴黎协定》，最大限度地凝聚了各方共识，向着《联合国气候变化框架公约》所设定的"将大气中温室气体的浓度稳定在防止气候系统受到危险的人为干扰的水平上"的最终目标迈进了一大步。《巴黎协定》开启了 2020 年以后全球气候治理的新阶段，同《联合国 2030 年可持续发展议程》一起成为未来 15 年全球发展的新平台和新规则。

  全球气候变暖是世界性的问题，任何一个国家都不可能置身事外。在全球性会议召开的同时，各国对于本国的温室气体减排也采取了相应的措施，如英国、日本等。随着减排意识的逐步增强，低碳也已经成为各国发展的重要指标。2003 年英国政府公布了能源白皮书《我们未来的能源——创建低碳经济》，在书中首次提出了低碳经济的发展理念。2000 年欧盟成员国的温室气体排放量相比 1990 年减少 4%，作为温室气体减排运动的积极推动者，欧盟成员国在 2007 年提出了"20－20－20"的目标，分别代表：二氧化碳排放量较 1990 年减少 20%，能耗水平降低 20%，以及可再生能源在总的能源消耗中占比 20%。欧盟在 2011 年再次承诺，到 2050 年温室气体的排放量较 1990 年降低 80%～95%，并且很多国际组织为此个减排目标，开展了可行性与技术路线研究。日本则承诺2008—2012年在1990年的基础上,实现降低6%的目标,并为此成立了温室气体排查办公室,采取多项措施控制温室气体排放。作为全球最大的温室气体排放国之一,美国以减排可能会威胁美国经济为由,于2001年退出《京都议定书》,并拒绝承担量化的、强制性的减排义务;但美国国内一些州则采取了积极应对措施,加州更是通过了一项减排法案。英国采取"政府投资、企业运作",德国发展生态工业等,各国都在为实现二氧化碳减排目标而努力。

《联合国气候变化框架公约》中明确规定了发达国家与发展中国家之间有"共同但是有区别的责任"。20世纪90年代后随着我国经济快速发展,科学技术不断增强,我国政府从开始的关注全球气候变暖问题,转为投身治理气候问题。虽然作为发展中国家我国在2012年之前不需要承担减排义务,我国还是于1992年和1997年就分别正式签署了《联合国气候变化框架公约》和《京都协议书》。在中国共产党"十七大"报告中明确了"加强应对气候变化能力建设,为保护全球气候做出新贡献"的重大目标和承诺。2009年12月,在丹麦哥本哈根第十五届联合国气候变化大会上中国向全世界承诺:到2020年,中国单位国内生产总值二氧化碳排放量比2005年下降40%~45%,非化石能源占一次能源消费的比重达到15%,这一承诺也写进了国务院颁布的《中国的能源政策(2012)》中。2015年12月在巴黎举行的第21届联合国气候变化大会上,习近平主席代表中国承诺将在2030年左右使二氧化碳排放达到峰值,2030年单位国内生产总值二氧化碳排放量比2005年下降60%~65%。

2. 我国低碳电力的国内法背景

我国当前正处于经济快速发展的时期,工业化、农业现代化、城市化进程不断加快,能源需求快速增长,温室气体排放总量大、增速快。为维护改革开放后我国经济的稳步发展,1994年我国政府颁布了第一个国家级可持续发展战略《中国21世纪人口、环境与发展白皮书》。与此同时,我国先后修订了《中华人民共和国电力法》《中华人民共和国清洁生产促进法》《中华人民共和国可再生能源法》《中华人民共和国节约能源法》等一系列与节能减排相关的法律文件。

表1-3　国际能源署全球碳排放排名①

2013年排放二氧化碳排放前十名	占比（％）
中国	29
美国	15
欧盟成员国	10
印度	7.1
俄罗斯	5.3
日本	3.7
德国	2.2
韩国	1.8
伊朗	1.8
沙特阿拉伯	1.5

2013年根据国际著名气候变化研究人员合作组织"全球碳计划"公布的数据显示，如表1-3所示，世界二氧化碳排放排名前五名的国家和地区分别为：中国29％，美国15％，欧盟成员国10％，印度7.1％，俄罗斯5.3％。中国的碳排放总量超越了美欧总和。随着国际社会对我国控制温室气体排放、承担更大国际责任的要求和期待不断上升，我国已不可能向发达国家工业化时期一样无限制排放温室气体，而应在加快推进我国工业化和现代化的进程中，借助应对气候变化的契机，加快转变经济发展方式和调整经济结构的进程，实现低碳发展。

为了加快转变经济发展方式和调整经济结构的进程，实现低碳发展，我国还出台了相应的行政法规、部门规章和地方性法规等配套性法规文件，确保节能减排工作有法可依。在综合规划方面，我国先后出台了《节能中长期专项规划》《可再生能源中长期发展规划》《可再生能源发展"十一五"规划》《可再生能源发展"十二五"规划》《"十二五"控制温室气体排放工作方案》《可再生能源发展"十三五"规划》《国家应对气候变化规划

---

① 参见中国碳排放总量超过欧美总和　人均碳排放首超欧盟. http://www.guancha.cn/strategy/2014_09_22_269609.shtml. 2017-05-15.

(2014—2020年)》《煤电节能减排升级与改造行动计划（2014—2020年)》《关于进一步深化电力体制改革的若干意见》等政策来明确节能减排政策的具体目标和执行要求，确保我国节能减排工作得到周密的部署。

在发电方面，我国出台了《火力发电厂节约能源规定》《煤炭深加工示范工程标定管理办法》《煤炭清洁高效利用行动计划》《全面实施燃煤电厂超低排放和节能改造工作方案》等政策，旨在加强火电厂的技术改造，煤炭的清洁生产，促进节能减排；出台《关于促进先进光伏技术产品应用和产业升级的意见》《2016年全国风电开发建设方案的通知》《关于完善光伏发电规模管理和实施竞争方式配置项目的指导意见》等政策促进可再生能源的发展。

为加强对电网配电侧的监管和促进可再生能源的消纳，我国出台了《电网企业全额收购可再生能源电量监管办法》《关于可再生能源就近消纳试点的意见》《可再生能源发电全额保障性收购管理办法》《可再生能源发电全额保障性收购管理办法》等行政法规、部门规章和其他规范性文件；为促进售电侧发展、可再生能源上网，推进我国能源转型，我国出台了《关于完善陆上风电光伏发电上网标杆电价政策的通知》和《太阳能热发电标杆上网电价政策》；在需求侧，我国出台《低碳产品认证管理暂行办法》《节能低碳产品认证管理办法》等政策完善我国节能认证标准，为低碳、可持续的电力行业发展做好充分的准备。

二、我国低碳电力的起步与发展阶段

（一）我国低碳电力的起步

相对于高能耗、高排放的传统电力，低碳电力是指通过提高可再生能源发电比例，降低输配电过程中的电能损耗，促进储能技术发展等方式，降低以二氧化碳为主的温室气体排放，以实现从电力生产到电力消费整个环节可持续发展的电力发展理念。其内涵即为：在保持电力工业正常发展的情况下，通过制度框架设计和政策措施，积极推动新技术运用，以低碳建设为约束、以技术创新为支撑，在电力生产、电力输送和电力消费方面实现全方位的能源节约，积极调整电源结构，大力发展水电、风电、太阳能等可再生清洁能源，推进低能耗火电机组的建设和发展，提高电网的输送效率及可靠性，推行资源优化配置，转变电力消费观念，满足经济和环境可持续发展的要求。因此低碳电力的概念对于发电企业而言要远比节能减排丰富的多，它不再单纯为了降低污染物排放而增加过多的代价，损害电力企业的利润，影响电力企业的良性发展，而是通过电源侧结构转型，促进可再生能源发展，推动经济效益与环保效益的协同发展，维护经济效益与环境效益的平衡。

2008年世界环境日主题是"戒除嗜好！面向低碳经济"，为配合奥运会的举行，我国的主题是"绿色奥运与环境友好型社会"。2009年11月国务院提出我国2020年控制温室气体排放行动目标，12月26日修订了《中华人民共和国可再生能源法》，进一步促进可再生能源的发展。随后各省市纷纷采取行动，落实政策，并提出发展低碳产业、建设低碳城市、倡导低碳生活等应对方式。2010年7月19日国家发改委发布《关于开展低碳省区和低碳城市试点工作的通知》。低碳试点工作的开展标志着我国低碳发展从理论走向实践。

（二）我国低碳电力的发展阶段

"十一五"规划后，在《中华人民共和国可再生能源法》的推动下，可再生能源政策体系不断完善，水电开发有序推进，风电进入规模化发展，太阳能发电技术进步加快，生物质能多元发展，为低碳电力的稳定发展奠定了良好的环境。"十二五"规划阶段正值低碳电力起步后的稳步发展阶段，在传统火电方面我国推进了煤炭的清洁发展，发展清洁高效的大容量燃煤机组以及大型坑口燃煤电站和煤矸石等综合利用电站。在清洁能源发电方面，我国通过政策扶持、技术扶持，着力推进可再生能源、清洁能源的发展；我国为进一步促进水力发电的发展，在西南地区大力推进了大型水电站的建设，对中小河流的水能资源做出积极的开发，并完善了抽水蓄能电站的建设，将电网负荷低时的多余电能，转变为电网高峰时期的高价值电能，以稳定频率和电压，为电网的应急和调峰备用；由于福岛核泄漏事故的发生，我国在排查确保核电厂安全的基础上高效发展核电，并加强核电厂选址的审核；随着风电技术不断成熟，我国风电机组单机容量不断提高，与此同时，我国加强了风电并网配套的工程建设，2015年我国内陆单机容量最大的风电机组5兆瓦永磁直驱型风电机组成功并网运行，标志着我国风电发展的新高度；此外我国还逐步开发了太阳能、生物质能、地热能等其他新能源，推进海上风电建设，促进了分布式能源系统的推广应用。在低碳电力输送上，适应大规模跨区输电和新能源发电并网的要求，加快现代电网体系建设。我国扩大西电东送规模，完善了区域主干电网，并通过发展特高压等大容量、高效率、远距离先进输电技术，依托信息、控制和储能等先进技术，进一步推进了我国智能电网建设，切实加强了城乡电网建设与改造，增强了电网优化配置电力能力和供电可靠性。

然而尽管水电、新能源的迅速发展，使得火电装机份额有所下降，但是，火电始终占据着我国电力装机容量的最大份额。2010年，我国发电总装机容量为96 641万千瓦，其中，火电装机容量为70 967万千瓦，占总装机容量的73.43%；到2015年，我国发电装机容量为150 673万千瓦，与2010年相比增长了56%，其中，火电装机容量为99 021万千瓦，占总装机容量的65.7%。尽管核能的发展空间很大，但由于技术和原料等方面的原因，开发缓慢；风能、太阳能和可再生能源资源相比火电来说，存在投资大、收益回报周期长且属于间歇性能源，需要蓄电或与其他电厂配合才行，对技术的要求比较高，所以近年来开发的数量不是很多。此外，我国风电设备质量水平不高，风电发电的不稳定性，太阳能发电成本高，天然气发电对外依存度高，其他生物质能等新能源发电鼓励政策不完善，制约了我国清洁型新能源的发展，总之，我国现阶段电力行业发电侧的发展中尚存在一定问题，现有绿色发电比重与未来能源需求发展目标仍存在较大距离。我国未来的能源消耗与电力工业的建设和发展仍是以利用煤炭资源为主，火电在我国电力结构中仍占有支配性地位。

2015年3月15日，中共中央、国务院发布了《关于进一步深化电力体制改革的若干意见》，旨在建立以市场为主导的电力体系，促进能源体制的优化，通过政府补贴提升技术，从而逐步提高可再生能源、分布式能源发电在电力供应中的比重。意见的发布标志着能源结构转型的开始，也标志着低碳电力上升到新的领域，进入高速发展阶段。为即将结束的"十二五"规划期间电力行业的发展做出总结，也为随后"十三五"规划中电力行业的发展指明方向。随后售电侧改革在北京、广东多地进行试点，各大企业纷纷投资建立售电公司，售电行业发展迅速，以市场为主导的电力经济体制正在建立。

当前正值"十三五"规划阶段。在电源结构方面，国家能源局印发了《能源"十三五"规划》，对2020年前能源发展趋势、发展方向做出明确的规划。规划中指出优化能源结构，实现清洁低碳发展，是推动能源革命的本质要求，也是我国经济社会转型发展的迫切需要。在"十三五"规划期间，要将非化石能源消费比重提高到15%以上，天然气消费比重力争达到10%，煤炭消费比重降低到58%以下；《电力发展"十三五"规划》中指出要严控煤电的装机模式，稳定推进燃气电厂的发展，并增加对风力发电、太阳能发电的投入力度，加强非化石能源发电的装机容量，将全国装机容量提升至20亿千瓦，人均用电量达到中等发达国家水平；《可再生能源发展"十三五"规划》针对非化石能源消费比重提高这一目标，进一步提出稳妥发展水电，全面推进风电发展，推进太阳能多元化利用等任务；此外针对风力发电，国家能源局还专门印发了《风电发展"十三五"规划》，大力推进风力发电的发展与建设，足以体现风力发电行业发展的强劲势头。配电方面，南方电网加紧编制"十三五"智能电网规划，以促进智能电网的推进与开展。此外新能源汽车产业的火热发展，带动了需求侧向清洁能源的逐渐转变，进一步推进低碳电力的深入开展。

（三）我国低碳电力的发展前景

能源的转型即是可再生能源替代化石能源的过程，以售电侧改革为主的此次电力体制改革，归根结底是为能源的转型铺平道路。而能源转型的完成，也标志着低碳电力最终目标的实现。但能源转型是一个漫长的过程，需要几十年甚至上百年去实现。在转型的初期，煤炭、石油、天然气等化石能源的支柱地位是无法改变的，但其比例逐渐下降将成为必然趋势；核能作为零排放的清洁能源，将在能源转型的过程中发挥极其重要的过渡作用，成为能源支柱之一，但其安全性问题不容忽视；能源转型的过程可能起起伏伏，并逐渐使可再生能源成为人类最为重要的能源品种。此外由于能源的转型受到能源品质、能源技术、能源价格等多方面因素的影响，可再生能源的可再生性和环境友好性决定了能源更替的方向，是能源转型的驱动力；可再生能源开发技术和储能技术的突破与成熟，将为能源更替创造条件，是新能源革命的直接推动力；能源价格作为能源竞争的关键因素，只有当可再生能源在价格上与传统能源具有可比性，能源更替才能通过市场竞争逐渐完成。又由于能源价格受能源政策、技术进步等因素影响，科学合理的能源发展战略、技术研发战略将对新能源革命起到巨大的推动作用。

1. 发电侧低碳电力的发展前景

践行低碳电力，实现能源转型的关键在于发电侧的转变。在当前阶段电力行业的发电侧，优化现有火电机组、应用新的环境保护技术、提升清洁能源发电比重、优化电源结构是践行低碳道路的必由之路。

我国电源结构组成以煤电为主，因此优化现有火电机组是我国当前发展低碳电力的首要任务。在机组结构上，提高火电中清洁、高效发电机组的比重，特别是提升火电机组中天然气、煤矸石、生物质、余热余压等清洁燃料发电装机的比重，关停单机容量 5 万千瓦以下或运行满 20 年、单机 10 万千瓦级以下的小型常规燃煤（油）火电机组；在机组改造上，通过控制改善燃料质量，降低制粉系统单耗，提高锅炉燃烧效率，提高汽轮机效率，改善蒸汽品质和推广变频调速降低厂用电等方式，改善机组的性能和工作状况，提升现有机组的发电效率，有效降低二氧化碳等温室气体的排放。

优化火电机组的另一种手段，是新的环境保护技术的应用。现阶段发电侧的煤炭新技术主要包括洁净煤技术与碳捕集利用和封存技术。洁净煤技术又包括超超临界发电技术、循环流化床发电技术、整体煤气化联合循环发电技术等，在一定程度上满足了电力需求、提高了热效率、控制了环境污染，并能够将火电的发电效率提高至 40% 以上，并将供电煤耗降低至 285 克/千瓦时左右。因此相比于常规煤粉炉，洁净煤技术具有一定的节碳减排的能力。碳捕集利用与封存技术是一种大规模减少二氧化碳的方法。火力发电在其发电过程中会产生大量的二氧化碳，而该项技术的核心正是对二氧化碳的捕集、运输、利用和封存。不过目前该项技术的应用还处于发展阶段，仅有少数的捕集与封存项目在积极开展。可以说煤炭新技术的应用正逐步推进燃煤电厂的"近零排放",以达到减排的目的。

优化火力发电是转型前期的重点工作,而更为长远的解决方式是提升清洁能源发电比重,因而提升清洁能源在发电中的比重是实现电力工业低碳化的重要举措。清洁能源是对能源清洁、高效、系统化的应用,主要是指通过加快水电、核电、风电、太阳能、生物质、地热等新能源、可再生能源的发展取代煤炭进行发电。仅就发电过程来讲,水电、核电、风电、太阳能发电基本属于零碳能源,用这些能源替代火力发电,每替代1千瓦时火力发电量,相当于节约标准煤315克,年节约标煤7 000万吨,等同于二氧化碳减排2亿吨[①]。因此,发展清洁能源,有助于减少二氧化碳排放,实现低碳发展。但清洁能源的利用不仅强调能源的利用与排放的清洁性,还要考虑其使用时的经济性。

但清洁能源的发展不是盲目的,要因地制宜,充分利用地域资源,优化电源结构,丰富并优化发电组合。以广东沿海地区为例,核电发展较为成熟,水力资源丰富,在发电份额中,就应当以水电和核电为主,降低该地区的碳排放水平。值得关注的是,当前对于清洁能源中可再生能源最大的难题就是我国广泛的"弃风弃光"现象。我国的可再生能源发电量已经远超过美国,但正是因为"弃风弃光"现象严重导致大量电力无法消纳,又要通过煤炭进行发电。未来在解决可再生能源的消纳的问题时要注意:第一要加强电网的消纳能力,第二要通过政策补贴的方式促进消纳,最为重要的是要通过提升科学技术来解决可再生能源发电质量差的问题。

2. 配电侧低碳电力的发展前景

配电侧方面,我国电力建设长期以发电为主配电次之,这导致了输配电网建设远远滞后于发电侧的电源建设。输配电网建设投入的严重不足直接导致我国特高压和低压配电网两边薄弱的局面。我国电力能源基地到用电负荷中心的大规模、远距离、高效率输电通道建设滞后,输配电能力弱,输配电网结构不合理。

---

① 参见中国电力企业联合会. http://www.cec.org.cn/yaowenkuaidi/2016 - 12 - 26/162924. html. 2017 - 05 - 21.

在新能源革命条件下,电网的重要性日益突出。电网将成为大规模新能源电力的输送和分配网络;与分布式电源、储能装置、能源综合高效利用系统有机融合,成为灵活、高效的智能能源网络;具有极高的供电可靠性,基本排除大面积停电风险;与信息通信系统广泛结合,建成能源、电力、信息综合服务体系。按不同发展阶段的主要技术经济特征,电网可分为三代。在世界范围内,第一代电网是第二次世界大战前以小机组、低电压、孤立电网为特征的电网兴起阶段。第二代电网是第二次世界大战后以大机组、超高压、互联大电网为特征的电网规模化阶段,当前正处在这一阶段。第二代电网严重依赖化石能源,大电网的安全风险难以基本消除,是不可持续的电网发展模式。未来电网是第三代电网,是在新能源革命条件下对前两代电网的继承与发展,支持大规模新能源电力,大幅降低大电网的安全风险,并广泛融合信息通信技术,是电网的可持续化、智能化发展阶段。因此现阶段,电网的发展主要分为三个方面,即改造现有电网、加快智能电网建设、完善电网调度。

在改造现有电网方面,主要包括变压器的改造,供配电系统改造及配电设备革新。其中在电压器方面,由于其造成的损耗在输变电过程中高达30%~60%,占比过大,因此对高损耗的变压器进行改造尤为重要。现有研究表明,非晶合金变压器等先进的变压器对于降低变压器造成的损耗具有重要作用,应加以推广。此外,通过变压器的合理配置,降低其轻载、空载的运行,对于节能降耗也极为重要。在系统改造方面,将迂回线路、电源点远离负荷中心等不合理的配电系统进行改造,调整系统布局,完善系统结构,通过缩短供电半径,有效地降低供配电系统的线路损耗。在设备革新方面,新材料和新设备的应用能够改善现有设备的质量,提高节能、智能设备的应用比重,从而降低配电侧的电能损耗。

我国智能电网是指以特高压电网为骨干网架、各电压等级电网协调发展的坚强电网①为基础,将现代先进的传感测量技术、通信技术、信息技术、计算机技术和控制技术与物理电网高度集成而形成的新型电网。由于智能电网的应用有利于满足用户对电力的需求和优化资源配置,确保电力供应安全、可靠和经济,有利于环境保护,能够保证电能质量,对于电力市场化发展有重要的作用。在我国特高压建设上,电网领域立足自主科技创新,电网远距离大容量输送能力和供电可靠性得到快速提升,电网优化配置资源能力大幅提升,技术装备水平全面提高。对于可再生能源并网发电对于电网的稳定运行与系统安全的威胁,可再生能源分布不均,以及并网发电面临许多技术困难等诸多问题,智能电网都能够很好地解决这些问题。因此,应当解决可再生能源并网瓶颈,积极推进智能电网建设。

电网调度进一步完善将对降低电能线路损耗,促进电力低碳化具有重要意义。科学的电网调度将会以确保电力系统安全稳定运行和连续供电为前提,在经济、环保、低碳的标准下,通过不断完善调度规则,合理分配各类发电机组的调度顺序,协调区域间、区域内和省内的电力分配,发挥电力交易市场的作用,实现优化调度,减少电力生产过程中的消耗和二氧化碳等温室气体的排放,达到电力低碳化的目的。

3. 售电侧低碳电力的发展前景

售电侧是此次改革从供电侧分离出的新的部分,是促进市场主导的新型电价机制极为重要的一步。从20世纪末期《构筑面向21世纪的电力营销战略》,到2002年《电力体制改革方案》,再到2015年《关于进一步深化电力体制改革的若干意见》,引入竞争是电力改革的基本取向。虽然目前售电公司的建设还处于试点阶段,但售电侧的改革将会逐渐还原电力的商品属性,促进输配以外的竞争性环节电价的放开,从而逐渐形成由市场决定电价的机制,并通过价格信号有效地引导资源的开发及利用。售电侧的放开,更为深层的目的是与能源转型相结合,建立合理有序的市场。但在短期内,由于可

---

① 坚强电网,即坚强智能电网。是指以特高压电网为骨干网架、各级电网协调发展的坚强网架为基础,以通信信息平台为支撑,具有信息化、自动化、互动化特征,包含电力系统的发电、输电、变电、配电、用电和调度各个环节,覆盖所有电压等级,实现"电力流、信息流、业务流"的高度一体化融合的现代电网。

再生能源的发电不稳定，能源品质差，储存困难以及分布不均等问题，对于能源的消纳问题极为严峻。因此售电侧改革初期，对可再生能源实行带补贴的市场化，对于规划内的可再生能源优先发电，并在获得政府补贴的条件下通过市场化方式实现，并规定可再生能源优先发电合同可转让。

在之后的发展中随着可再生能源相关技术的发展，市场的成熟以及政策法规的完善，可再生能源将逐步摆脱发电成本高的情况，在不断发展中逐步实现平价上网和完全的市场化，从而与其他能源公平竞争。

4. 需求侧低碳电力的发展前景

需求侧低碳电力的发展主要是提升需求侧的用电效率，即在满足用户正常用电需求的情况下减少电能消耗，并提高终端电能的使用。作为提升需求侧用电效率上，主要包括以下三个领域：第一，在照明技术方面，通过节能灯替代白炽灯，电子整流器取代普通整流器，公共区域使用智能装置，实现用电效率提升的目的；第二，在电动机技术方面，高导电、高导磁的新型电动机替代现有的电动机，并合理安排电动机做工，减少电动机的空载率；第三，在建筑节能方面，合理设计建筑，使用保温的墙体材料，充分利用自然光和热，减少建筑使用过程中电能的消耗。

在终端电能替代上，随着新能源汽车试点发展的逐渐成熟，新能源汽车将会在全国范围内得到广泛应用，高铁、地铁逐渐普及，交通领域内电气化程度逐渐加深。各种各样的家电便捷了我们的生活，也让我们的生活被电气围绕，国家层面上，将进一步推进煤改电、煤改气、在逐渐推进气改电，逐步提高社会生活领域的电气化。但当前对于工业领域以电力、天然气代替煤炭石油成本过高，因此工业领域的电气化发展将是一个漫长的过程。

电力工业的发展前景印证了能源转型将是一次以技术创新为先导，以低碳电力为核心，以构建智慧能源系统为方向，以优化能源结构、提高能源效率、促进节能降耗、共享社会资源、实现可持续发展为目标的深刻变革。大力发展可再生能源将是践行低碳电力、完成能源转型、实现可持续发展的必经之路。

第二章
北京市低碳电力建设的推进与发展现状

一、北京市低碳电力建设的推进

(一) 北京市低碳电力的发展路径

2008年我国的首都北京,作为奥运会的主会场,开启了绿色的奥运之旅,同时期低碳发展的概念在我国得到了广泛的关注;2010年我国在广东、辽宁等五省八市进行低碳试点,我国的低碳发展从理论走向了实践,但北京市并没有被包含在试点城市之中;2011年北京市政府在北京市第十二个五年规划中指出,继十一个五年规划迎接"新北京、新奥运"后,北京步入了新的发展阶段,一个加快构建清洁高效低碳现代能源体系的重要的时期;2012年4月国家发改委确立北京市为全国第二批低碳试点城市,标志着北京市的低碳发展逐步从理念走向实际。

在保证北京作为一个特大型城市能源供应安全的前提下,"十二五"规划对能源的清洁高效利用和绿色发展提出了新的要求,并在其后的五年中加快了对能源结构的调整。在煤炭消费方面,北京市大力削减了煤炭终端的消费,严格限制了中心城区燃煤使用,并完成了三大燃煤电厂和63座大型燃煤锅炉天然气改造,实现了五环内供热无煤化。新能源、可再生能源方面,从总体角度来看 2015 年,北京市新能源和可再生能源利用总量达到 450 万吨煤,较五年前总量增加了 226.7 万吨煤,年均增速约为 15.0%,其利用总量占全市能源消费比重由 3.3% 增长到 6.6%,较五年前翻了一番。从各类新能源、可再生能源角度出发,全市太阳能光伏装机规模从 2010 年的 2.3 兆瓦大幅提升至 2015 年的 165 兆瓦;地热及热泵系统利用实现新突破;生物质能、风能利用规模稳步提高,到 2015 年,全市生物质发电和风力发电装机规模分别达到 10 万千瓦和 20 万千瓦。在输电方面,北京进一步加强外受电力通道、变电设施建设,完善高压环网,实现从东北、山西、内蒙古等 5 个方向、10 条大通道接受外部电力,接受外送电力约 1 870 万千瓦,外电接收能力达到 2 500 万千瓦,比 2010 年提高 25%。增强本地电源支撑,本地电源比例达到 35% 左右。① 全面满足了首都建设、经济发展与居民用电的需求。

2016 年 9 月北京"十三五"规划发布,在重大基础设施发展规划中,提出建设近零排放区,即建设清洁低碳、安全高效的能源利用体系,在全区范围内减少碳源,通过碳汇补偿等措施,从源头减少碳排放,工业、服务业节能降耗,改善能源消费结构。在新能源和可再生能源发展规划中指出要积极探索利用现代信息技术,推动多种能源智能融合发展,并积极探索和发展绿色低碳、智能高效的未来城市能源供应体系,并充分利用储能技术、推进新能源汽车的发展来促进新能源和可再生能源的消纳。

在 2017 年北京市的政府工作报告中指出,万元地区生产总值能耗、二氧化碳分别同 2016 年相比下降 3.5%、4%。并继续大力压减燃煤,全年压减燃煤 30%、总量降至 700 万吨以内。此外自 2013 年北京开始实施《清洁空气行动计划》起,近三年来,空气质量持续改善,2015 年全市 PM2.5 平均浓度为 80.6 微克/立方米,同比下降 6.2%。低碳电力的发展扼制了空气污染的进一步恶化。

---

① 参见北京市"十二五"时期能源发展建设规划. http://zhengwu.beijing.gov.cn/ghxx/sewgh/t1194196.htm. 2017 - 05 - 21.

(二) 北京市能源消耗情况与电力供应概况

1. 北京市能源消耗情况

随着低碳电力的理念逐步深入，为减少煤炭消费、降低污染物排放，北京市内大幅关停市内燃煤电厂，以燃气电厂作为发电应急的后备力量，建成陕京四线、唐山液化天然气、大唐煤制气等重点气源工程，完善城市配气管网与四大热电中心专用供气管线等工程，实现气源多方向供应，与市区内供电供热无煤化。如图2-1所示，近些年北京市能源消费结构中可以看出，煤炭消费占能源消费总量的比重逐年下降，从2010年的29.6%降至2015年的13.7%；相反天然气消费在北京市能源消费结构中占比持续提高，从2010年的14.6%上升至2015年的29%。

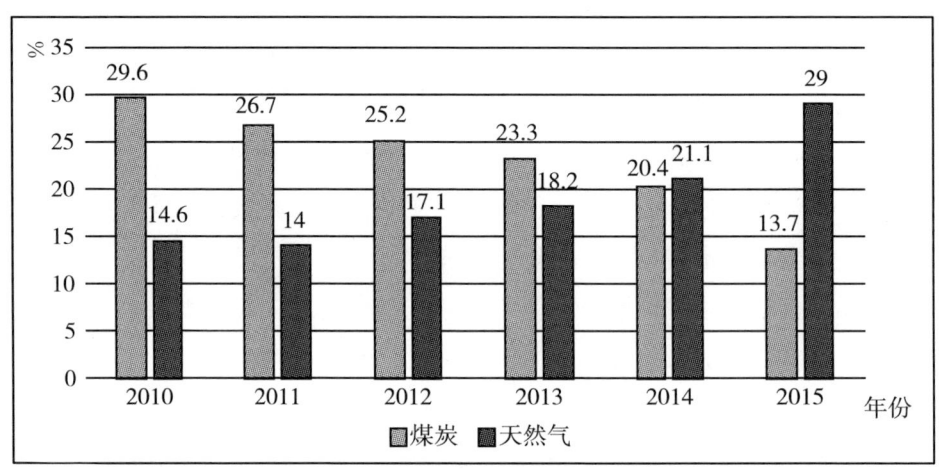

图2-1 2010—2015年北京市煤炭与天然气占能源消费总量占比趋势①

从地区生产上来看，如图2-2所示，虽然北京市的地区生产总值依旧保持逐年上升的趋势，北京市各产业和全市万元产值能耗已经呈现逐年下降的趋势。2015年北京市万元产值能耗为0.338，与2006年的0.75相比，减少了约55%。因此可以看出随着北京市低碳理念的宣扬和发展，其成效逐渐体现出来。

---

① 参见中华人民共和国统计局年度数据. http://data.stats.gov.cn/easyquery.htm? cn = C01. 2016 - 11 - 25.

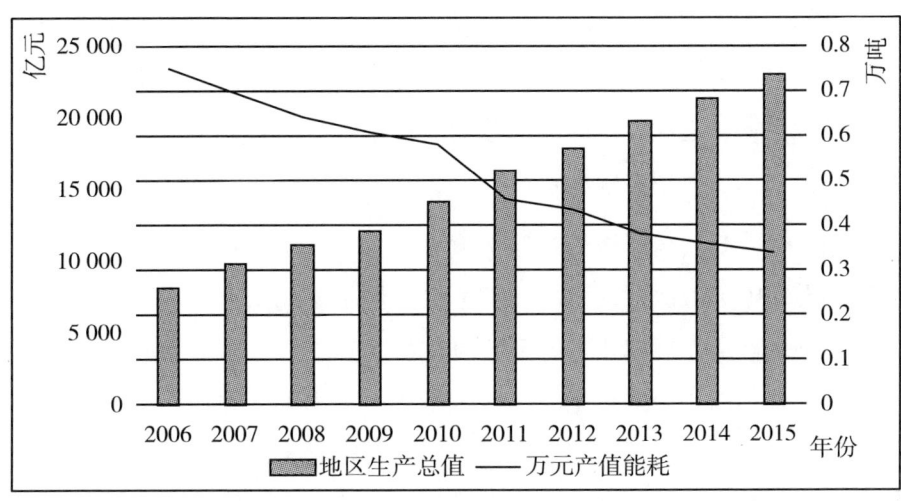

图 2-2 2006—2015 年北京市万元产值能耗与地区生产总值对比①

2. 北京市电力供应概况

电能是清洁、高效、便捷的终端能源载体，因此电能占终端能源消费的比重，代表着电力对煤炭、石油、天然气等其他能源的替代程度，是衡量一个国家能源消费结构和电气化程度的重要指标。因此提高人均用电量、提高全社会用电总量，提高电能占比体现的是国家能源消费机构的转型和电气化的发展。大力推进低碳发展，大规模开发可再生能源，积极应对气候变化的全球发展趋势下，提高电能占终端能源消费比例成为世界各国的普遍选择。因此在国家积极促进能源转型的情况下，各省市积极制定政策推进电气化发展，提高电能占比，是促进低碳电力发展的必然选择。

2015 年中国在主要国家人均用电量的排名中，排在美国、韩国、日本、德国、英国之后位列第六名，而电力在北京市能源消费中所占的比例远远高于全国的水平。2010 年北京市全社会用电量为 809.9 亿千瓦时，2015 年已提升至 952.72 亿千瓦时。② 而在 2016 年，北京市总装机容量累计达到 1 086 万

---

① 参见中华人民共和国统计局年度数据. http://data.stats.gov.cn/easyquery.htm? cn = C01. 2016 - 11 - 25.

② 参见北京市统计局. http://www.bjstats.gov.cn/nj/main/2016 - tjnj/zk/indexch.htm. 2017 - 05 - 21.

千瓦,其中水电装机98万千瓦,火电装机965万千瓦。火电利用小时4 320个,全国31省份中排名第10。[①] 其电力消费形势反映出了北京市供给侧结构性改革已取得初步进展,清洁能源替代工作正扎实有效推进,电力消费结构继续向服务业和生活用电领域转移。

（三）北京市发展低碳电力的必要性

虽然北京市的低碳建设已经初见成效,但由于北京市自然资源禀赋相对匮乏,当前的经济发展模式与能源结构尚不完善,导致单位GDP所消耗的能源与碳排放量仍高于全球范围内大型城市的平均水平。并且北京正处于经济高速发展阶段,伴随着城市化、国际化水平的推进,其能源消费水平与碳排放量将会持续提高。作为这样一个高能耗高排放的大型城市,北京的能源却基本依靠省外供给,其自给率不及能源消费总量的3%。据统计,2015年,北京市日均消耗近3.2万吨的煤,2.7亿度的电和近0.4亿立方米的天然气。[②] 因此在国际能源竞争不断激烈,我国大气环境质量不断下降的背景下,北京推进低碳电力发展,顺应经济促进能源转型势在必行。

1. 北京市自然资源禀赋有限

北京市由于其资源禀赋有限,传统的化石能源的存量少,矿产资源不足,对可再生能源的利用率又偏低,因此是一个能源高度依赖外省调度的城市,本地提供的传统化石燃料和可再生能源不及总能源需求的4%。

2010年北京市政协通过了《关于促进首都人口与资源环境协调发展的建议案》,该建议案的调研显示目前北京市98%的能源靠外地调入;2012年北京外调入电煤量962.5万吨,内蒙古和山西分别占49.5%和46.4%,其余4.1%由河北供应,成品油约48%从河北、辽宁、吉林、天津等地调入,天然气主要通过陕京一线、二线、三线由陕西长庆气田和华北油田外调,调入电力624.6亿千瓦时,占全市用电总量的68.5%;2014年本地一次能源生产量为514.0万吨标准煤,不足全国的0.2%。

---

① 参见中国电力企业联合会. http://www.cec.org.cn/guihuayutongji/tongjxinxi/. 2017 – 05 – 21.
② 参见北京市统计局. http://www.bjstats.gov.cn/nj/main/2016 – tjnj – zk/indexch.htm. 2017 – 05 – 21.

北京市能源资源有限,然而作为首都城市、政治经济文化中心,北京市又对能源资源有极大的需求量,导致其不得不从外省大量调入能源。内蒙古、山西、河北、辽宁也因此成为北京市资源的主要调入地。可再生能源的开发与利用能够有效解决北京市化石能源存储少,过度依赖外省调度的现状,因此发展低碳电力,促进可再生能源的发展,提高煤炭使用率,对于资源禀赋有限的北京十分必要。

2. 北京碳排放量将继续增加

表 2-1 2006—2015 年北京市各产业能源消费量(万吨煤)[1]

年份	第一产业[2]	第二产业[3]	第三产业[4]	能源消费总量	碳排放量	地区生产总值
2006	92.3	2 773.1	2 129.3	5 904.1	14 524	8 117.8
2007	96.4	2 793.8	2 389.5	6 285	15 461.1	9 846.8
2008	96.9	2 550.5	2 610.5	6 327.1	15 564.6	11 115
2009	99	2 544.2	2 760.5	6 570.3	16 162.9	12 153
2010	100.3	2 726.7	2 897.4	6 954.1	17 107	14 113.6
2011	100.3	2 488.7	3 100.5	6 995.4	17 208.7	16 251.9
2012	100.8	2 426.1	3 252.1	7 177.7	17 657.1	17 879.4
2013	97.3	2 079.2	3 109.1	6 723.9	16 450.8	19 800.8
2014	91.7	1 998.4	3 236.5	6 831.2	16 804.2	21 330.8
2015	84.6	1 902.7	3 312.6	6 852.6	16 857.4	23 014.6

注:碳排放量按每吨标准煤排放二氧化碳 2.46 吨计算,地区生产总值单位:亿元。

从表 2-1 中可以看出北京经济发展迅速,地区生产总值飞速提高,由

---

[1] 参见中华人民共和国统计局年度数据. http://data.stats.gov.cn/easyquery.htm? cn = C01. 2016 - 11 - 25.

[2] 第一产业,是指以利用自然力为主,生产不必经过深度加工就可消费的产品或工业原料的部门。根据中国国家统计局对三次产业的划分规定,第一产业指农业,包括林业、牧业、渔业等。

[3] 第二产业是指采矿业、制造业、电力、燃气及水的生产和供应业,以及建筑业。

[4] 第三产业,是不生产物质产品的行业。根据国务院办公厅转发的国家统计局关于建立第三产业统计报告上对中国三次产业划分的意见,中国第三产业包括流通和服务两大部门,具体分为四个层次:即流通部门;生产和生活服务的部门;为提高科学文化水平和居民素质服务的部门;国家机关、政党机关、社会团体、警察、军队等,但在国内不计入第三产业产值和国民生产总值。

2006年的8 117.8亿元提升至2015年的23 014.6亿元，能源消耗随之增大，能源消费总量逐年提高，由2006年的5 904.1万吨煤提高到2015年的6 852.6万吨煤，碳排放量由此持续增加。从图2-3可以看出，北京市能源消费总量和碳排放总量从2006年到2015年基本上呈现上升趋势，碳排放总量在2012年达到峰值约17 657.1万吨，从2013年到2015年的能源消费总量较2012年有所减少，回到了2010年以前的水平，但从总的趋势上来说其上涨趋势并没有受到明显的影响。

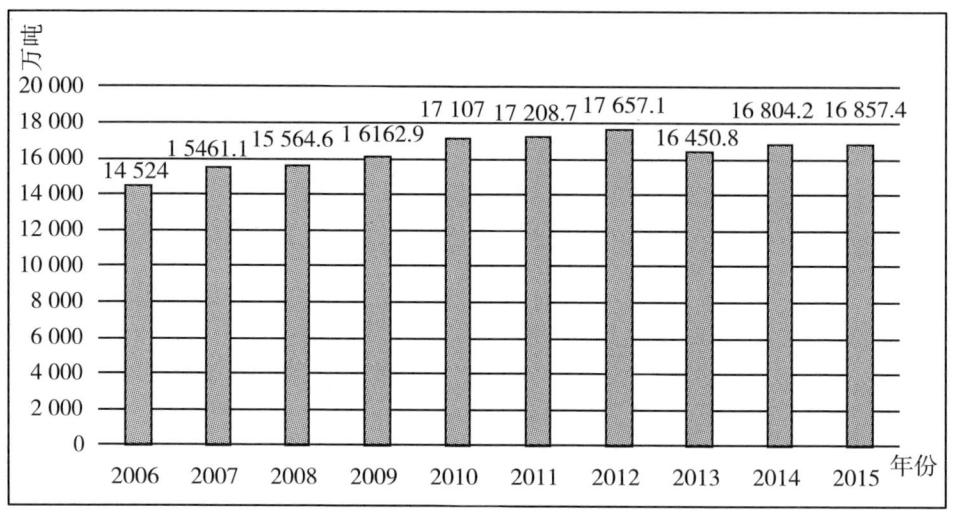

图2-3　2006—2015年北京市碳排放总量①

在北京市能源消费的大背景下，近10年来北京市各产业的能源消费与碳排放量发展情况，如表2-1所示。其中，2015年的第一产业能源消费量与2012年相比，略有减少，从100.8万吨煤下降到84.6万吨煤。以工业、能源、电力为主的第二产业，其在2015年能源消费量也较2012年大幅减少，下降近22%。以软件、金融等不生产物质产品的服务业为主的第三产业在2015年的能源消费量基本与2012年持平。

---

①　参见中华人民共和国统计局年度数据．http://data.stats.gov.cn/easyquery.htm？cn＝C01．2016－11－25．

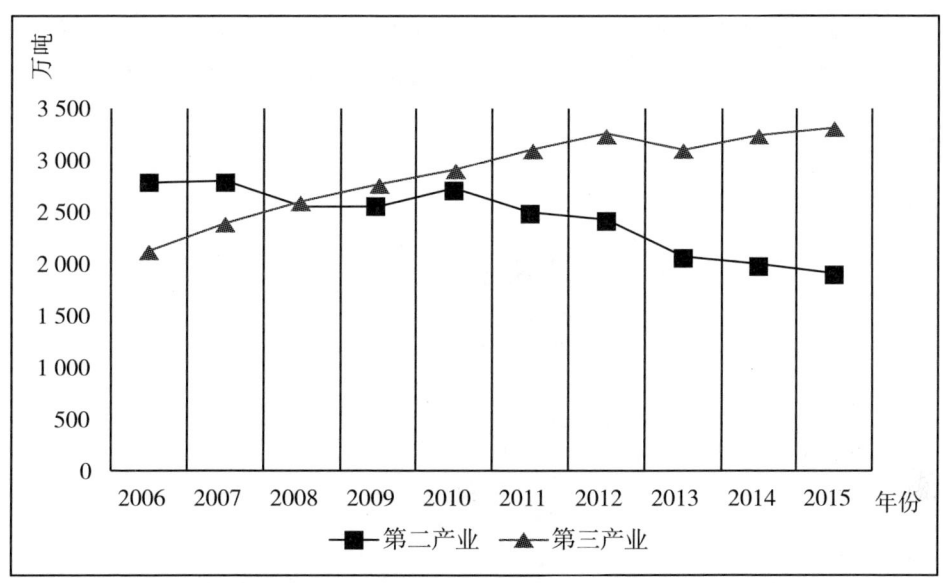

图2-4 2006—2015年北京市第二、第三产业能源消耗量趋势①

单独对表2-1中第二、第三产业的发展趋势进行分析，图2-4中可以看出，从2006年到2015年10年间，北京市第二产业能源消费量呈下降趋势，而北京市第三产业能源消费量大致呈现逐年上升的趋势。可以得出结论，北京市能源消费总量与碳排放量近10年来的快速增长主要与第三产业的耗能增加有关。而近三年能源消费总量的降低主要是由于第二产业能源消费量降低所引起的。因此随着第三产业的不断发展，北京市的碳排放总量将会进一步增加。

3. 北京市经济发展已处于后工业化阶段

1973年美国著名的社会学家丹尼尔·贝尔对经济产业发展阶段进行过概括，将服务业的产值和就业超过工业和农业的发展阶段定义为后工业化时代。从图2-4中可以看出，从2008年起第三产业的能耗已经逐步超过第二产业，并远高于第一产业。因此北京作为我国的首都，政治文化中心，也是我国最先进入后工业化发展阶段的城市之一。然而在后工业化发展阶段，北京在经

---

① 参见中华人民共和国统计局年度数据. http://data.stats.gov.cn/easyquery.htm? cn = C01. 2016 - 11 - 25.

济发展方面仍旧存在问题。并且随着问题的逐渐完善,第三产业的不断发展,北京还需要培育诸如低碳经济等新的经济增长点,来拉动新一轮的经济可持续增长。

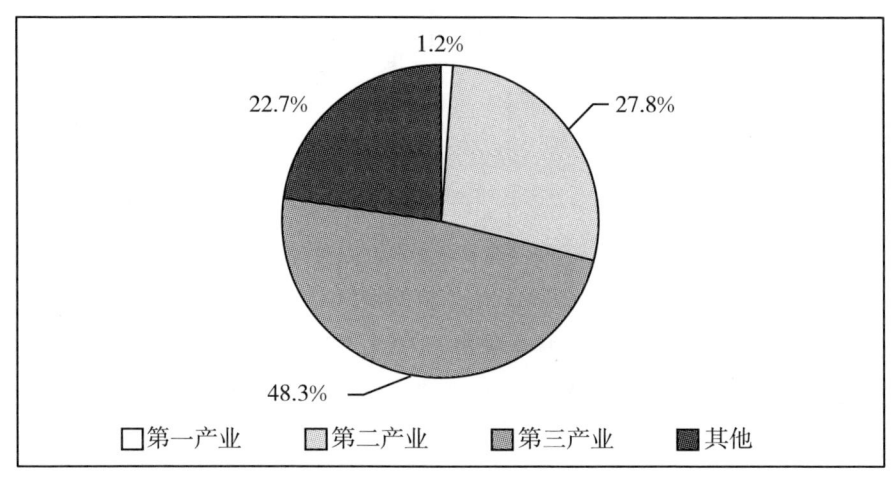

图 2-5　2015 年北京市各产业能源消费比重①

当前北京经济发展问题主要体现在以下几个方面:第一,作为首都城市,北京人口数量持续增长,人口规模不断膨胀,造成住房资源不足、交通拥堵、人均环境资源匮乏等多方面问题,影响经济的发展;第二,随着人口的增加,北京的资源与环境问题也越来越突出,水资源与土地资源短缺,能源外埠依赖性较强;第三,原有高能耗高污染产业长期发展、城市过度建设导致绿化面积不足等问题引发的严重的空气污染问题,导致经济的总体发展不得不伴随并让步于环境的治理与规划;第四,由于北京市已经进入后工业化发展阶段,经济处于稳步可持续增长的新常态下,原有的高耗能、高污染、高排放及低端、落后的产业不得不向绿色、低碳、高端的企业转型,以适应新的发展环境,拉动新一轮的经济可持续发展。

此外进入后工业化阶段,北京第三产业能耗逐渐超过第二产业。仅对图 2-5 即 2015 年北京市各产业能源消费比重进行分析,第一产业所占比重很

---

①　参见中华人民共和国统计局年度数据. http://data.stats.gov.cn/easyquery.htm? cn = C01. 2016 - 11 - 25.

小，仅为1.2%，且第一产业近10年来能源消费量变化不大。第二、第三产业所占比重较大，特别是第三产业能源消费量所占比重不断上升，2015年已经占到了48.3%。因此，在对第二产业进行碳排放监管的同时，也要逐步加强对第三产业的能源消费的监督与管理，特别是终端能源的消费与利用，进一步减少地区碳排放量。

二、北京市低碳电力建设的发展现状

（一）北京市电源结构进一步调整

在北京市的低碳经济发展中，低碳电力的发展是最重要的一步。而改进电源供给结构，发展低碳电源是降低碳排放总量，实现低碳电力的必然选择。当前低碳电源的发展主要分为四步：第一，"煤改气"与热电联产机组的推动发展；第二，发展新技术，燃煤电厂"近零排放"；第三，新能源、可再生能源进一步发展；第四，促进终端电能的替代。

1. "煤改气"与热电联产机组的推动发展

为了治理北京大气污染，降低北京市每年的煤炭消耗，关停市内供暖小锅炉的同时解决居民集中供暖的问题，2016年北京四大燃气热电中心建成并投产运行，并配合北京市内原有京能太阳宫燃气热电、北京京丰燃气电厂以及华电郑常庄燃气热电厂三所燃气电厂，进一步推进了北京市"煤改气"的进程。

"煤改气"是指将原有以煤炭为主导的能源消费转变为依靠天然气消费。天然气属优质、高效、清洁能源，与煤炭相比具有热值高、燃烧效率高、低硫无灰等优点，具有较大的环保优势，燃烧时无废渣、废水产生，排放废气污染物很少，对提高空气质量、改善环境具有积极的促进作用，是改善城市环境的首选能源，也是低碳经济范畴中比较理想的能源。并且燃气机组的烟尘排放基本为零，二氧化硫和氮氧化物排放比燃煤机组排放少。

随着"煤改气"的推进，北京天然气需求量大幅提高。由于北京本地区天然气资源匮乏，天然气资源基本依赖外省调入。为促进天然气进一步发展，"煤改气"配套的气源建设将会逐渐密集展开：陕京四线正在建设，预计

2017年竣工，届时，大唐煤制气、唐山液化天然气工程将全面竣工投产，10个远郊新城全部接通管道天然气；陕京五线在计划筹建中。待市内四大燃气热电中心建成、燃煤电厂全部关停后，每年将减少煤炭消耗近920万吨，占全市压减燃煤任务1 300万吨的70%，相应减少二氧化硫排放10 000吨、氮氧化物排放19 000吨、粉尘排放3 000吨，实现本地发电和中心城区集中供热全部清洁化。这将是北京推进电力发展的标志性成就，也为实现可持续发展道路清除了障碍。但天然气作为非可再生资源，只能在发展过程中起替代性作用，并不是发展低碳，促进可再生的长久之计。

2. 燃煤电厂的"近零排放"技术

促进低碳电力的发展既包括了减少化石燃料的使用，也包括了降低粉尘、二氧化硫、氮氧化物等污染物排放。因此，对现有燃煤电厂降低污染物排放技术的研究与应用也是必不可少的。特别是在"煤改气"的发展过程中，对北京市内还在运行的燃煤电厂进行了技术革新，降低煤炭排放、降低能耗、提高发电效率。探索和发展燃煤发电的近零排放，通过建设清洁低碳、安全高效的能源利用体系，在全区范围内减少碳源，并通过碳汇补偿等措施，从源头减少碳排放，工业、服务业节能降耗，改善能源消费结构，形成近零排放区。

以京津冀首台"近零排放"机组国华三河电厂为例，2014年起，该电厂就对4台燃煤机组进行节能、脱硫、脱硝、除尘、降噪等方面的改造。通过对炉膛内低氮燃烧器进行改造，拆除脱硫旁路，更换高效除雾器，加装湿式电除尘器与低温省煤器，经测算改造前后全厂每年可减烟尘508吨、二氧化硫1 169吨、氮氧化物2 185吨，较改造前分别降低了85.3%、60.5%、88.9%。成为全国少有的"近零排放"的电厂。[①]

2016年11月16日"走向新型城镇化、新型工业化——中国低碳城镇低碳园区低碳社区试点建设进展"活动在马拉喀什气候大会"中国角"举行。中国国家发改委气候司战略处处长田成川在发言中提出"中国将在2020年前

---

① 参见京津冀首台"近零排放"燃煤机组改造项目在国华三河电厂投产. http://news.bjx.com.cn/html/20140816/537413.shtml. 2016 – 11 – 30.

建立50个近零碳排放区示范工程"。可见燃煤电厂的"近零排放"技术具有其可行性,也存在发展的前景。因此北京乃至全国各个地区的煤电企业都应该积极响应国家出台的系列环保强制政策及标准要求,快速推进环保升级改造,积极开展燃煤电厂大气污染物排放控制关键技术研究和工程实践,推动能源环保领域技术革命,以实现环保产业升级,促进能源电力的低碳可持续发展。

3. 清洁能源的进一步发展

清洁能源,即绿色能源,是指不排放污染物、能够直接用于生产生活的能源,它包括核能和可再生能源。

在可再生能源方面,以水电风电为例,2016年北京市水电装机98万千瓦,占比8.9%,全国各省份排名第29名,水电年利用小时数为1 234个小时排名第30名。① 目前北京市内有十三陵水电站,密云水电站等几家水电站,其主要类型对位抽水蓄能电站,即用来事故备用以及参与调峰、调频。它不同于普通的水力发电站,在修建的时候要设计高低两个水库,在地势上要有高低落差,并且有一定库容。抽水蓄能电站以其调峰填谷的独特运行特性,发挥着调节负荷,促进电力系统节能和维护电网安全稳定运行的功能。

风电方面,北京地区风力资源主要分布在延庆等远郊地区,风能资源相对匮乏。并且由于系统调峰能力不足,本地负荷消纳能力有限,以及电网输送能力限制等因素,在冬季大负荷供热期间,供热机组调峰能力下降,低谷负荷期间电力平衡困难,风机出力被迫受到限制,因此,近年来,风电利用小时数持续下降。加之2017年北京地区煤电机组将全部退运,仅依靠燃气机组和十三陵蓄能电厂,北京电网无法对本地风电进行消纳,更会对风电的利用造成影响。因此,在未来的发展过程中,北京应当积极探索风电发展新模式,积极探索分布式发电与分散式发电的风能利用形式,并将分散式风力发电与光电、小水电互补,并配以储能,建成微网系统。

北京市可再生能源存在资源相对匮乏的问题,不足以满足市内巨大的经济需求。因此在未来发展中,为满足北京市需求,将进一步联合周边可再生资源丰富地区,共同促进可再生能源的建设和利用。

---

① 参见北极星电力网. http://news.bjx.com.cn/html/20170207/806749.shtml. 2017 – 05 – 21.

4. 促进终端电能替代

电能作为清洁高效的二次能源，实施电能替代对于我国推进低碳电力、能源消费革命，具有重要意义。并且加大对"煤改电"有利于减少空气污染、改善空气质量。因此北京市从2001年开始逐步推进"煤改电"，居民户均供电能力、用电电量、用电负荷均呈现较大增长。北京城市地区电采暖户均供电能力由1.5千瓦提升至6千瓦，农村地区户均提升至9千瓦；2016年国家发改委联合能源局等部门联合印发了《关于推进电能替代的指导意见》，明确在北方居民采暖、生产制造、交通运输、电力供应与消费四个重点领域推进电能替代；国网北京市电力公司制定了《北京地区2016—2020年煤改电实施计划》，力争到2020年实现全市平原地区采暖无煤化，替代散煤、燃油等低效率的燃烧利用；"十三五"期间，我国将全面推进居民采暖、生产制造、交通运输、电力供应领域的电能替代，带动电煤占煤炭消费比重提高约1.9%，带动电能占终端能源消费比重提高约1.5%，促进电能消费比重达到约27%。预计可新增电量消费约4 500亿千瓦时，减排烟尘、二氧化硫、氮氧化物分别约30万吨、210万吨、70万吨。[①]

终端电能替代是发电侧的发展必然前景，也是需求侧需要不断提高的。在后续的发展中北京市将通过推进可再生能源发展、提高发电效率、加强外省电力调入，为终端电能替代作出充足的电力储备。而政府从电价补贴、投资补贴、简化工程前期手续等方面给予电能替代工作更多的政策支持，将会是推进终端电能替代，促进工业企业"煤改电"的重要手段。

（二）新能源汽车震荡发展

北京市为促进新能源汽车的发展制定了一系列的政策与补贴，电动车牌照可以享受单独摇号、电动车车型不受尾号限行、甚至给予全额补贴。而相比之下燃油车摇号中签率再创新低，截至2016年4月，超过265万人将参与普通小客车指标摇号，摇号中签率已经跌至0.14%。[②] 并逐步制定对燃油车

[①] 参见国际煤炭网："十三五"期间我国将实现电能替代1.3亿吨标煤。http://coal.in-en.com/html/coal-2361047.shtml.2016-11-30.

[②] 参见人民网：北京机动车摇号中签率再创新低 跌至0.14%。http://env.people.com.cn/n1/2016/0425/c1010-28303360.html.2017-05-21.

征收拥堵费。一系列的鼓励政策促进了北京市新能源汽车产业的蓬勃发展。截至2016年11月底，北京新能源汽车市场有16家企业55款产品在销售，北京新能源汽车总量也达到了9.1万辆，仅2016年一年就增长了5.5万辆。其中，私人购买达到了6.44万辆，增长幅度达到了73%，公共领域方面，租赁车方面达到了1.18万辆，其他几大领域也出现一个平稳增长。① 北京市的汽车市场结构逐渐发生变化，由政府引导的公共领域转向私人消费。然而，2016年下半年，工信部对我国多家新能源汽车"骗补"企业进行公布并追究相应责任。为进一步规范新能源汽车行业的发展，2017年1月1月初，中机车辆技术服务中心在其官网发布了"关于调整《新能源汽车推广应用推荐车型目录》申报工作的通知"，使2016年前五批新能源推荐目录的车型必须按照2017年的新能源汽车补贴政策进行重申，导致很多新车没有上目录，无法上牌，准车主无法买车，并由此引发了此前的市场停滞，国内新能源汽车产销出现"断崖式"下滑。产销量分别为6 889辆和5 682辆，比上年同期分别下降69.1%和74.4%。② 随着新的一批新能源汽车推广目录与补贴政策的公布，2017年2月24日新能源汽车销售突然回暖，并出现增长的小高潮。

随着政策的不断调整，新能源汽车产业在震荡中发展，但发展前景相对明朗。北京市政府也表示2018年至2020年机动车总增量将控制在30万辆左右，平均每年约有10万个有效指标，而相比于普通小客车的指标，北京更着重于鼓励新能源汽车的发展，新能源车的比例将在目前四成的基础上进一步提高。在确保新能源汽车的健康发展方面，北京市政府在政策上的调整与支持必不可少。除总量控制、政府补贴外，政府也要注重对新能源汽车研发的支持，制定明确的产品目录，做好产品目录交替的过渡工作，防止新能源汽车的销售使用受到影响。

此外北京的充电桩建设速度也比较快，已经达到6万个充电桩，其中专用充电桩7 700余个，社会公用的充电桩超过1万个，私人建桩数量达到了

---

① 参见2017年北京新能源汽车指标将一号难求？这些数据告诉你真相!. http://www.d1ev.com/49062.html. 2017 – 05 – 21.

② 参见1月新能源汽车产销量呈"断崖式"下滑. http://www.chinapower.com.cn/finance/20170216/82078.html. 2017 – 05 – 21.

4.2万个,为私人购买新能源汽车以及其他领域新能源汽车的运营与普及提供了发展的基础。① 而进一步完善充电桩建设,促进基础设施完善是十分必要的。随着新能源汽车的技术逐渐完善,充电桩等基础设施的逐步健全,一套完善的交通体系将被建立。新能源汽车的稳固发展将促进交通工具的电气化,而交通工具的电气化也将促进低碳经济的发展,从而实现终端电能的替代。

三、京津冀的低碳电力协同发展

(一) 京津冀电力合作现状

京津冀地区在我国具有十分重要的战略地位。1956年2月21日毛泽东主席在听取城市建设局和二机部汇报时针对万里的"北京市远景规划是否要摆大工业"及"人口发展数量"的问题时,就明确指出北京市要发展大工业,但并非当前。"按自然发展规律,按经济发展规律,北京会发展到一千万人,上海也是一千万人。将来世界不打仗了,和平了,会把天津、保定、北京连在一起"。② 2014年2月26日,习近平总书记在听取京津冀协同发展工作汇报时强调,实现京津冀协同发展是一个重大国家战略,要坚持优势互补、互利共赢、扎实推进,加快走出一条科学持续的协同发展路子。2014年3月5日做政府工作报告时李克强总理指出,加强环渤海及京津冀地区经济协作。2015年4月30日中共中央政治局召开会议,审议通过了《京津冀协同发展规划纲要》。"京津冀一体化"概念由此提出,其实质是以全国政治、文化、科技创新、国际交往中心的城市战略定位和建设国际一流的和谐宜居之都为战略目标,建立以北京市、天津市以及河北省的保定、廊坊为中部核心功能区,与唐山、石家庄、沧州、秦皇岛、张家口、承德、邯郸、邢台、衡水等7个城市,共计11个地级市构成的中国的"首都圈"。

京津冀一体化的发展,旨在缓解首都压力,转移非首都功能,建立大

---

① 参见搜狐汽车:充电桩建设迎"井喷"各地发展呈现差异化(上)。http://auto.sohu.com/20170302/n482187943.shtml. 2017 – 05 – 21。

② 参见《毛泽东传 (1949—1976)》第十三章《论十大关系》。

"首都圈",从而实现政治文化科技的协同发展。京津冀协同发展首先应是基础设施的协同发展,而电力建设正是基础设施建设的重要方面。并且在现代化的城市发展进程中,电力的协同发展、清洁化发展起着举足轻重的作用,因而"京津冀一体化"的深入自然离不开能源合作、电力的合作,况且由于北京自然禀赋有限,能源、电力高度依赖外省调入,作为首都能源电力的后备力量,京津冀地区能源电力合作势在必行,并应不断加深。可以说,电力是京津冀协同发展的能量之源。

京津冀地区是以煤炭发展为主的典型地区,在京津冀发展的初级阶段该地区的能源合作主要集中于以北京市能源外省调入为依托的火力发电业务。并且,京津冀地区的电力供应紧张问题一直存在。随着"京津冀一体化"的逐步推进,该地区经济快速发展,必然会增加该地区的电力需求,使得原本趋紧的电力供应问题进一步加剧。为了解决上述问题,2016年7月18日,国家能源局发布《国家能源局综合司关于做好京津冀电力市场建设有关工作的通知》。该通知要求京津冀地区尽快制订该区域电力市场的建设方案,并对其电力交易机构的组建方案、研究市场规则和市场仿真进行明确。同月,国家能源局华北监管局正式印发《京津唐电网电力用户与发电企业直接交易暂行规则》,为组建京津冀电力交易机构,规范交易机构运行制定了相应的应对措施。

此外,京津冀地区将按计划逐步关停并淘汰该地区落后的小容量、高能耗、高污染的小火电机组,逐步提高大功率、高能效的火电机组在发电市场的占比份额。在张北、太行山等可再生资源丰富地区逐步开展风力发电、太阳能发电、生物质发电,以及垃圾发电等新能源规划项目,从而提高华北电网电源装机中可再生能源所占的比例,降低火力发电特别是燃煤发电的占比。

(二)京津冀低碳电力发展方向

1. 调整京津冀地区电源结构

当前山西省、内蒙古自治区是北京市电力供应的主要来源。然而"京津冀一体化"战略的深入对京津冀地区经济增长的推进,京津冀地区产业结构调整升级和发展方式的转变,都导致了京津冀地区能源需求的持续提高,能源规划与发展自然成为协同发展的重中之重。而承接京津功能疏解和产业转移的河北也逐渐成为京津冀地区能源发展的大后方,向京津冀地区进行能源供给。但在当前的京津冀的能源协同发展主要局限在以火电协作为主的业务格局中,要推进能源可持续增长,就要调整京津冀地区的电源结构,以节能减耗,低碳发展为主线,完善京津冀能源布局,提升能源产业核心竞争力。

在火电方面,"十三五"规划阶段北京市计划关停全部燃煤电厂,天津城区、滨海新区争取实现无燃煤化。但是在全国范围内未来一段时期内,火电依然是中国能源结构中的主流,特别是在传统工业集中的河北省,短期内关停燃煤电厂显然是无法实现的,也是不可取的。因而确保燃煤电厂的清洁生产尤为重要。技术上洁净煤技术、电厂"近零排放"技术持续发展,并逐步在周边火电厂中使用,以降低燃煤电厂污染物的排放。在政策方面京津冀地区后续出台的限制政策与排放标准将会愈发严格,以超低的排放标准迫使燃煤电厂进行改造升级。到"十三五"末期实现全部燃煤电厂"近零排放"。对升级初期可能导致的亏损运营等问题,政府应通过补贴等方式,保障电力的平稳运营,并通过后续对电价的调整来保障电厂的正常运营。

相比于燃煤机组的超低排放、近零排放的生产,新能源可再生能源的发展更有利于从根源上实现京津冀地区的低碳、可持续。不同于北京自然资源匮乏、土地紧缺,河北具有较好的土地条件,还具有发展可再生能源应用的资源、地缘等多方面优势:第一,河北省风能资源储量较高,总量达到7 400万千瓦,其中陆上技术可开发量超过1 700万千瓦,近海技术可开发量超过400万千瓦,主要分布于张家口、承德坝上地区,秦皇岛、唐山、沧州沿海地区以及太行山、燕山山区①;第二,河北省的太阳能资源更为丰富,北部张家口、承德地区年日照小时数平均为3 000~3 200小时,中东部地区为2 200~3 000小时,分别达到太阳能资源二类和三类地区标准,具有较大的开发利用价值;第三,在河北建立集中式电站,距离北京、天津等消纳地区很近,在电力的传输上损耗较小。可再生能源应用的重任无疑又落到河北省

---

① 参见能源环保部宣传教育中心:京津冀能源布局日渐清晰 河北或成能源供给大后方. http://www.chinaeol.net/news/view.asp? id = 76327&cataid = 10. 2017 – 05 – 21.

肩上。如表 2-2、表 2-3、表 2-4，通过中国能源网对 2016 年京津冀地区可再生能源的发电项目平台数据的统计，足以反映出河北省能源大后方的优势性地位。

表 2-2　2016 年北京市可再生能源发电项目数据

发电类型	累计核准项目个数	累计核准容量（万千瓦）	累计并网项目个数	累计并网容量（万千瓦）	年上网电量（万千瓦）
陆上风电	4	16.37	0	0	0
海上风电	0	0	0	0	0
光伏发电	3	3.29	1	2	0
生物质能发电	9	12.06	3	7.45	31 031.50

表 2-3　2016 年天津市可再生能源发电项目数据

发电类型	累计核准项目个数	累计核准容量（万千瓦）	累计并网项目个数	累计并网容量（万千瓦）	年上网电量（万千瓦）
陆上风电	16	63.39	8	31.85	32 618.75
海上风电	0	0	0	0	0
光伏发电	19	64.07	2	2.188	15 690.39
生物质能发电	9	11 829	2	2.7	0

表 2-4　2016 年河北省可再生能源开发利用情况①

发电类型	累计核准项目个数	累计核准容量（万千瓦）	累计并网项目个数	累计并网容量（万千瓦）	年上网电量（万千瓦）
陆上风电	209	1 450.99	77	493.82	1 098 746.75
海上风电	2	60	0	0	0
光伏发电	104	325.616	57	167.46	177 776.48
生物质能发电	30	69.46	14	25.16	55 226.14

因此在未来的发展中京津冀的能源协同发展将逐渐集中于可再生能源新能源的生产和消纳；在太行山周边建设光伏电站，在张北地区发展海上风电

---

① 参见京津冀 2016 年可再生能源发电项目数据一览. http://www.china5e.com/m/news/news-975891-1.html. 2017-05-16.

项目，提升可再生能源、清洁能源占总能源消费的比重；逐步加强电网建设，完善可再生能源消纳，从而转变当前严重的弃风弃光电现象，减少不必要的资源浪费。在后续发展中要将张家口这首个国家级可再生能源示范区的示范范围向整个京津冀地区扩展。此外，有部分专业人士将京津冀巨大的能源需求寄希望于核电，并且河北省已于2014年与中核集团签订战略合作协议，拟在河北沧州海兴建设核电站。对此笔者认为在中国这样人口密度极大、尚且有能源替代方案可选的情况下，在内地地区发展核电的隐患极大。特别是针对长三角、珠三角、长江中游、京津冀等地，核电站一旦发生安全事故，将会对国家安全，对上亿人的人身安全造成极大的伤害。海兴距天津市仅几十公里，核电项目建成后将成为国家潜在的威胁。

值得注意的是对电源结构进行调整，推进能源结构转型，提高京津冀地区的电气化程度的目的是推进经济社会低碳可持续发展，而非发展电力产业降低电价。因此在未来发展中煤电的清洁化与新能源、可再生能源的发展，必然会提高电价。

2. 促进京津冀地区电网建设

京津冀地区能源分布与电力负荷分布存在较大的不平衡性：化石能源方面，东部地区经济发展较快，是华北电网的负荷中心，西部山西、蒙西地区（内蒙古西部地区）的煤炭资源较为丰富，是华北电网的重要电力配给端；可再生能源方面，河北地区能源相对集中，北京、天津的需求量相对较大，但由于电网能力不够，当前弃风弃电现象严重；作为华北电网的重要受端，京津冀电网还担负着保证首都安全供电的责任，是电力工作的重心所在。因此加强京津冀电网建设，是确保电力低碳发展，经济平稳推进的重要手段。

在未来发展中，在京津冀一体化电网建设上，北京、天津主要依托外来通道："十三五"期间北京将加快建成蒙西-天津南、锡林郭勒盟-北京等特高压输电通道，形成东南西北四个方向500千伏主力送电通道，外受电能力将达到3 200万千瓦；天津要推进特高压输电通道建设，外购电比例将达到1/3。在农村基础设施建设上，北京将实施新一轮农村电网改造，将其供电可靠性提升至99.99%，农村电采暖用户户均变电量提升至9千伏安；河北推进农村电网改造，推进水电气等基础设施与城市联网。在新能源、可再生能源方面，北京市、河北省乃至全国的问题都集中于能源的接纳与并网中。因此"十三五"期间，京津冀地区要探索弃风光电交易、输送机制。在推进新能源发展的同时通过政府相关政策引导和政府补贴进行鼓励的形式，引入低价弃风弃光电，发挥价格杠杆作用，引导煤改热泵、煤改电、新能源汽车优先使用弃风弃光电，引导绿色电力生产企业与用户建立弃风弃光电竞价购电机制并陆续采用新技术，以解决消纳问题，从而提高非化石能源比重。提高电网输电、配电能力，解决可再生能源配带来的瓶颈问题，并逐步加强发展智能电网。

在电网未来的规划方面，京津冀地区将会根据适度超前、分层分区、相对独立的多通道分散落点送电的原则，在保障首都电网安全供电的情况下，按照"首都供电安全依靠京津及冀北电网、京津及冀北电网供电安全依靠华北电网"的规划思路，加强京津冀电网主网架结构，增强主网架安全稳定能力、消纳区外来电的能力以及抗击严重自然灾害的能力，统一规划、远近结合、分步实施，形成网架结构简明、层次清晰、安全可靠、运行灵活、经济高效的电网。

此外，京津冀的能源电力需求侧的低碳发展不同于北京，其重点问题集中于河北地区的高污染高耗能的企业。因此河北的绿色转型除了带动京津冀地区电源结构调整以外，还应该包括高污染高能耗企业向低碳绿色方向发展，逐步加强其电气化程度，实现终端电能替代。

第三章
我国低碳电力相关的法律与政策

一、我国低碳电力相关的法律与行政法规

（一）我国低碳电力相关的法律

在法律方面，我国出台的大气污染防治法、环境保护法、电力法、节约能源法、清洁生产促进法、可再生能源法、循环经济促进法七部法律中都涉及对电力低碳发展的规定。其中大气污染防治法和环境保护法从环境保护的角度对电力工业的发展提出要求；清洁生产促进法、循环经济促进法从节能减排清洁生产的角度引导电力的低碳发展；电力法、节约能源法以及可再生能源法则从电力生产、利用、研发等电力发展的各个角度引导电力的低碳化发展。具体内容如下。

1. 大气污染防治法

1987年制定，2015年8月19日修订的《大气污染防治法》是为保护和改善环境，防治大气污染，保障公众健康，推进生态文明建设，促进经济社会可持续发展制定，其中涉及低碳电力发展方面的规定主要有两个方面，第一，燃煤电厂和其他燃煤单位应当采用清洁生产工艺，配套建设除尘、脱硫、脱硝等装置，或者采取技术改造等其他控制大气污染

物排放的措施。国家鼓励燃煤单位采用先进的除尘、脱硫、脱硝、脱汞等大气污染物协同控制的技术和装置，减少大气污染物的排放。第二，电力调度应当优先安排清洁能源发电上网。

2. 环境保护法

1989年12月26日制定并颁布2013年10月21日修改的《中华人民共和国环境保护法》，通过立法对我国的生活、生态环境进行保护和改善，对环境的污染及其他公害进行防治，对人体健康进行保障。在其第二章中，对环境方面污染物排放标准制定主体、环境质量监督管理主体进行规定。在第三章中，对工业生产设施的建设、城市规划进行规定，以保护改善环境。在第四章"防治环境污染和其他公害"中，突出强调对工业污染的监督管理。并对违反上述行为的主体追究相应的责任。

3. 电力法

1995年制定，2015年修改的《中华人民共和国电力法》是我国电力行业的专门性法律，对电力建设、电力生产、电网管理、电力使用、电价、农村电力建设、电力设施保护等方面进行了规定。其中与低碳电力相关的规定主要涉及低碳电力建设、生产、供应和使用[①]，低碳电力发展规划[②]，以及农村低碳电力发展。[③]

4. 节约能源法

1997年制定，经2007年、2016年两次修改的《中华人民共和国节约能源法》，提出节约资源是我国的基本国策，国家实施"节约与开发并举、把节约放在首位"的能源发展战略。而电能作为能源的重要组成部分，能源的节约也必然包含对电能的节约。在该法中与低碳电力相关的规定主要涉及节

---

① 《中华人民共和国电力法》第5条规定，电力建设、生产、供应和使用应当依法保护环境，采用新技术，减少有害物质排放，防治污染和其他公害。国家鼓励和支持利用可再生能源和清洁能源发电。

② 《中华人民共和国电力法》第10条第2款规定，电力发展规划，应当体现合理利用能源、电源与电网配套发展、提高经济效益和有利于环境保护的原则。

③ 《中华人民共和国电力法》第48条规定，国家提倡农村开发水能资源，建设中、小型水电站，促进农村电气化。国家鼓励和支持农村利用太阳能、风能、地热能、生物质能和其他能源进行农村电源建设，增加农村电力供应。

能管理①，工业节能②，建筑节能③，以及节能技术进步等内容。④

5. 清洁生产促进法

2002年制定，2012年修改的《中华人民共和国清洁生产促进法》是国家为促进清洁生产所制定的专项性法律，标志着我国污染治理方式从传统的末端治理逐步转向了污染预防和全过程控制方面。《中华人民共和国清洁生产促进法》明确了政府部门、企业在清洁生产中的工作内容。与低碳电力相关的规定主要涉及清洁生产的推行，即国家行政机关在清洁生产中需要发挥的作用⑤，和清洁生产的实施，即规定企业在清洁生产中应当采取的措施两个方面。其中实施方面涉及低碳电力的内容包括新建、改建、扩建项目中的节能⑥，建筑工程节能⑦，以及高污染、高能耗企业的清洁生产审核⑧。

---

① 《中华人民共和国节约能源法》第15条规定，国家实行固定资产投资项目节能评估和审查制度。不符合强制性节能标准的项目，依法负责项目审批或者核准的机关不得批准或者核准建设；建设单位不得开工建设；已经建成的，不得投入生产、使用。具体办法由国务院管理节能工作的部门会同国务院有关部门制定。

② 《中华人民共和国节约能源法》第31条规定，国家鼓励工业企业采用高效、节能的电动机、锅炉、窑炉、风机、泵类等设备，采用热电联产、余热余压利用、洁净煤以及先进的用能监测和控制等技术。第32条规定，电网企业应当按照国务院有关部门制定的节能发电调度管理的规定，安排清洁、高效和符合规定的热电联产、利用余热余压发电的机组以及其他符合资源综合利用规定的发电机组与电网并网运行，上网电价执行国家有关规定。第33条规定，禁止新建不符合国家规定的燃煤发电机组、燃油发电机组和燃煤热电机组。

③ 《中华人民共和国节约能源法》第35条第1款规定，建筑工程的建设、设计、施工和监理单位应当遵守建筑节能标准。

④ 《中华人民共和国节约能源法》第59条第3款规定，国家鼓励、支持在农村大力发展沼气，推广生物质能、太阳能和风能等可再生能源利用技术，按照科学规划、有序开发的原则发展小型水力发电，推广节能型的农村住宅和炉灶等，鼓励利用非耕地种植能源植物，大力发展薪炭林等能源林。

⑤ 《中华人民共和国清洁生产促进法》第二章规定了清洁生产的推行。

⑥ 《中华人民共和国清洁生产促进法》第18条规定，新建、改建和扩建项目应当进行环境影响评价，对原料使用、资源消耗、资源综合利用以及污染物产生与处置等进行分析论证，优先采用资源利用率高以及污染物产生量少的清洁生产技术、工艺和设备。

⑦ 《中华人民共和国清洁生产促进法》第24条第1款规定，建筑工程应当采用节能、节水等有利于环境与资源保护的建筑设计方案、建筑和装修材料、建筑构配件及设备。

⑧ 《中华人民共和国清洁生产促进法》第28条第1~2款规定，企业应当对生产和服务过程中的资源消耗以及废弃物的产生情况进行监测，并根据需要对生产和服务实施清洁生产审核。污染物排放超过国家和地方规定的排放标准或者超过经有关地方人民政府核定的污染物排放总量控制指标的企业，应当实施清洁生产审核。

6. 可再生能源法

2005 年制定，2009 年修改的《中华人民共和国可再生能源法》作为我国可再生能源发展的重要法律保障，可再生能源发展是我国能源转型的核心，可再生能源发电也是推动电力低碳化发展的最为重要的内容。该法从"资源调查与发展规划""产业指导与技术支持""推广与应用""价格管理与费用补偿""经济激励与监督措施""法律责任"等多个方面对可再生能源发展进行引导和规范。

7. 循环经济促进法

循环经济是指在生产、流通、消费过程中进行的减量化、再利用、资源化活动的总称。2008 年《中华人民共和国循环经济促进法》的制定，确定了发展循环经济将成为国家经济社会发展的一项重大战略。该法在低碳电力发展方面的规定主要涉及基本管理制度[1]、减量化[2]、再利用和资源化[3]等方面的内容。

（二）我国低碳电力相关的行政法规

在我国的行政法规方面，我国《民用建筑节能条例》《公共机构节能条例》与《电力供应与使用条例》这三部条例，从电力需求侧节能理念、节能改造、节能运行等角度出发，推动电力的低碳发展。

1. 电力供应与使用条例

为加强我国政府对电力供应和使用的管理，保障电力供需双方的合法权益，维护电力供需的秩序性、安全性、经济性与合理性，1996 年 4 月 17 日国务院颁布并于同年 9 月 1 日实施了《电力供应与使用条例》。在条例的第 5

---

[1] 《中华人民共和国循环经济促进法》第 16 条规定，国家对钢铁、有色金属、煤炭、电力、石油加工、化工、建材、建筑、造纸、印染等行业年综合能源消费量、用水量超过国家规定总量的重点企业，实行能耗、水耗的重点监督管理制度。

[2] 《中华人民共和国循环经济促进法》第 21 条规定，国家鼓励和支持企业使用高效节油产品。电力、石油加工、化工、钢铁、有色金属和建材等企业，必须在国家规定的范围和期限内，以洁净煤、石油焦、天然气等清洁能源替代燃料油，停止使用不符合国家规定的燃油发电机组和燃油锅炉。

[3] 《中华人民共和国循环经济促进法》第 32 条第 2 款规定，建设利用余热、余压、煤层气以及煤矸石、煤泥、垃圾等低热值燃料的并网发电项目，应当依照法律和国务院的规定取得行政许可或者报送备案。电网企业应当按照国家规定，与综合利用资源发电的企业签订并网协议，提供上网服务，并全额收购并网发电项目的上网电量。

条中指出国家对电力的供应要坚持节约用电的原则,并要求电力的供需双方采取有效措施保障节约用电。

2.《民用建筑节能条例》

为加强民用建筑节能管理,降低民用建筑使用过程中的能源消耗,提高能源利用效率,2008年7月国务院出台《民用建筑节能条例》。低碳电力发展方面的法规主要涉及新建建筑节能①、建筑用能系统运行节能②。

3.《公共机构节能条例》

2008年7月通过的《公共机构节能条例》是国务院为推动公共机构节能,提高公共机构能源利用效率,发挥公共机构在全社会节能中的表率作用的专项行政法规。其中有关低碳电力的规定有:(1)节能规划。公共机构节能规划应当包括指导思想和原则、用能现状和问题、节能目标和指标、节能重点环节、实施主体、保障措施等方面的内容。公共机构应当结合本单位用能特点和上一年度用能状况,制订年度节能目标和实施方案,有针对性地采取节能管理或者节能改造措施,保证节能目标的完成。(2)节能管理。公共机构应当实行能源消费计量制度,区分用能种类、用能系统实行能源消费分户、分类、分项计量,并对能源消耗状况进行实时监测,及时发现、纠正用能浪费现象。公共机构应当在能源消耗定额范围内使用能源,加强能源消耗支出管理;政府部门应当完善节能产品、设备政府采购名录,优先将取得节能产品认证证书的产品、设备列入政府采购名录。(3)节能措施。公共机构可以采用合同能源管理方式,委托节能服务机构进行节能诊断、设计、融资、改造和运行管理。公共机构应当减少空调、计算机、复印机等用电设备的待机能耗,及时关闭用电设备。公共机构办公建筑应当充分利用自然采光,使用高效节能照明灯具,优化照明系统设计,改进电路控制方式,推广应用智能调控装置,严格控制建筑物外部泛光照明以及外部装饰用照明。

---

① 《民用建筑节能条例》第19条规定,建筑的公共走廊、楼梯等部位,应当安装、使用节能灯具和电气控制装置。

② 《民用建筑节能条例》第32条第1款规定,县级以上地方人民政府节能工作主管部门应当会同同级建设主管部门确定本行政区域内公共建筑重点用电单位及其年度用电限额。

二、我国低碳电力相关的规章与政策

2002年,电力行业厂网分离,输配电和售电都是电网的业务范围,法律行政法规上对主体的分类主要分为电力的生产、供应和使用。但在2015年的九号文件中首次提出售电侧概念后,售电将逐渐从电网的供应业务范围内分离出去,因此在售电侧发展相对成熟后,电力相关法律行政法规中对于其主体的划分应当变为生产、供应、销售和使用,即发电侧、输配侧、售电侧和需求侧。本章是从电力政策的总体方面以及生产、供应、销售和使用这四个方面,对当前我国的电力政策进行归纳和总结。

(一) 综合性低碳电力的规章与政策

综合性的低碳电力政策是指该低碳电力政策中所涉及的内容涉及电力生产、销售与使用中两个或者两个以上的内容,因此对于其规范,无法根据其所涉及的电力活动方面而进行明确的分类。并根据综合性电力政策的低碳治理手段,将综合性低碳电力政策划分为能源扶贫、环境保护、科技发展及总体规划四个方向。

1. 总体规划方面

总体规划方面的低碳电力政策是指为推动电力的低碳化发展从多个或整体的角度制定政策,以及在多方面的电力政策中制定推动电力低碳化的相关内容。当前我国从总体规划方面对电力低碳发展的政策有《关于开展低碳省区和低碳城市试点工作的通知》《"十二五"节能减排综合性工作方案》《能源发展"十二五"规划》《能源发展战略行动计划(2014—2020)》《国民经济和社会发展"十三五"规划》《电力发展十三五规划发布》等十余部政策文件。具体内容如下:

(1)《促进产业结构调整暂行规定》。国务院于2005年12月2日发布的《促进产业结构调整暂行规定》要求发展大型高效的煤电机组,有序开发水电,积极发展核电,加强电网建设,优化电网结构。积极扶持和发展新能源和可再生能源产业,积极推进洁净煤技术产业化,加快发展风能、太阳能、生物质能等。重点推进电力、建筑等行业的节能降耗技术改造。从发电侧和需求侧推动电力的低碳化发展。

（2）关于开展低碳省区和低碳城市试点工作的通知。国家发改委于2010年7月9日发布"关于开展低碳省区和低碳城市试点工作的通知"，通知中明确低碳试点范围①。并对编制低碳发展规划，制定支持低碳绿色发展的配套政策，建立温室气体排放数据统计和管理体系等具体工作内容进行规定。

（3）国民经济和社会发展"十二五"规划。2011年3月14日第十一届全国人民代表大会第四次会议通过的"十二五"规划对低碳电力发展提出了新的要求。低碳电力生产上，要求推进能源多元清洁发展②。低碳电力输送上，要加强能源输送通道建设③。在低碳电力消费上，要大力推进节能降耗④。

---

① 《关于开展低碳省区和低碳城市试点工作的通知》试点范围："根据地方申报情况，统筹考虑各地方的工作基础和试点布局的代表性，经沟通和研究，我委确定首先在广东、辽宁、湖北、陕西、云南五省和天津、重庆、深圳、厦门、杭州、南昌、贵阳、保定八市开展试点工作。"

② 《国民经济和社会发展"十二五"规划》第十一章第一节规定，推进能源多元清洁发展。发展安全高效煤矿，推进煤炭资源整合和煤矿企业兼并重组，发展大型煤炭企业集团。有序开展煤制天然气、煤制液体燃料和煤基多联产研发示范，稳步推进产业化发展。加大石油、天然气资源勘探开发力度，稳定国内石油产量，促进天然气产量快速增长，推进煤层气、页岩气等非常规油气资源开发利用。发展清洁高效、大容量燃煤机组，优先发展大中城市、工业园区热电联产机组，以及大型坑口燃煤电站和煤矸石等综合利用电站。在做好生态保护和移民安置的前提下积极发展水电，重点推进西南地区大型水电站建设，因地制宜开发中小河流水能资源，科学规划建设抽水蓄能电站。在确保安全的基础上高效发展核电。加强并网配套工程建设，有效发展风电。积极发展太阳能、生物质能、地热能等其他新能源。促进分布式能源系统的推广应用。

③ 《国民经济和社会发展"十二五"规划》第十一章第三节规定，加强能源输送通道建设。加快西北、东北、西南和海上进口油气战略通道建设，完善国内油气主干管网。统筹天然气进口管道、液化天然气接收站、跨区域骨干输气网和配气管网建设，初步形成天然气、煤层气、煤制气协调发展的供气格局。适应大规模跨区输电和新能源发电并网的要求，加快现代电网体系建设，进一步扩大西电东送规模，完善区域主干电网，发展特高压等大容量、高效率、远距离先进输电技术，依托信息、控制和储能等先进技术，推进智能电网建设，切实加强城乡电网建设与改造，增强电网优化配置电力能力和供电可靠性。

④ 《国民经济和社会发展"十二五"规划》第二十二章第一节规定，大力推进节能降耗。抑制高耗能产业过快增长，突出抓好工业、建筑、交通、公共机构等领域节能，加强重点用能单位节能管理。强化节能目标责任考核，健全奖惩制度。完善节能法规和标准，制订完善并严格执行主要耗能产品能耗限额和产品能效标准，加强固定资产投资项目节能评估和审查。健全节能市场化机制，加快推行合同能源管理和电力需求侧管理，完善能效标识、节能产品认证和节能产品政府强制采购制度。推广先进节能技术和产品。加强节能能力建设。开展万家企业节能低碳行动，深入推进节能减排全民行动。

(4)"十二五"节能减排综合性工作方案。为降低能源消耗,提高能源利用效率,减少污染物排放,建设资源节约型和环境友好型社会,国务院于2011年8月13日发布"十二五"节能减排综合性工作方案。第一,调整优化产业结构。抑制高耗能、高排放行业过快增长,加快淘汰落后产能,调整能源结构,因地制宜大力发展风能、太阳能、生物质能、地热能等可再生能源。第二,实施节能减排重点工程。实施锅炉改造,电机系统节能、建筑节能、绿色照明灯节能改造工程;实施污染物减排重点工程,实施脱硫脱硝工程,推动燃煤电厂烧结机脱硫,形成二氧化硫削减能力277万吨。第三,加强节能减排管理。合理控制能源消费总量,强化重点用能单位节能管理,加强工业节能减排,推动建筑节能,促进农业和农村节能减排。第四,加快节能减排技术开发和推广应用。

(5)能源发展"十二五"规划。为推动能源生产和利用方式变革,调整优化能源结构,构建安全、稳定、经济、清洁的现代能源产业体系,国务院于2013年1月1日发布能源发展"十二五"规划。低碳电力生产方面,积极有序发展水电,安全高效发展核电,加快发展风能等其他可再生能源,高效清洁发展煤电,有序发展天然气发电,大力发展分布式能源。低碳电力输送方面,推进智能电网建设,提高电力系统安全水平和综合效率,加快区域和省级超高压主网架建设,重点实施电力送出地区和受端地区骨干网架及省域间联网工程,完善输、配电网结构,提高分区、分层供电能力。加快实施城乡配电网建设和改造工程,推进配电智能化改造,全面提高综合供电能力和可靠性。低碳电力消费方面,全面推进节能提效,加强工业节能,加大淘汰落后产能力度,实施工业节能重点工程。加强建筑节能,推行绿色建筑标准、评价与标识。着力加强用能管理,建立健全企业能源管理体系,实行万家企业节能低碳行动。加强能源需求侧管理,开展电力需求侧管理城市综合试点,加强"能效电厂"示范和推广。加大高效节能技术产品推广力度,强化能效标识和节能产品认证制度。

(6)能源发展战略行动计划(2014—2020)。作为现代化的基础和动力,能源供应、能源安全与我国的社会主义现代化建设息息相关。2014年6月7日经国务院同意,国务院办公厅印发了《能源发展战略行动计划(2014—2020

年)》。该行动计划以"节约、清洁、安全"为其战略方针,旨在转变我国能源的发展方式,调整和优化我国能源结构,加速我国清洁、高效、可持续的现代能源体系的建设,确保我国能源的供应安全。并在其发展目标中明确指出要实施绿色低碳战略,在提高化石能源使用效率的同时逐步压缩我国煤炭消费占比,提高天然气消费占比,以转变当前以化石能源为主导的能源结构,并大幅增加核电、风力发电、光伏光热、地热能等新能源、可再生能源的消费占比,通过着力发展清洁低碳能源,来调整能源结构。

(7)《关于进一步深化电力体制改革的若干意见》。2015年3月15日中共中央、国务院发布《关于进一步深化电力体制改革的若干意见》。这一文件为纲领性文件,引领我国进行新一轮的电力体制改革。它明确了电力改革的总体思路和原则,对其发展的规制涉及体制改革、政策引导等各个方面,并对未来的发展提出了主要任务清单与目标。以建立绿色低碳、节能减排、安全可靠的新型电力治理体系,实现我国电力资源的优化配置。

(8)《推动共建丝绸之路经济带和21世纪海上丝绸之路的愿景与行动》。国家发展改革委、外交部、商务部于2015年3月28日联合发布了《推动共建丝绸之路经济带和21世纪海上丝绸之路的愿景与行动》。本行动本着共建原则,连同沿线国家,共同推进海上"丝绸之路"的建设。在能源方面,要推动新能源产业合作①,完善能源基础设施建设②。

(9)国民经济和社会发展"十三五"规划。2015年10月29日中国共产党第十八届中央委员会第五次全体会议通过的《中共中央关于制定国民经济和社会发展第十三个五年规划的建议》。在规划的发展理念部分指出绿色是永续发展的重要体现,要坚持建设环境友好型、资源节约型社会。在能源发

---

① 《推动共建丝绸之路经济带和21世纪海上丝绸之路的愿景与行动》:推动新兴产业合作,按照优势互补、互利共赢的原则,促进沿线国家加强在新一代信息技术、生物、新能源、新材料等新兴产业领域的深入合作,推动建立创业投资合作机制。
② 《推动共建丝绸之路经济带和21世纪海上丝绸之路的愿景与行动》:加强能源基础设施互联互通合作,共同维护输油、输气管道等运输通道安全,推进跨境电力与输电通道建设,积极开展区域电网升级改造合作。

展方面，规划指出要通过优化能源结构①、建设现代能源运输网络②、构建智慧能源体系③，来建设现代能源体系。

（10）《关于推进"互联网＋"智慧能源发展的指导意见》。2016年2月24日国家发改委、国家能源局、工信部联合发布《关于推进"互联网＋"智慧能源发展的指导意见》。指导意见中明确了智慧能源发展的基本原则与基本目标。同时确定了推动建设智能化能源生产消费基础设施、加强多能协同综合能源网络建设、营造开放共享的能源互联网生态体系、发展储能和电动汽车应用新模式等重点任务。

（11）电力发展"十三五"规划。2016年11月7日，国家发改委、国家能源局发布《电力发展"十三五"规划（2016—2020年）》。这是近15年内电力主管部门首次对外公布的电力发展五年规划。其规划内容涵盖水电、核电、煤电、气电、风电、太阳能发电等各类电源和输配电网，并要求发展新能源严控煤电装机规模，到2020年将非化石能源发电装机提高至7.7亿千瓦。在电改方面明确指出了改革的推进顺序，从而有序深化电力体制改革，组建独立、规范运行的电力交易机构，建立公平有序的电力市场规则，已建

---

① 《国民经济和社会发展"十三五"规划》第三十章第一节：推动能源结构优化升级。统筹水电开发与生态保护，坚持生态优先，以重要流域龙头水电站建设为重点，科学开发西南水电资源。继续推进风电、光伏发电发展，积极支持光热发电。以沿海核电带为重点，安全建设自主核电示范工程和项目。加快发展生物质能、地热能，积极开发沿海潮汐能资源。完善风能、太阳能、生物质能发电扶持政策。优化建设国家综合能源基地，大力推进煤炭清洁高效利用。限制东部、控制中部和东北、优化西部地区煤炭资源开发，推进大型煤炭基地绿色化开采和改造，鼓励采用新技术发展煤电。加强陆上和海上油气勘探开发，有序开放矿业权，积极开发天然气、煤层气、页岩油（气）。推进炼油产业转型升级，开展成品油质量升级行动计划，拓展生物燃料等新的清洁油品来源。

② 《国民经济和社会发展"十三五"规划》第三十章第二节：构建现代能源储运网络。统筹推进煤电油气多种能源输送方式发展，加强能源储备和调峰设施建设，加快构建多能互补、外通内畅、安全可靠的现代能源储运网络。加强跨区域骨干能源输送网络建设，建成蒙西－华中北煤南运战略通道，优化建设电网主网架和跨区域输电通道。加快建设陆路进口油气战略通道。推进油气储备设施建设，提高油气储备和调峰能力。

③ 《国民经济和社会发展"十三五"规划》第三十章第三节：积极构建智慧能源系统。加快推进能源全领域、全环节智慧化发展，提高可持续自适应能力。适应分布式能源发展、用户多元化需求，优化电力需求侧管理，加快智能电网建设，提高电网与发电侧、需求侧交互响应能力。推进能源与信息等领域新技术深度融合，统筹能源与通信、交通等基础设施网络建设，建设"源－网－荷－储"协调发展、集成互补的能源互联网。

成功能完善的电力市场。

(12)《关于深化泛珠三角区域合作的指导意见》。2016年3月3日国务院下发了《关于深化泛珠三角区域合作的指导意见》，明确将泛珠三角区域定位为"全国改革开放先行区、全国经济发展重要引擎、内地与港澳深度合作核心区、'一带一路'建设重要区域、生态文明建设先行先试区"。指导意见中指出要通过加强电源与电网建设构建能源供应保障体系。①

(13)《电力规划管理办法》。为加强电力规划管理，国家能源局于2016年6月3日印发了《电力规划管理办法》。该办法提到，电力规划应在能源发展总体规划框架下，统筹衔接水电、煤电、气电、新能源发电以及输配电网等规划，促进电力产业升级。

2. 能源扶贫方面

能源扶贫方面的低碳电力政策是指国家通过加强对贫困地区能源的开发、上网、给予贫困地区政策优惠的方式，促进我国局部地区可再生能源、新能源建设，推动低碳电力的发展。当前我国能源扶贫方面的低碳电力政策主要有《关于加快贫困地区能源开发建设推进脱贫攻坚实施意见》《关于支持沿边重点地区开发开放若干政策措施的意见》《关于支持沿边重点地区开发开放若干政策措施的意见》。具体内容如下。

(1)《关于加快贫困地区能源开发建设推进脱贫攻坚实施意见》。为贯彻落实中央扶贫开发工作会议精神及《中共中央国务院关于打赢脱贫攻坚战的决定》要求，进一步做好能源扶贫工作，2015年12月24日国家能源局发布《关于加快贫困地区能源开发建设推进脱贫攻坚实施意见》。实施意见中指出要进一步做好能源扶贫工作，落实六大重点任务，包括精准实施光伏扶贫工

---

① 《关于深化泛珠三角区域合作的指导意见》：构建能源供应保障体系。加强电源与电网建设，开展电力输送以及煤炭、油气储运合作，为促进区域合作发展提供稳定安全可靠的能源保障。在保护生态环境的基础上，适度开发金沙江、雅砻江、大渡河、澜沧江等河流水能资源，配套建设送出通道。大力发展新能源和可再生能源，稳妥推进已列入相关规划的核电项目建设，积极开发风能、太阳能、生物质能、海洋能等新能源，完善区域电源点布局，推广多能互补的分布式能源。深入实施"西电东送"工程，推进西南能源基地向中南、华南和东南地区输电通道建设，建设500千伏金沙江中游电站送电广西直流输电工程，加大配电网的建设与改造力度。大力实施"西气东输"工程。统筹油气运输通道和储备系统建设，推进西气东输三线、新疆煤制气管线等油气管道建设，完善区域性油气管网建设。

程，到2020年完成200万建档立卡贫困户光伏扶贫项目建设。明确扩大光伏扶贫实施范围，在现有试点工作的基础上，继续扩大光伏扶贫的范围。在光照条件良好（年均利用小时数大于1 100小时）的15个省（区）451个贫困县的3.57万个建档立卡贫困村范围内开展光伏扶贫工作。到2020年，实现200万建档立卡贫困户户均增收3 000元以上的目标。

实施意见还指出优先安排能源开发建设项目，明确了工程项目倾斜的类别，煤炭、煤电、油气、水电等资源开发利用类重大项目，跨区域重大能源输送通道项目，以及风电、光伏等新能源项目，同等条件下要优先在贫困地区规划布局建设。在任务分工中也强调了风电等项目在同等条件下要优先在贫困地区规划布局建设。除此之外，还强调了要加快定点扶贫县能源项目建设，推进通渭县、清水县风电资源开发，支持清水绿色能源示范县建设，加大对定点扶贫县光伏扶贫工作的支持力度。该两项任务由新能源司及电力司共同负责。

（2）《关于支持沿边重点地区开发开放若干政策措施的意见》。2016年1月7日国务院印发《关于支持沿边重点地区开发开放若干政策措施的意见》，从推进兴边富民行动、改革体制机制等八个方面提出了31条政策措施支持沿边地区开发开放。其中指出支持沿边重点地区发展风电、光电等新能源产业，在指标分配上给予倾斜，推动移动互联网、云计算、大数据、物联网等与制造业紧密结合。

（3）《关于加大脱贫攻坚力度支持革命老区开发建设的指导意见》。2016年2月1日中共中央办公厅、国务院办公厅发布了《关于加大脱贫攻坚力度支持革命老区开发建设的指导意见》。意见明确深入实施精准扶贫，加快推进贫困人口脱贫，积极实施光伏扶贫工程，支持老区探索资产收益扶贫。在支持政策方面，将完善资源开发与生态补偿政策，适当增加贫困老区光伏、风电等优势能源资源开发规模。合理调整资源开发收益分配政策，研究提高老区矿产、油气资源开发收益地方留成比例，强化资源开发对老区发展的拉动效应。

（4）《农村小水电扶贫工程试点实施方案》。2016年5月17日国家发展改革委、水利部制订印发了《农村小水电扶贫工程试点实施方案》，中央安排预算内补助投资每千瓦4000元，扶持农村小水电扶贫工程建设，并按照

《可再生能源发电全额保障性收购管理办法》等有关规定，推动落实农村小水电扶贫电站全额上网、执行本省标杆电价等优惠政策；在中央预算内投资的基础上，探索利用专项建设基金等方式，支持农村小水电扶贫工程建设，协调推进项目实施。

3. 环境保护方面

综合性的环境保护方面的低碳电力政策是指以环境保护为出发点推动我国电力行业的低碳化发展。当前我国在环境保护方面的低碳电力相关政策主要有《中国应对气候变化科技专项行动》《中国应对气候变化国家方案》《"十二五"控制温室气体排放工作方案》以及《关于加快推进生态文明建设的意见》。具体内容如下：

（1）《中国应对气候变化科技专项行动》。由科技部、国家发改委、外交部等部门于2007年6月联合发布的《中国应对气候变化科技专项行动》明确提出要依靠科技进步和科技创新应对气候变化，在燃煤高效发电技术和热电联产技术、洁净煤发电技术等方面取得一批重要成果，在风能、生物质能、太阳能、水电、地热、燃料电池等可再生能源和新能源的技术研发上取得重要进展。

（2）中国应对气候变化国家方案。为提升气候变化重要性和紧迫性的认识，落实控制温室气体排放的目标和政策措施，国务院于2007年6月3日正式发布中国应对气候变化国家方案。在低碳电力生产方面，方案指出我国发展低碳能源和可再生能源取得的成就①。通过大力发展可再生能源②、强化能源供应行业的相关政策措施③，减缓温室气体排放。

---

① 《中国应对气候变化国家方案》：发展低碳能源和可再生能源，改善能源结构。通过国家政策引导和资金投入，加强了水能、核能、石油、天然气和煤层气的开发和利用，支持在农村、边远地区和条件适宜地区开发利用生物质能、太阳能、地热、风能等新型可再生能源，使优质清洁能源比重有所提高。在中国一次能源消费构成中，煤炭所占的比重由1990年的76.2%下降到2005年的68.9%，而石油、天然气、水电所占的比重分别由1990年的16.6%、2.1%和5.1%，上升到2005年的21.0%、2.9%和7.2%。

② 《中国应对气候变化国家方案》：通过大力发展可再生能源，积极推进核电建设，加快煤层气开发利用等措施，优化能源消费结构。到2010年，力争使可再生能源开发利用总量（包括大水电）在一次能源供应结构中的比重提高到10%左右。煤层气抽采量达到100亿立方米。

③ 《中国应对气候变化国家方案》：第四部分中国应对气候变化的相关政策和措施一、减缓温室气体排放的重点领域（一）能源生产和转换。

(3)《"十二五"控制温室气体排放工作方案》。为控制温室气体排放，促进经济社会可持续发展，国务院于 2011 年 12 月 1 日发布《"十二五"控制温室气体排放工作方案》。该方案确定了优化产业结构和能源结构、节约能源和提高能效，加强低碳技术研发和推广应用，加快建立以低碳为特征的工业、能源、建筑、交通等产业体系和消费模式的总体目标。要求加快淘汰落后产能，大力推进节能降耗。因地制宜大力发展风电、太阳能、生物质能、地热能等非化石能源，促进分布式能源系统的推广应用。

(4)《关于加快推进生态文明建设的意见》。加快推进生态文明建设是加快转变经济发展方式、提高发展质量和效益的内在要求，2015 年 4 月 25 日中共中央、国务院发布《关于加快推进生态文明建设的意见》。意见第 3 款提出要推动技术创新和结构调整，提高发展质量和效益。发展绿色产业作为该款的主要内容，包括加快核电、风电、太阳能光伏发电等新材料、新装备的研发和推广，推进生物质发电、生物质能源、沼气、地热、浅层地温能、海洋能等应用，发展分布式能源，建设智能电网，完善运行管理体系。节约资源作为破解资源瓶颈约束、保护生态环境的首要之策。要深入推进全社会节能减排，在生产、流通、消费各环节大力发展循环经济，实现各类资源节约高效利用。意见第 4 款对此提出要全面促进资源节约循环高效使用，推动利用方式根本转变。

4. 科技发展方面

科技发展方面的低碳电力政策不同于在能源政策中将发展科技发展低碳电力的手段之一，是指政策以科技发展为主要推动力，促进我国电力低碳化发展。当前我国制定的以科技发展为主要推动力促进我国电力低碳化发展的低碳电力政策主要有《国家能源科技"十二五"规划》《国务院关于推进国际产能和装备制造合作的指导意见》《国家能源局关于海上风电项目进展有关情况的通报》《国家创新驱动发展战略纲要》以及《"十三五"国家科技创新规划》。具体内容如下：

(1) 国家能源科技"十二五"规划。为推进能源行业科技进步，用无限的科技潜力解决有限的资源环境约束，2011 年 12 月 5 日，国家能源局发布国家能源科技"十二五"规划。规划指出，到 2015 年，在发电与输配电技术领域，突破700℃超超临界机组、400MW IGCC 机组关键技术，掌握火电机组大容量 CO_2 捕集技术等。在新能源技术领域，消化吸收三代核电站技术，掌握6~10MW 风电机组整机及关键部件的设计制造技术，提高太阳能电池效率。到2020年，在发电与输配电技术领域，掌握700℃超超临界发电机组的设计和制造技术，掌握大型潮汐电站双向灯泡贯流式机组核心关键技术，掌握更高一级特高压直流输电技术和电工新材料先进技术，智能电网、间歇式电源的接入等技术得到广泛应用。在新能源技术领域，建成具有自主知识产权的大型先进压水堆示范电站，风电机组整机及关键部件的设计制造技术达到国际先进水平；发展以光伏发电为代表的分布式、间歇式能源系统，实现先进生物燃料技术产业化及高值化综合利用。

（2）《国务院关于推进国际产能和装备制造合作的指导意见》。国务院2015年5月13日向各省、自治区、直辖市人民政府，国务院各部委、各直属机构下发了《国务院关于推进国际产能和装备制造合作的指导意见》。该意见明确，为支持我国大力开发和实施境外电力项目，提升国际市场竞争力，加大电力"走出去"力度，除支持火电、水电、核电等产业外，明确支持我国企业参与有关国家风电、太阳能光伏项目的投资和建设，带动风电、光伏发电国际产能和装备制造合作。积极开展境外电网项目投资、建设和运营，带动输变电设备出口。抓住有利时机，推进国际产能和装备制造合作，实现我国经济提质增效升级。

（3）《国家能源局关于海上风电项目进展有关情况的通报》。为进一步做好海上风电开发建设工作，加快推动海上风电发展，2015年9月11日国家能源局在《关于印发海上风电开发建设方案（2014—2016）的通知》的基础上发布《国家能源局关于海上风电项目进展有关情况的通报》。该通报要求高度重视海上风电发展工作；建议地方出台配套支持政策；积极协调海洋、海事、环保、军事部门；加快推进配套电网建设进度；落实各项目投资主体责任意识；加强建设信息报送工作。

（4）《国家创新驱动发展战略纲要》。2016年5月19日中共中央、国务院印发了《国家创新驱动发展战略纲要》。纲要中提出要加快核能、太阳能、风能、生物质能等清洁能源和新能源技术开发、装备研制及大规模应用，攻克大规模供需互动、储能和并网关键技术。

(5)《"十三五"国家科技创新规划》。2016年8月8日,国务院印发了《"十三五"国家科技创新规划》的通知。该规划从创新主体、创新基地、创新空间、创新网络、创新治理、创新生态六个方面对我国建设国家创新体系提出要求,并从构筑国家先发优势,增强原始创新能力,拓展创新发展空间,推进大众创业、万众创新,全面深化科技体制改革,加强科普和创新文化建设这六个方面进行了系统部署。在电力低碳发展方面,在第五章"构建具有国际竞争力的现代产业技术体系"中,第二部分"面向2030年部署启动新的重大科技项目"中指出要在煤炭清洁高效利用方面实现突破;并在第五部分集中指出要发展清洁高效能源技术,将重点集中于煤炭安全清洁高效开发利用与新型节能、可再生能源与氢能技术、核安全和先进核能、智能电网、建筑节能这五大技术。

(二) 发电侧低碳电力的规章与政策

发电侧是指电力的生产方面。对发电侧的低碳电力政策进行总结,主要分为规范原有发电设备节能减排和清洁生产,引导并监督新能源、可再生能源发展,以及从环保角度进行监管四个方面的电力低碳政策。

1. 发电侧节能减排方面

发电侧节能减排方面的低碳电力政策是指通过技术手段降低火力发电特别是燃煤发电的高污染高耗能现状,淘汰落后产能,也促进电力的低碳化发展的政策。当前我国电力生产行业中通过节能减排促进电力低碳发展的政策主要有《煤电节能减排升级与改造行动计划(2014—2020年)》《燃煤锅炉节能减排攻坚战工作方案的通知》《煤炭清洁高效利用行动计划(2015—2020年)》《全面实施燃煤电厂超低排放和节能改造工作方案》《2015年电力行业淘汰落后产能目标任务的通知》《关于促进我国煤电有序发展的通知》等十余部,其具体内容如下:

(1)《火力发电厂节约能源规定(试行)》。原能源部于1991年2月5日发布的《火力发电厂节约能源规定(试行)》,要求降低火电厂煤耗,推动火电厂节能。通过火电厂能耗的基础管理、运行管理、燃料管理、技术革新和技术改造、经济调度,有效提升火电厂发电过程中的能效,达到节能降耗的目的。

(2)《中央企业节能减排监督管理暂行办法》。国务院国有资产监督管理委员会于2010年3月26日发布的《中央企业节能减排监督管理暂行办法》对中央企业落实节能减排工作,建设资源节约型和环境友好型企业提出了新的要求。将电力行业相关企业列为重点类企业进行监督管理。要求中央企业建立健全节能减排统计监测体系、节能减排工作报告制度。

(3)《煤电节能减排升级与改造行动计划(2014—2020年)》。2014年9月12国家发展改革委、环境保护部以及国家能源局联合制订并发布了《煤电节能减排升级与改造行动计划(2014—2020年)》。在此项行动计划中指出要通过严格能效准入门槛,严控大气污染物排放,优化区域煤电布局,积极发展热电联产,以及有序发展低热值煤发电等方式加强新建机组准入控制,降低煤电排放,促进电力低碳清洁发展。

(4)《燃煤锅炉节能减排攻坚战工作方案的通知》。2014年10月,国家发展改革委、质检总局等7部门联合印发《关于印发燃煤锅炉节能环保综合提升工程实施方案的通知》,启动实施"燃煤锅炉节能环保综合提升工程"2015年质检总局印发《燃煤锅炉节能减排攻坚战工作方案的通知》,推动形成锅炉安全监察与节能监管相结合的工作机制。通过加强部门联动,促进锅炉系统运行水平显著提升,构建锅炉安全、节能与环保三位一体的监管体系,开创"企业主动、政府推动、部门联动、典型带动"的高耗能特种设备节能工作良好局面。2016年4月26日国家质检总局发布《关于继续开展燃煤锅炉节能减排攻坚战的通知》。

(5)《煤炭清洁高效利用行动计划(2015—2020年)》。基于当前的科学发展水平,我国煤炭利用高污染、低能效等问题难以得到根本的解决,并且在未来一个时期内仍将在能源的消费中占据主导地位。因此为加快推动能源消费革命,进一步提高煤炭清洁高效利用水平,有效缓解资源环境压力,国家能源局于2015年4月27日发布《煤炭清洁高效利用行动计划(2015—2020年)》。

(6)《全面实施燃煤电厂超低排放和节能改造工作方案》。2015年12月11日环境保护部、国家发展和改革委员会、国家能源局发布了《全面实施燃煤电厂超低排放和节能改造工作方案》。该行动是一项重要的国家专项行动，是在《煤电节能减排升级与改造行动计划（2014—2020年）》顺利实施的基础之上发布的新的改造方案。行动计划中指出为实现"到2020年，全国所有具备改造条件的燃煤电厂实现超低排放"这一主要目标，应当分别完成具备条件的燃煤机组要实施超低排放改造；不具备改造条件的机组要实施达标排放治理；落后产能和不符合相关强制性标准要求的机组要实施淘汰的三大任务。

（7）《关于煤炭行业化解过剩产能 实现脱困发展的意见》。2016年2月1日国务院印发《关于煤炭行业化解过剩产能 实现脱困发展的意见》。文件中指出该意见的制定原因[1]，通过将市场倒逼与政府支持相结合，化解产能与转型升级相结合，整体推进与重点突破相结合的基本原则的引导，逐步实现意见目标[2]。

（8）《2015年电力行业淘汰落后产能目标任务的通知》。为顺应电力体制改革及电网配售侧放开趋势，国家能源局下发《2015年电力行业淘汰落后产能目标任务的通知》，要求全国范围在年底前淘汰423.4万千瓦落后小火电机组。

（9）《关于促进我国煤电有序发展的通知》。2016年3月17日国家发展改革委、国家能源局联合发布《关于促进我国煤电有序发展的通知》政策的通知，通知指出要加强大气污染防治，组织开展煤电超低排放和节能改造等内容。

（10）《关于继续开展燃煤锅炉节能减排攻坚战的通知》。2016年4月26日国家质检总局特种设备局发布了《关于继续开展燃煤锅炉节能减排攻坚战

---

[1] 《关于煤炭行业化解过剩产能 实现脱困发展的意见》：煤炭是我国主体能源。煤炭产业是国民经济基础产业，涉及面广、从业人员多，关系经济发展和社会稳定大局。近年来，受经济增速放缓、能源结构调整等因素影响，煤炭需求大幅下降，供给能力持续过剩，供求关系严重失衡，导致企业效益普遍下滑，市场竞争秩序混乱，安全生产隐患加大，对经济发展、职工就业和社会稳定造成了不利影响。为贯彻落实党中央、国务院关于推进结构性改革、抓好去产能任务的决策部署，进一步化解煤炭行业过剩产能、推动煤炭企业实现脱困发展，现提出以下意见。

[2] 《关于煤炭行业化解过剩产能 实现脱困发展的意见》制定了工作目标。在近年来淘汰落后煤炭产能的基础上，从2016年开始，用3至5年的时间，再退出产能5亿吨左右、减量重组5亿吨左右，较大幅度压缩煤炭产能，适度减少煤矿数量，煤炭行业过剩产能得到有效化解，市场供需基本平衡，产业结构得到优化，转型升级取得实质性进展。

的通知》。通知规定，我国将重点开展在用燃煤工业锅炉方面的能效普查，全面推进锅炉系统安全节能标准化管理，加强部门联动和组织协调，总局将继续配合国家发展改革委推广高效锅炉、实施锅炉节能环保改造，配合环境保护部整治落后燃煤小锅炉，各地也要积极配合地方相关部门，共同推进燃煤锅炉节能环保综合提升工程。

2. 发电侧清洁生产方面

发电侧清洁生产方面的低碳电力政策是指通过推动引导火力发电的清洁生产实现电力发电侧的低碳发展的政策。当前我国发电侧清洁生产方面的低碳电力政策主要有《清洁生产审核暂行办法》《中国清洁发展机制基金管理办法》《清洁发展机制项目运行管理办法》《煤炭深加工示范工程标定管理办法（试行）》。其具体内容如下。

（1）《中国清洁发展机制基金管理办法》。为加强和规范中国清洁发展机制基金的资金筹集、管理和使用，财政部、国家发改委、外交部等部门于2010年9月14日联合发布了《中国清洁发展机制基金管理办法》。办法中规定了基金的管理机构和职责、基金的筹集、使用和项目管理等内容，用于支持国家应对气候变化工作，促进经济社会可持续发展。

（2）《清洁发展机制项目运行管理办法》。国家发展改革委、科技部、外交部和财政部于2011年8月3日联合发布了《清洁发展机制项目运行管理办法》，该办法提出在中国开展合作的重点领域为节约能源和提高能源效率、开发利用新能源和可再生能源、回收利用甲烷。并规定清洁发展机制项目因转让温室气体减排量所获得的收益归国家和项目实施机构所有，其他机构和个人不得参与减排量转让交易额的分成。

（3）煤炭深加工示范工程标定管理办法（试行）。国家能源局于2015年3月16日印发《煤炭深加工示范工程标定管理办法（试行）》，通过明确标准促进产业健康有序发展[①]。

---

① 《煤炭深加工示范工程标定管理办法（试行）》第1条规定，为切实做好煤炭深加工示范工程（以下简称示范工程）的标定工作，及时总结示范工程工业化示范数据和经验，提升科技创新、工程建设和运行水平，充分发挥示范工程的示范、引领作用，加快先进技术和装备的研发，促进产业健康有序发展，特制订本办法。

3. 发电侧清洁能源方面

通过提高新能源、可再生能源在我国电力消费中的占比，压缩煤电占比，是推动我国低碳电力长期发展的主要手段。当前我国在电力生产方面的低碳电力政策主要有《关于组织太阳能热发电示范项目建设的通知》《关于完善光伏发电规模管理和实施竞争方式配置项目的指导意见》《风电发展"十三五"规划》《太阳能发展"十三五"规划》《可再生能源"十三五"规划》《天然气发展"十三五"规划》等十余部，其具体内容如下。

（1）新能源基本建设项目管理的暂行规定。国家计委于1997年5月27日发布了《新能源基本建设项目管理的暂行规定》。该规定对新能源、新能源产业进行定义，同时明确规定了新能源基本建设项目的经济规模[①]、项目分类[②]等内容。

（2）《关于改善电力运行调节促进清洁能源多发满发的指导意见》。2015年3月23日国家发改委和国家能源局发布《关于改善电力运行调节促进清洁能源多发满发的指导意见》。为保障电力运营协调的同时促进清洁能源的消纳，该文件中要求各地区采取优先预留清洁能源机组发电空间[③]、落实可再

[①] 《新能源基本建设项目管理的暂行》第7条规定，新能源基本建设项目的经济规模为：风力发电装机3 000千瓦及其以上、太阳能发电装机100千瓦、地热发电装机1 500千瓦及其以上、潮汐发电装机2 000千瓦及其以上、垃圾发电装机1 000千瓦及其以上、沼气工程日产气5 000立方米及其以上及投资3 000万元人民币以上其他新能源项目。达到经济规模的为大中型新能源基本建设项目，达不到的为小型项目。

[②] 《新能源基本建设项目管理的暂行》第9条规定，新能源建设项目按隶属关系分为中央项目和地方项目；按项目经济规模分为大中型项目和小型项目。中央大中型项目由主管部门提出初审意见报国家计委批准；中央小型项目由主管部门批准。地方大中型项目由省（自治区、直辖市、计划单列市）计委（计经委）提出初审意见报国家计委批准；地方小型项目由省（自治区、直辖市、计划单列市）计委（计经委）批准。

[③] 《关于改善电力运行调节促进清洁能源多发满发的指导意见》规定，在编制年度发电计划时，优先预留水电、风电、光伏发电等清洁能源机组发电空间；鼓励清洁能源发电参与市场，对于已通过直接交易等市场化方式确定的电量，可从发电计划中扣除。对于同一地区同类清洁能源的不同生产主体，在预留空间上应公平公正。风电、光伏发电、生物质发电按照本地区资源条件全额安排发电；水电兼顾资源条件和历史均值确定发电量；核电在保证安全的情况下兼顾调峰需要安排发电；气电根据供热、调峰及平衡需要确定发电量。煤电机组进一步加大差别电量计划力度，确保高效节能环保机组的利用小时数明显高于其他煤电机组，并可在一定期限内增加大气污染物排放浓度接近或达到燃气轮机组排放限值的燃煤发电机组利用小时数。

生能源的全额收购①、有限安排清洁能源机组发电②等措施。

（3）关于印发可再生能源发电有关管理规定的通知。为规范可再生能源发电项目管理，促进我国可再生能源发电产业的发展，国家发改委于2006年1月5日发布可再生能源发电有关管理规定。规定中明确了可再生能源发电项目的项目管理以及电网企业和发电企业的责任，有效地区分了两者的责任，避免发生纠纷。

（4）《关于促进先进光伏技术产品应用和产业升级的意见》。为促进先进光伏技术产品应用和产业升级，加强光伏产品和工程质量管理，解决2013年《关于促进光伏产业健康发展的若干意见》制定以来我国光伏部分落后产能不能及时退出市场、先进技术产品无法进入市场、光伏产业整体技术升级缓慢、光伏发电工程质量存在隐患等问题，2015年国家能源局、工业和信息化部和国家认证认可监督管理委员会三部委联合下发《关于促进先进光伏技术产品应用和产业升级的意见》。

（5）关于组织太阳能热发电示范项目建设的通知。2015年9月23日国家能源局下发《关于组织太阳能热发电示范项目建设的通知》。作为太阳能利用的重要新技术领域，该通知的制定旨在组织建设太阳能热发电示范项目，推动我国太阳能热发电技术向产业化方向发展。

（6）关于建立可再生能源开发利用目标引导制度的指导意见。作为减少温室气体排放、应对气候变化的重要措施，可再生能源的发展代表着未来能源发展的方向。因而国家能源局发布了《关于建立可再生能源开发利用目标引导制度的指导意见》，该指导意见对推动能源生产和消费革命，建立清洁低碳、安全高效的现代能源体系具有重大的战略意义。此外该指导意见还规定了开发利用规划的承担主体和监管主体，落实了配额比例及配额落实方式。

（7）2016年全国风电开发建设方案的通知。2016年3月21日国家能源

---

① 《关于改善电力运行调节促进清洁能源多发满发的指导意见》规定，各省（区、市）政府主管部门组织编制本地区年度电力电量平衡方案时，应采取措施落实可再生能源发电全额保障性收购制度，在保障电网安全稳定的前提下，全额安排可再生能源发电。

② 《关于改善电力运行调节促进清洁能源多发满发的指导意见》规定，各省（区、市）政府主管部门在统筹平衡年度电力电量时，新增用电需求原则上优先用于安排清洁能源发电和消纳区外清洁能源，以及奖励为保障清洁能源多发满发而调峰的煤电机组发电。

局下发了《2016年全国风电开发建设方案的通知》。通知中指出2016年全国风电开发建设总规模将达到3 083万千瓦,以保持我国风电开发建设的节奏,促进风电产业持续健康发展。并基于2015年的我国的弃风限电情况,我国将暂不安排新增项目建设规模。

(8) 关于完善光伏发电规模管理和实施竞争方式配置项目的指导意见。国家发展和改革委员会、国家能源局发布了《关于完善光伏发电规模管理和实施竞争方式配置项目的指导意见》,对光伏发电年度建设规模实行分类管理;对光伏电站项目竞争配置方式及要求进行规定;加强项目开发的监督管理。以解决我国光伏发电规模扩张过度,导致部分地区出现了光伏发电项目资源配置不科学、管理秩序混乱的问题。进一步推动光伏技术进步,引导光伏产业的健康发展。

(9) 风电发展"十三五"规划。2016年11月,国家能源局下发《风电发展"十三五"规划》。规划指出在"十三五"期间通过开展省内风电高比例消纳示范、促进区域风电协同消纳、推动风电水电等可再生能源互补利用,以及拓展风电就地利用的方式创新风电的发展方式。通过完善开发方案管理机制、促进全额保障性收购制度的同时加强运行为消纳情况监管,以及创新价格补贴机制对风电发展进行保障。从而有效解决风电消纳问题,完善风电行业管理体系,推动技术自主创新和产业体系建设等重点任务。通过推动风电发展,以加深电力的低碳化发展。

(10) 太阳能发展"十三五"规划。2016年12月8日,国家能源局印发了《太阳能发展"十三五"规划》。规划中指出为进一步扩大太阳能利用规模,大幅提高太阳能在我国能源结构中的占比,要在进一步提升太阳能科学技术水平的基础上,大力推动分布式光伏与"光伏+"的推广和应用,与创新优化光伏电站建设相结合;同时降低太阳能利用成本,明确要求到2020年光伏电价水平下降50%以上。通过太阳能利用技术的创新与完善,形成多元化的太阳能应用体系,从而为太阳能产业的健康发展提供平稳安全的市场环境。通过发展太阳能技术,进一步推动低碳电力的发展。

(11) 可再生能源"十三五"规划。2016年12月10日国家发改委印发了《可再生能源"十三五"规划》。在计划中对未来五年可再生能源的发展进行规划；水电方面要求积极稳妥进行发展；风电方面要求全民协调进行开发；对于太阳能要推动其多元化利用；储能技术、海洋能技术要推进其技术的示范应用；此外要继续开发地热能、生物质能，加强各个可再生能源的国际合作。在提高可再生能源占比的同时，促进电力低碳化发展。

（12）天然气发展"十三五"规划。2016年12月24日，国家发改委印发了《石油发展"十三五"规划》《天然气发展"十三五"规划》。在天然气"十三五"规划中指出在加强天然气管网建设的同时，要借鉴国际天然气发展经验，提高天然气发电比重，鼓励发展天然气分布式能源等高效利用项目，有序发展天然气调峰电站，并因地制宜发展热电联产。以压缩燃煤占比，推动电力低碳化发展。

4. 发电侧环境保护方面

为降低电厂在其建设及生产过程中对我国环境安全造成的影响，保护我国环境安全，我国于2015年分别制定了《关于加强核电厂址保护和规范前期施工准备工作的通知》《关于在燃煤电厂推行环境污染第三方治理的指导意见》。

（1）关于加强核电厂址保护和规范前期施工准备工作的通知。随着新修订的《环境保护法》实施，结合当前核电发展实际情况，2015年7月9日环保部下发了《关于加强核电厂址保护和规范前期施工准备工作的通知》，以保护环境，确保核电健康有序发展。

（2）关于在燃煤电厂推行环境污染第三方治理的指导意见。2015年12月31日国家发改委、环保部、国家能源局联合发布《关于在燃煤电厂推行环境污染第三方治理的指导意见》。在燃煤电厂烟气脱硫特许经营试点工作并取得成功的基础上，坚持企业自愿、依法推行、诚实守信的基本原则将第三方企业引入燃煤电厂环境污染治理中，以特许经营和委托运营两种模式，争取目标的实现[①]。

---

① 《关于在燃煤电厂推行环境污染第三方治理的指导意见》规定，争取到2020年，燃煤电厂环境污染第三方治理服务范围进一步扩大，由现有的二氧化硫、氮氧化物治理领域全面扩大至废气、废水、固废等环境污染治理领域；社会资本更加活跃，资本规模进一步扩大；第三方治理相关法规政策进一步完善；环境服务公司技术水平能力不断提高，形成一批能力强、综合信用好的龙头环保企业。

(三) 输配侧低碳电力的规章与政策

输配侧是指电网公司将发电企业生产的电运送至电力需求侧的全过程。对输配侧的低碳电力政策进行分类总结，我国当前的低碳电力政策主要包含电网的输配电过程中的电网监管、电力消纳、储能技术以及电价上网四个方面。

1. 输配侧电网监管方面

为加强输配侧电网管理能力，推动电力低碳发展，电力工业部于1996年6月19日发布了《加强电网管理的规定》旨在推动电网适应电力改革与发展[①]。并为保障电网安全，采取严禁使用国家明令淘汰、质量不合格和不符合电网运行要求的电力设备接入电网等一系列措施[②]。

2. 输配侧电力消纳方面

为推动输配侧电网对新能源、可再生能源的消纳，促进可再生能源的发展，加速电力低碳化，我国制定了《电网企业全额收购可再生能源电量监管办法》《关于加大改革创新力度加快农业现代化建设的若干意见》《关于可再生能源就近消纳试点的意见》《关于做好"三北"地区可再生能源消纳工作的通知》《关于做好2016年度风电消纳工作有关要求的通知》《可再生能源发电全额保障性收购管理办法》，这有助于解决当前我国弃风弃光电问题。具体内容如下。

(1)《电网企业全额收购可再生能源电量监管办法》。为促进可再生能源并网发电，规范电网企业全额收购可再生能源电量行为，国家电力监管委员会于2007年7月25日发布了《电网企业全额收购可再生能源电量监管办法》。办法从监管职责、监管措施两方面对电网企业收购可再生能源电量进行了规范。

(2)《关于加大改革创新力度加快农业现代化建设的若干意见》。中共中

---

① 《加强电网管理的规定》第1条规定，为适应电力改革与发展，加强电网管理，提高电网安全、优质、经济运行水平，依据《中华人民共和国电力法》《电网调度管理条例》及有关法规，制定本规定。第2条规定，电网管理必须贯彻"统一规划、统一建设、统一调度、统一管理"方针，建立、健全科学的管理制度，保证电网安全、优质、经济运行。

② 《加强电网管理的规定》第23条规定，各级电网经营企业应坚持"安全第一，预防为主"的方针，建立、健全安全运行责任和技术监督保证体系，加强电网安全运行管理。应防止电网稳定破坏、电网瓦解、电网大面积停电、电网大面积污染、超高压输变电主设备严重损坏、电能质量严重降低等电网事故，减少事故引起的停电损失和社会影响。

央、国务院印发了 2015 年一号文件《关于加大改革创新力度加快农业现代化建设的若干意见》。在低碳电力的发展方面,该意见指出要深入推进新农村建设,加大农村基础设施建设力度①。

(3) 关于可再生能源就近消纳试点的意见。2015 年 10 月 8 日,国家能源局发布《关于可再生能源就近消纳试点的意见》。以促进改革、大胆探索、积极稳妥为基本原则,制订发展的总体目标。②

(4)《关于做好"三北"地区可再生能源消纳工作的通知》。2016 年 2 月 16 日国家能源局发布了《关于做好"三北"地区可再生能源消纳工作的通知》。该通知旨在"促进华北、东北、西北地区风电、光伏发电等可再生能源消纳,充分挖掘可再生能源富集地区电能消纳潜力和电力系统辅助服务潜力,着力解决弃风、弃光问题"。对于"三北"可再生能源的消纳工作中的热点问题,通知都提出了加强对热电联产机组调峰性能监管③、充分挖掘设备潜力④、

---

① 《关于加大改革创新力度加快农业现代化建设的若干意见》规定,加大农村基础设施建设力度。确保如期完成"十二五"农村饮水安全工程规划任务,推动农村饮水提质增效,继续执行税收优惠政策。推进城镇供水管网向农村延伸。继续实施农村电网改造升级工程。因地制宜采取电网延伸和光伏、风电、小水电等供电方式,2015 年解决无电人口用电问题。加快推进西部地区和集中连片特困地区农村公路建设。强化农村公路养护管理的资金投入和机制创新,切实加强农村客运和农村校车安全管理。完善农村沼气建管机制。加大农村危房改造力度,统筹搞好农房抗震改造。深入推进农村广播电视、通信等村村通工程,加快农村信息基础设施建设和宽带普及,推进信息进村入户。

② 《关于可再生能源就近消纳试点的意见》规定,在可再生能源富集地区加强电力外送、扩大消纳范围的同时开展就近消纳试点,以可再生能源为主、传统能源调峰配合形成局域电网,降低用电成本,形成竞争优势,促使可再生能源和当地经济社会发展形成良性循环。为其他地区规划内的可再生能源全额保障性收购积累经验,实现可再生能源优先调度的机制创新,努力解决弃风、弃光问题,促进可再生能源持续健康发展。

③ 《关于做好"三北"地区可再生能源消纳工作的通知》规定,加强对热电联产机组调峰性能监管。国家能源局派出机构应当严格核定热电联产机组最小出力,优化热电联产机组开机方式,加强对热电比的监管,挖掘系统调峰潜力,鼓励热电联产机组通过增加蓄热装置以及其他途径提高负荷调节能力,会同省(区、市)能源管理部门协调电力调度机构和热力调度机构优化热电运行方式。

④ 《关于做好"三北"地区可再生能源消纳工作的通知》规定,充分挖掘设备潜力。可再生能源发电企业应当加强发电设备运行管理,加大先进技术应用力度,不断提高功率预测精度,积极优化风电、光伏发电和水电运行互补。电力调度机构应当充分挖掘调峰潜力,充分发挥抽水蓄能机组调节优势,充分发挥燃气机组与部分燃煤机组深度调峰、快速爬坡作用,不断提高可再生能源发电上网电量比重。

做好可再生能源外送工作①等相应的应对措施。

（5）关于做好2016年度风电消纳工作有关要求的通知。2016年3月11日，国家能源局发布了《关于做好2016年度风电消纳工作有关要求的通知》。通知明确严格控制弃风严重地区各类电源建设节奏。在电力供应严重过剩且弃风严重的地区，各省级能源主管部门应研究暂停或暂缓包括新能源在内的各类电源核准建设的措施，避免弃风情况进一步恶化。通知要求充分认识做好风电并网消纳工作的重要性和紧迫性；严格控制弃风严重地区各类电源建设节奏；认真落实可再生能源发电全额保障性收购制度；深入挖掘系统消纳风电的潜力。

（6）可再生能源发电全额保障性收购管理办法。2016年3月24日，国家发展与改革委员会发布了《可再生能源发电全额保障性收购管理办法》。该办法基于《中华人民共和国可再生能源法》等法律法规，适用于风力发电、太阳能发电、生物质能发电、地热能发电、海洋能发电等非水可再生能源，其目的在于加强可再生能源发电全额保障性收购管理，保障非化石能源消费比重目标的实现，推动能源生产和消费革命。

3. 输配侧储能技术方面

发展储能技术是促进电网消纳可再生能源，应急调峰的重要方式。但由于当前我国储能技术还处于研究发展阶段，并未大规模应用，我国针对储能技术的政策较少。2017年3月1日，国家能源局综合司发布了《关于征求〈关于促进储能技术与产业发展的指导意见（征求意见稿）〉的意见函》，来规范我国储能技术的发展。作为我国第一部完全针对储能技术产业发展制定的政策，该指导意见的征求意见稿中提出以"政府引导、企业参与""市场主导、改革助推""统筹规划、协调发展"为基本原则，并对未来10年储能技术产业发展进行规划。为推动储能工作，该进程主要分为两个阶段：第一阶段，努力实现储能技术由研发示范向商业化发展初期过渡；第二阶段，争

---

① 《关于做好"三北"地区可再生能源消纳工作的通知》规定，做好可再生能源外送工作。电力交易和调度机构应在保证安全和输电容量允许范围内，根据市场需求情况，按交易规则组织外送富裕的可再生能源电力，扩大消纳范围。

取由商业化初期向规模化、产业化发展转变。

4. 输配侧电价上网方面

为解决当前我国电力严重的弃风弃光问题，引导新能源、可再生能源发展，我国的电力输配侧制定了《上网电价管理暂行办法》《关于完善陆上风电光伏发电上网标杆电价政策的通知》《太阳能热发电标杆上网电价政策》等上网电价相关政策，从而推动电力的低碳化。政策的具体内容如下。

（1）《上网电价管理暂行办法》。国家发改委于2005年3月8日发布了《上网电价管理暂行办法》。在其第23条中指出我国可再生能源、新能源的电价竞争模式①。

（2）关于完善陆上风电光伏发电上网标杆电价政策的通知。为合理引导新能源投资，提高可再生能源电价附加资金补贴效率，促进陆上风电、光伏发电等新能源产业健康有序发展，发改委依据调整新建陆上风电和光伏发电上网标杆电价政策。将陆上风电光伏发电供电区域分为四类资源区，分别制定电价，并自2016年1月1日和2018年1月1日起实施新的电价。

（3）《太阳能热发电标杆上网电价政策》。2016年8月29日，国家发改委发布《太阳能热发电标杆上网电价政策》，同时制定相应的鼓励政策②。

（4）《关于推进输配电价改革的实施意见》。2015年11月30日，国家发改委、国家能源局公布了《关于推进输配电价改革的实施意见》。该实施意见制订了输配电价改革的总体目标③，并规定"试点先行，积极稳妥""统一原则，因地制宜""完善制度，健全机制""突出重点，着眼长远"等原则引

---

① 《上网电价管理暂行办法》第23条规定，常规水力发电企业及燃煤、燃油、燃气发电企业（包括热电联产电厂）、新建和现已具备条件的核电企业参与市场竞争；风电、地热等新能源和可再生能源企业暂不参与市场竞争，电量由电网企业按政府定价或招标价格优先购买，适时由政府规定供电企业售电量中新能源和可再生能源电量的比例，建立专门的竞争性新能源和可再生能源市场。

② 《太阳能热发电标杆上网电价政策》规定，鼓励地方相关部门对太阳能热发电企业采取税费减免、财政补贴、绿色信贷、土地优惠等措施，多措并举促进太阳能热发电产业发展。

③ 《关于推进输配电价改革的实施意见》规定，建立规则明晰、水平合理、监管有力、科学透明的独立输配电价体系，形成保障电网安全运行、满足电力市场需要的输配电价形成机制。还原电力商品属性，按照"准许成本加合理收益"原则，核定电网企业准许总收入和分电压等级输配电价，明确政府性基金和交叉补贴，并向社会公布，接受社会监督。健全对电网企业的约束和激励机制，促进电网企业改进管理，降低成本，提高效率。

导输配电价改革的有序推进。

（四）售电侧低碳电力的规章与政策

售电侧是此次电改后独立出来的电力销售主体，但由于售电市场在各地还处于试点阶段，尚未形成比较成熟完善的运营模式，相关的低碳政策也尚且不够完善。2015 年 11 月 30 日，国家发改委、国家能源局公布了六部电力体制改革的配套文件，其中《关于推进输配电价改革的实施意见》《关于电力交易机构组建和规范运行的实施意见》《关于有序放开发用电计划的实施意见》《关于推进售电侧改革的实施意见》四个政策都涉及售电侧的建设。并通过改革售电侧，放开电价，改革输配电价等方式逐渐建立和完善我国售电市场、电力交易市场，以通过市场手段促进可再生能源消纳，促进电力可再生发展，其具体政策如下：

（1）《关于推进售电侧改革的实施意见》。该实施意见明确了售电市场主体，即电网企业、售电公司和用户，对其权利义务进行明确。并将售电主体分为三类，即电网企业的售电公司；社会资本投资增量配电网，拥有配电网运营权的售电公司；以及独立的售电公司，不拥有电网售电权，不承当保底供电服务。

（2）《关于有序放开发电计划的实施意见》。为逐步建立竞争有序、保障有力的电力运行机制，该实施意见制订了有序放开发用电计划的总体思路①。并基于这一思路，规定坚持市场化、保障民生、节能减排和清洁能源优先上网、电力系统安全和供需平衡、有序推进等原则。

（3）《关于推进电力市场建设的实施意见》。该实施意见要求建立以中长期交易为主、现货交易为辅的市场化电力电量机制，同时完善电力市场中长期交易的风险规避，以建立甲乙品种齐全、功能完善的电力市场。

（4）关于电力交易机构组建和规范运行的实施意见。在该实施意见对电

---

① 《关于有序放开发电计划的实施意见》规定，通过建立优先购电制度保障无议价能力的用户用电，通过建立优先发电制度保障清洁能源发电、调节性电源发电优先上网，通过直接交易、电力市场等市场化交易方式，逐步放开其他的发用电计划。在保证电力供需平衡、保障社会秩序的前提下，实现电力电量平衡从以计划手段为主平稳过渡到以市场手段为主，并促进节能减排。

力交易机构组建和规范运行提出意见，同时对交易机构的职能进行定位①。

(五) 需求侧低碳电力的规章与政策

需求侧低碳电力则是规范城镇居民，工厂中设备使用，电力消耗等涵盖需求者各个方面的低碳电力的规章、制度及政策文件。对其政策进行总结，当前需求侧低碳电力政策主要分为需求侧节能监管、新能源汽车低碳发展以及需求侧管理三个方面。2012 年 10 月 31 日，财政部经济建设司、国家发展改革委经济运行调节局共同发布了《财政部国家发展改革委关于开展电力需求侧管理城市综合试点工作的通知》。该通知中指出，根据专家组意见，经研究，拟确定首批试点城市名单为：北京市、江苏省苏州市、河北省唐山市、广东省佛山市。

1. 需求侧节能监管方面

为加强对需求侧的节能监管，我国制定了《节约能源监测管理暂行规定》《中国节能产品认证管理办法》《重点用能单位节能管理办法》《民用建筑节能管理规定》《能源效率标识管理办法》等一系列的监管办法和规定。通过明确建筑节能，重点领域节能，节能产品认证，固定资产认证等多方面，促进电力需求侧的低碳发展。具体政策如下。

(1)《节约能源监测管理暂行规定》。原国家计委于 1990 年 2 月 2 日发布了《节约能源监测管理暂行规定》，规定了节能监测的主要内容包括节能产品的能耗指标抽查、验证，对用能产品的能耗及与产品能耗有关的工艺、设备、网络等技术性能的检测、评价。

(2)《乡村集体工业企业节能管理暂行规定》。农业部于 1991 年 3 月 5 日发布了《乡村集体工业企业节能管理暂行规定》，该规定提出了对电力等资源通过科学管理、技术进步、合理利用、优先消费结构等途径，以低的能源消耗取得高的经济效益。通过企业的用能管理，做到计划用能、合理用能，降低产品单位能耗。各级政府根据国家的产业政策，分不同情况，采取改造、

---

① 《关于电力交易机构组建和规范运行的实施意见》规定，交易机构不以营利为目的，在政府监管下为市场主体提供规范公开透明的电力交易服务。交易机构主要负责市场交易平台的建设、运营和管理；负责市场交易组织，提供结算依据和相关服务，汇总电力用户与发电企业自主签订的双边合同；负责市场主体注册和相应管理，披露和发布市场信息等。

提高、限制的政策,降低能耗。除能源丰富或在交通不便地区,其他地区应从严控制发展高能耗产品的生产。

(3)《中国节能产品认证管理办法》。原国家经贸委于1999年2月11日发布的《中国节能产品认证管理办法》对节能产品的认证进行了规定。节能产品是指在符合质量、安全标准的条件下,效率或能耗指标低于同类型产品的产品。通过节能产品认证机构的确认和同意,颁布节能产品认证证书和节能标志。

(4)《重点用能单位节能管理办法》。原国家经贸委于1999年3月10日发布的《重点用能单位节能管理办法》旨在加强重点用能单位的节能管理,提高能源利用效率。重点用能单位应建立健全节能管理制度、能源计量、监测管理制度、能源消费统计和能源利用状况报告制度、能源消耗成本管理制度,运用科学的管理方法和先进的技术手段,制订并组织实施本单位节能计划和节能技术进步措施,合理、有效地利用能源。

(5)《节约用电管理办法》。原国家经贸委和原国家计委于2000年12月29日发布的《节约用电管理办法》有利于加强节能管理,提高能效,促进电能的合理利用,减少电能的直接和间接损耗,提高能源效率。办法首次提出了"电力需求侧管理"的概念,要求在需求侧管理方面推广绿色照明技术、产品和节能型家用电器;推广用电设备经济运行方式;加快低效风机、水泵、电动机、变压器的更新改造,提高系统运行效率;推广高频可控硅调压装置、节能型变压器;推广交流电动机调速节电技术;推行热处理、电镀、铸锻、制氧等工艺的专业化生产;推广热泵、燃气-蒸汽联合循环发电技术;推广远红外、微波加热技术;推广应用蓄冷、蓄热技术。

(6)能源效率标识管理办法。国家发展改革委和国家质量监督检验检疫总局于2004年8月13日发布《能源效率标识管理办法》,对节能潜力大、使用面广的用能产品实行统一的能源效率标识制度。能源效率标识的名称为"中国能效标识",包括能源效率等级、能源消耗量等内容。

(7)《民用建筑节能管理规定》。建设部于2005年11月10日发布的《民用建筑节能管理规定》,推广节能型的建筑、结构、材料、用能设备和附属设施及相应的施工工艺、应用技术和管理技术的应用,促进可再生能源的开发利用。鼓励发展新型节能墙体和屋面的保温、隔热技术，集中供热和热、电、冷联产联供技术，太阳能、地热等可再生能源应用技术及设备，建筑照明节能技术与产品和空调制冷节能技术与产品。

（8）低碳产品认证管理暂行办法。为规范节能低碳产品认证活动，促进节能低碳产业发展，国家发改委和国家质检总局于2013年2月18日联合发布了《低碳产品认证管理暂行办法》。办法中明确规定国家建立统一的低碳产品认证制度，实行统一的低碳产品目录，统一的标准、认证技术规范和认证规则，统一的认证证书和认证标志。

（9）节能低碳产品认证管理办法。国家质检总局、国家发展改革委于2015年10月27日发布了《节能低碳产品认证管理办法》。明确了办法的制定目的①，节能低碳产品的认证类别②，认证的实施，认证证书标志。

（10）《深化体制机制改革加快实施创新驱动发展战略的若干意见》。2015年3月13日中共中央、国务院下发了《关于深化体制机制改革加快实施创新驱动发展战略的若干意见》。其中能源的低碳发展主要涉及健全产业技术政策和管理制度③，形成要素价格倒逼创新机制④这两方面。

2. 需求侧新能源汽车方面

近些年我国新能源汽车发展迅猛，其国际市场占比逐步提升，成为全球最大的市场，而这离不开我国政府的政策上的支持与引导。同时，新能源汽

---

① 《节能低碳产品认证管理办法》第1条规定，为了提高用能产品以及其他产品的能源利用效率，改进材料利用，控制温室气体排放，应对气候变化，规范和管理节能低碳产品认证活动，根据《中华人民共和国节约能源法》《中华人民共和国认证认可条例》等法律、行政法规的规定，制定本办法。

② 《节能低碳产品认证管理办法》第2条规定，本办法所称节能低碳产品认证，包括节能产品认证和低碳产品认证。节能产品认证是指由认证机构证明用能产品在能源利用效率方面符合相应国家标准、行业标准或者认证技术规范要求的合格评定活动；低碳产品认证是指由认证机构证明产品温室气体排放量符合相应低碳产品评价标准或者技术规范要求的合格评定活动。

③ 《深化体制机制改革加快实施创新驱动发展战略的若干意见》规定，强化产业技术政策的引导和监督作用，明确并逐步提高生产环节和市场准入的环境、节能、节地、节水、节材、质量和安全指标及相关标准，形成统一权威、公开透明的市场准入标准体系。健全技术标准体系，强化强制性标准的制定和实施。

④ 《深化体制机制改革加快实施创新驱动发展战略的若干意见》规定，运用主要由市场决定要素价格的机制，促使企业从依靠过度消耗资源能源、低性能低成本竞争，向依靠创新、实施差别化竞争转变。

车的发展，也优化了能源结构，促进了电力的低碳化发展，深化了终端电能的替代。当前我国对于新能源汽车发展进行引导和监管的政策主要有《关于扩大节能与新能源汽车示范推广的请示》《车船税法》《节能与新能源汽车产业发展规划（2012—2020）》《新能源汽车产业技术创新财政奖励资金管理暂行办法》等十余部。其具体内容如下。

（1）《关于开展私人购买新能源汽车补贴试点的通知》。2010年5月31日财政部、科技部、工业和信息化部、国家发展改革委印发《关于开展私人购买新能源汽车补贴试点的通知》。通知指出我国将开展私人购买新能源汽车补贴试点工作，试点补助资金的具体管理工作按照《私人购买新能源汽车试点财政补助资金管理暂行办法》执行。

（2）车船税法。2012年3月9日车船税法出台。车船税法及其实施条例于2012年1月1日起执行，车船税法及其实施条例规定对节约能源的车船，减半征收车船税，对使用新能源的车船，免征车船税。

（3）节能与新能源汽车产业发展规划（2012—2020）。2012年6月28日我国出台了《节能与新能源汽车产业发展规划（2012—2020）》。发展规划分析了发展节能与新能源汽车产业的重要性，制定实施节能与新能源汽车技术创新工程，科学规划产业布局，加快推广应用和试点示范，积极推进充电设施建设，加强动力电池梯级利用和回收管理等主要任务，通过强化金融服务支撑、加大财税政策支持力度等保障措施的实施，争取实现预期目标[①]。

[①]《节能与新能源汽车产业发展规划（2012—2020年）》：主要目标。1.产业化取得重大进展。到2015年，纯电动汽车和插电式混合动力汽车累计产销量力争达到50万辆；到2020年，纯电动汽车和插电式混合动力汽车生产能力达200万辆、累计产销量超过500万辆，燃料电池汽车、车用氢能源产业与国际同步发展。2.燃料经济性显著改善。到2015年，当年生产的乘用车平均燃料消耗量降至6.9升/百公里，节能型乘用车燃料消耗量降至5.9升/百公里以下。到2020年，当年生产的乘用车平均燃料消耗量降至5.0升/百公里，节能型乘用车燃料消耗量降至4.5升/百公里以下；商用车新车燃料消耗量接近国际先进水平。3.技术水平大幅提高。新能源汽车、动力电池及关键零部件技术整体上达到国际先进水平，掌握混合动力、先进内燃机、高效变速器、汽车电子和轻量化材料等汽车节能关键核心技术，形成一批具有较强竞争力的节能与新能源汽车企业。4.配套能力明显增强。关键零部件技术水平和生产规模基本满足国内市场需求。充电设施建设与新能源汽车产销规模相适应，满足重点区域内或城际间新能源汽车运行需要。5.管理制度较为完善。建立起有效的节能与新能源汽车企业和产品相关管理制度，构建市场营销、售后服务及动力电池回收利用体系，完善扶持政策，形成比较完备的技术标准和管理规范体系。

（4）《关于扩大混合动力城市公交客车示范推广范围有关工作的通知》。2012年8月6日《关于扩大混合动力城市公交客车示范推广范围有关工作的通知》的发布标志着混合动力公交客车在全国所有城市应用的开始。

（5）《新能源汽车产业技术创新财政奖励资金管理暂行办法》。为进一步提高新能源汽车产业技术创新能力，2012年9月20日我国出台了《新能源汽车产业技术创新财政奖励资金管理暂行办法》，对新能源汽车整车项目和动力电池项目两大类进行奖励资金支持。

（6）《关于继续开展新能源汽车推广应用工作的通知》。2013年9月13日我国制定并公布了《关于继续开展新能源汽车推广应用工作的通知》，对2013年新能源汽车推广应用的补助标准、补助范围、补助对象进行明确。

（7）《政府机关及公共机构购买新能源汽车实施方案》。2014年6月11日我国制订了《政府机关及公共机构购买新能源汽车实施方案》，要求在新能源汽车推广应用城市中政府机关及公共机构购买的新能源汽车应当达到当年配备更新总量30%以上，并逐年提高。

（8）《关于新能源汽车充电设施建设奖励的通知》。2014年11月18日我国颁布了《关于新能源汽车充电设施建设奖励的通知》。标志着中央财政对新能源汽车推广城市或城市群给予充电设施建设奖励的开始。

（9）《汽车动力蓄电池行业规范条件》。2015年3月24日工业和信息化部发布《汽车动力蓄电池行业规范条件》。该规范条件的发布标志着新能源汽车动力电池的准入规则拉开序幕。

（10）《关于2016—2020年新能源汽车推广应用财政支持政策的通知》。2015年4月22日国家财政部发布了《关于2016－2020年新能源汽车推广应用财政支持政策的通知》。该通知确定了补助对象[①]、产品、标准[②]。同时进

[①] 《关于2016—2020年新能源汽车推广应用财政支持政策的通知》：补助对象。补助对象是消费者。新能源汽车生产企业在销售新能源汽车产品时按照扣减补助后的价格与消费者进行结算，中央财政按程序将企业垫付的补助资金再拨付给生产企业。

[②] 《关于2016—2020年新能源汽车推广应用财政支持政策的通知》：补助标准。补助标准主要依据节能减排效果，并综合考虑生产成本、规模效应、技术进步等因素逐步退坡。2016年各类新能源汽车补助标准见附件1。2017—2020年除燃料电池汽车外其他车型补助标准适当退坡，其中，2017—2018年补助标准在2016年基础上下降20%，2019—2020年补助标准在2016年基础上下降40%。

一步提升了对企业和产品的要求。

(11)《新建纯电动乘用车企业管理规定》。2015年6月2日中华人民共和国国家发展和改革委员会、中华人民共和国工业和信息化部发布了《新建纯电动乘用车企业管理规定》。对企业投资管理、准入管理进行规定。

(12)《关于"十三五"新能源汽车充电基础设施奖励政策及加强新能源汽车推广应用的通知》。2016年1月11日我国发布《关于"十三五"新能源汽车充电基础设施奖励政策及加强新能源汽车推广应用的通知》。该通知中明确表示2016年至2020年,中央财政将继续安排资金奖补[1]。并明确了奖补对象、奖补条件、奖补方式及标准、奖补资金的适用范围、资金的申请下达及监督管理。

(13)《关于开展新能源汽车推广应用核查工作的通知》。2016年1月20日中央首次提出《关于开展新能源汽车推广应用核查工作的通知》。通知中要求财政部、工信部等四部委针对新能源汽车的推广应用实施情况及财政资金的使用管理情况,开展专项核查[2]。对核查范围、核查时间、核查内容以及核查方式做出明确规定。

(14)《新能源汽车生产企业及产品准入管理规定》。2016年10月20日工信部审议通过,2017年7月1日起开始施行了《新能源汽车生产企业及产品准入管理规定》。通过对准入条件、准入及监管部门、申请材料等内容分

---

[1] 《关于"十三五"新能源汽车充电基础设施奖励政策及加强新能源汽车推广应用的通知》:按照《国务院办公厅关于加快新能源汽车推广应用的指导意见》(国办发〔2014〕35号)、《国务院办公厅关于加快电动汽车充电基础设施建设的指导意见》(国办发〔2015〕73号)等文件要求,为加快推动新能源汽车充电基础设施建设,培育良好的新能源汽车应用环境,2016—2020年中央财政将继续安排资金对充电基础设施建设、运营给予奖补。

[2] 《关于开展新能源汽车推广应用核查工作的通知》:为进一步落实《国务院办公厅关于加快新能源汽车推广应用的指导意见》(国办发〔2014〕35号)的有关精神,培育良好的新能源汽车推广应用环境,充分发挥财政资金使用效益,促进新能源汽车产业健康、可持续发展,财政部、科技部、工业和信息化部、发展改革委将于近期对新能源汽车推广应用实施情况及财政资金使用管理情况进行专项核查。

别进行确定，规范了新能源汽车生产活动①。

（15）《城市公共汽车和电车客运管理规定》。2017年3月7日交通运输部制定并发布《城市公共汽车和电车客运管理规定》，以鼓励新能源汽车技术在公共交通领域的应用。②

---

① 《新能源汽车生产企业及产品准入管理规定》第1条规定，为了落实发展新能源汽车的国家战略，规范新能源汽车生产活动，保障公民生命财产安全和公共安全，促进新能源汽车产业持续健康发展，根据《中华人民共和国行政许可法》《中华人民共和国道路交通安全法》《国务院对确需保留的行政审批项目设定行政许可的决定》等法律法规，制定本规定。

② 《城市公共汽车和电车客运管理规定》第7条规定，国家鼓励推广新技术、新能源、新装备，加强城市公共交通智能化建设，推进物联网、大数据、移动互联网等现代信息技术在城市公共汽电车客运运营、服务和管理方面的应用。

第四章
北京市低碳电力的法律与政策

2011年北京市"十二五"规划的制定与2012年4月国家发改委全国第二批低碳试点城市的发布，标志着北京市低碳电力的全面开展。本章从发电侧、配电侧、售电侧、需求侧（或发电侧、售配电侧、需求侧、京津冀协同发展）以及总体发展这五个方面出发，主要针对此后北京市颁布的地方性法规、政府规章、政府文件，以及行政规范性文件等法律政策进行梳理，并基于法律政策主体目标的差异，进一步对其进行分析，以明确其完善方向。

一、北京市低碳电力总体发展的法律与政策

（一）北京市低碳电力发展的准备阶段的法律政策

2011年制定颁布的北京市国民经济和社会发展第十二个五年规划纲要，对"十一五"规划期间北京市取得的一系列巨大成就进行总结，并指出进入"十二五"规划阶段，北京将加快构建清洁高效的低碳现代能源体系。这表示在北京市还未纳入低碳试点城市之前，北京已经开始着手建设低碳能源体系，并为低碳电力的全面开展作出充分的准备。

在"十二五"规划制定之前，北京市已经颁布了《北京市实施〈中华人民共和国节约能源法〉办法》、"绿色北

京"行动计划,从推进技术创新、开展清洁生产等方面入手,为低碳电力全面开展铺平道路。并制订首都标准化纲要,明确低碳电力发展的标准制订模式。

1.《北京市实施〈中华人民共和国节约能源法〉办法》

2010年6月17日北京市人大常委会对1999年9月16日北京市起草制定的地方法律《北京市实施〈中华人民共和国节约能源法〉办法》进行修订,对现阶段北京市的节能管理、能源使用和节能技术的开发、利用等活动具有重要的指导意义。办法中明确规定了鼓励、支持节能科学技术的研究、开发、示范应用及推广,促进节能技术的创新与进步,鼓励、支持开发利用新能源、可再生能源。并对办法规定的行为规定了相应的法律责任,对违法行为进行查处。

在节能管理方面,办法要求北京市各级政府建立议事协调机制,通过实行节能目标责任制和节能考核评价制度,固定资产投资项目节能评估和审查制度,统筹协调、组织推动本地区节能工作。严禁对国家明令要求淘汰或者不符合强制性能源效率标准的用能产品、设备进行生产、进口、销售。对于各部门在节约能源过程中的职能也作了规定,如质量技术监督部门负责对高耗能特种设备实行节能审查和监管;统计部门负责建立健全能源统计制度和能源统计指标体系等。

在合理使用与节约能源方面,办法要求用能单位要加强用能管理和能源计量管理,并对电力生产企业等工业的设备①、电网企业并网技术标准②进行要求。要求居住建筑和其他既有民用建筑不符合民用建筑节能强制性标准的,在进行扩建、改建时,应当同步进行节能改造。要求公共机构节能管理部门制定公共机构能源消耗定额标准,对公共机构实行能源消耗定额管理制度。

在节能技术进步方面,办法要求北京市各级政府将节能技术研发作为政

---

① 《北京市实施〈中华人民共和国节约能源法〉办法》第29条规定,本市鼓励工业企业采用高效、节能的电动机、锅炉、窑炉、风机、泵类等设备,采用热电联产、余热余压利用、洁净煤以及先进的用能监测和控制等技术。

② 《北京市实施〈中华人民共和国节约能源法〉办法》第30条规定,电网企业应当按照国家规定的并网技术标准,加强电网建设,提高吸纳可再生能源电力的能力,为可再生能源发电提供上网服务。

府科技投入的重点领域①。并要求在发展及推广太阳能、生物质能、地热能、风能等可再生能源利用技术方面，秉持因地制宜、多能互补、综合利用、讲求效益的原则。

在激励措施方面，办法中规定的激励措施主要有资金支持、价格政策和技术引导。资金支持包括用以支持节能技术研发、节能技术产品示范推广等节能相关活动的节能专项资金，用以支持民用建筑节能的科学技术研究和标准制订等内容的民用建筑节能资金。价格政策主要为实行有利于节能和开发利用可再生能源的价格政策，逐步建立和完善阶梯价格制度。技术引导主要为制定节能产品、设备政府采购名录。

2. "绿色北京"行动计划（2010—2012年）

为促进经济发展转型，巩固绿色奥运的成果，并为"十二五"期间贯彻新时期绿色北京的发展战略铺路，2010年3月6日北京市颁布"绿色北京"行动计划。该计划以将北京建设绿色现代的世界城市奠定基础为短期目标，在低碳电力发展方面通过培育节能环保产业、深化清洁生产、淘汰劣势产业、实施低碳工程等方式来实现这一目标，并推进北京向清洁、友好、优美、高效的绿色现代化世界城市方向发展。

为推进电力的低碳化发展，在培育节能环保产业方面，要通过加快电动汽车领域、太阳能领域的技术研发，加强北京对新能源等节能环保产业的培育力度。②在清洁生产方面，一方面要积极鼓励和倡导企业在生产全过程中的绿色管理系统的建立与完善；另一方面要深入开展市内重点污染源企业的清洁生产审核，电力方面要完成火力发电工业的清洁生产审核。在劣势产业的淘汰方面，北京市将继续进行重点企业的搬迁调整工作，高污染、高耗能

---

① 《北京市实施〈中华人民共和国节约能源法〉办法》第52条规定，市和区、县人民政府应当把节能技术研究开发作为政府科技投入的重点领域，支持开展节能技术应用研究，开发节能共性和关键技术，促进节能技术创新与成果转化。

② 《"绿色北京"行动计划（2010—2012年）》规定，加快培育新能源和节能环保产业。以建设中关村国家自主创新示范区为契机，加大新能源和节能环保产业培育力度，把北京建成全国新能源和节能环保产业技术创新中心和高端制造基地。重点研发电动汽车、新型电池、新型太阳能光伏光热材料及元器件、新型热泵机组、污水及固体废物处理等技术和装备，提升新能源汽车、太阳能领域研发和高端制造优势，促进生物质能利用技术、核电高端技术、地热能、风能关键技术研发及工程服务能力，培育扶持一批产品和技术综合解决方案提供商，抢占绿色经济发展制高点。

等落后设备工艺的改造淘汰工作。加快推进北京市的热电联产、余热余压发电、变压器改造等一批节能技术的项目改造。在低碳工程的实施方面，北京将切实推行清洁能源利用工程的实施，推进大型光伏电站建设，因地制宜发展风电，推广新能源和可再生能源，完善能源输配网络，推进能源清洁化利用。深化既有建筑节能改造，重点推进公共机构节能改造，建设一批绿色示范建筑；加快推广节能减排新技术、新产品，并继续对高效照明产品进行推广；严格执行锅炉大气污染物排放标准，对未达标的燃煤锅炉进行治理；推广燃煤锅炉布袋除尘等实用技术，对远郊区县燃煤集中的燃气电厂开展烟气脱硝工程试点。

此外为提升该行动计划的综合保障能力，特别建立组织、法规、标准、监督等方面的制度，确保"绿色北京"的顺利进行。

3. 首都标准化战略纲要

2011年8月1日北京市政府印发了《首都标准化战略纲要》。在其纲要中指出为全面支持"绿色北京"这一战略实施，北京市要强化资源节约标准化和环境保护标准化，保障首都的绿色发展。在低碳发展方面，首要任务就是严格实施国家能效标准，加大北京市绿色建筑和低碳城市建设力度，同时推进北京市建筑节能的应用、可再生能源的应用。在国家标准的基础上，要加强北京市能源供应方面的标准化，因地制宜，推动太阳能、地热能、生物质能等新能源、可再生能源的利用标准。在完善北京市的环保标准体系上，要充分发挥环保标准在经济、环境中的协调、引导、调控作用。坚持以改善环境质量为中心，在国家标准的基础上制定更为严格，更符合北京市发展需要的污染物排放控制标准，以改善北京市的环境质量。

（二）北京市低碳电力全面开展阶段的法律政策

在低碳电力全面开展阶段，北京市从总体上颁布了国民经济与社会发展、能源发展建设、节能降耗及应对气候变化、新能源和可再生能源等一系列"十二五"规划，以及北京市新能源产业专项规划、北京大气污染防治条例等法律、政策，以打造国际活动、高端企业总部、高端人才聚集，文化先进、和谐宜居的国际性大都市，推动北京成为中国特色世界城市为发展目标，通过推进新能源、可再生能源发展、加强制度建设、提高节能降耗标准、鼓励市民低碳生活等手段推进低碳电力的发展。

1. 北京市国民经济和社会发展第十二个五年规划纲要

规划指出在"十二五"规划时期，要全面实施"绿色北京"战略，逐渐将当前的经济发展方式向资源节约、环境友好的经济发展方向转变，努力使北京成为宜居型城市。

因此，在城市环境维护方面，为优化能源结构，控制煤烟所引发污染，北京将通过大幅提高清洁能源利用率，减少煤炭使用。在宜居家园建设方面，为进一步推进北京市的节能降耗发展，"十二五"期间以建筑、管理节能为中心，加强相关的制度建设；通过提高建筑节能标准，转变供热计量收费方式，推行能效二级以上家用电器、高效照明产品的能效标识制度等方式，大幅度提高建筑节能水平；深度推进工业节能降耗，强化产业退出标准和产品设备淘汰目录约束作用，强化企业节能管理，鼓励企业建立、健全全流程绿色管理体系，深入实施清洁生产；通过健全和强化对目标责任的考核、能源统计计量的体系，实施和推广能评全过程管理机制、合同能源管理机制等方式，提高节能降耗管理水平；通过完善节能减排的相关鼓励政策，推进新技术应用。

此外"十二五"规划还指出要推进重大用能企业技术改造，鼓励倡导市民绿色生产绿色消费的低碳生活方式，并通过提高低碳能源在一次能源消费结构中的比重，推进低碳技术研发、应用的发展，降低重点行业领域的碳排放。

2. 北京市"十二五"时期能源发展建设规划

在北京市"十二五"时期能源发展建设规划中，明确提出要倡导节约，引领低碳。该规划以提高能源利用效率为核心，旨在通过倡导绿色生产方式和消费模式，逐步降低北京市的能源消耗，控制北京市温室气体排放强度。在电力发展方面，为进一步促进能源节约和环境保护，北京市要不断提高天然气、新能源和可再生能源等清洁能源利用比重，通过将一次能源转化为电力，全面推进煤炭的清洁化、集约化利用。并从发电、输配电和用电三个方面对能源发展进行规划。

首先要优化北京市的能源结构。通过压缩北京市发电、工业及民用消费的煤炭总量，严格控制燃煤设施，建立健全北京市煤炭使用的全过程管理及其清洁利用。在此基础上，提高天然气利用总量一倍以上，并计划将全市天然气的消费总量由2010年的75亿立方米提升至2015年的180亿立方米。同时依照可再生能源、新能源"因地制宜、多能互补、重点突破、政策配套"发展的原则，通过精细化的发展模式，加快北京市新能源、可再生能源的开发利用效率，大幅提高其消费占比。其中重点推进太阳能、地热能、生物质能和风能的开发利用，充分发挥北京市作为首都城市的资源比较优势，着力将北京市建设成为全国新能源和可再生能源的高水平的示范性城市。

其次需要提高北京市电网的坚强可靠性。至2015年将北京市电网建设成为四大热电中心为主、区域能源中心为辅、新能源和可再生能源电站为补充的多元化电源支撑体系，使其能力更为充足、运行更为稳定可靠。农网满足农业发展需要、电网系统逐步实现智能化。实现"主网、配网、农网"协调发展。

最后要推进电力领域的节能。通过对电力工业的用能管理与技术的改造，支持其实施节能工业锅炉、高效电机、高效变压器、余热利用等一系列的技术改造工程，提高用能效率。在电力需求侧方面，通过提高北京市建筑节能标准，既有建筑节能改造，大力发展建筑节能，同时在北京市范围内积极推行能效标识制度，结合相关政策共同制订北京市照明产品的市场准入标准，以进一步推广高效照明产品，加速白炽灯的淘汰。

3. 北京市"十二五"时期节能降耗及应对气候变化规划

在北京市"十二五"时期节能降耗及应对气候变化规划中，明确指出在2015年以前，全面提升全社会能效水平，进一步降低碳排放强度，实现主要行业能源利用效率接近或达到世界先进水平。在电力方面，提出进一步完善节能减碳的长效工作机制，初步形成绿色低碳能源电力发展方式，使北京市能源消费总量得到合理有效控制。并通过调整优化能源结构、加大节能低碳技术产品推广力度、综合提升建筑节能标准、健全节能低碳管理标准、完善能源与碳排放统计计量体系，以及健全能源与碳排放监测平台，对电力行业进行规划，确保电力行业的低碳化发展。

4. 北京市"十二五"时期新能源和可再生能源发展规划

北京市新能源与可再生能源的品种齐但总量较少。为优化北京能源结构、增强北京的创新能力，"十二五"时期，北京市新能源和可再生能源发展规划致力于建设"以应用带动产业、以产业促进应用"的示范带动、应用为先的良性互动发展模式；以企业创新主体，发展高端服务业并推动其余高端制造业相融合；通过完善标准体系，坚持政府推动，市场主导的发展模式；因地制宜，推进与民生相关的新能源、可再生能源的开发利用及建设，以改善居民的生活条件，从而提高居民的生活水平。

在具体项目的建设上，北京市结合其能源分布特点，将大力推进太阳能、生物质能、风能等新能源项目建设。并以点带面，推动能源利用规模和利用水平的提升，并制订了到2015年的具体建设目标，如北京生物质燃料利用量将新增10万吨、风力发电装机规模达到30万千瓦、生物质装机容量达到25万千瓦等。

在国家绿色能源示范工程的建立上，北京积极推进延庆国家绿色能源示范县和亦庄国家光伏集中应用示范区向国家新能源示范城市发展，因地制宜积极培育市级新能源特色示范乡镇的建设。并以产业促进发展，提升相关高端技术产业研发制造水平。此外在北京未来科技城、CBD等高端功能区逐步实现新能源的综合应用。

在创新驱动方面，应强化在新能源产业中的自主创新，争取在关键的技术、装备、系统集成能力上取得突破。以巩固北京市在太阳能高端技术的研发优势，增强其风电设备的系统集成能力，提高其地热能技术的研发水平，促进其生物质能应用技术的升级。并在智能电网的关键技术上取得突破。

此外在机制的完善及规划的保障方面，北京市提出要加强人才的引进、营造良好的社会氛围，并在落实组织领导监督管理的通知，积极争取拓宽新能源产业的发展基金。

5. 《北京市"十二五"时期绿色北京发展建设规划》

"十一五"期间，北京市资源利用效率大幅提高，主要污染物的排放量明显下降，设施承载能力实现跨越性提升，生态环境质量得到明显的改善。为牢固树立绿色低碳的发展理念，进一步提升北京可持续发展能力，北京市制定《北京市"十二五"时期绿色北京发展建设规划》以加快实施绿色北京发展战略。强化以科技创新为驱动，以着力推进节能减排工作、推广应用低碳技术发展等内容为指导思想，加快构建绿色生产消费及环境体系。其中对于低碳电力的发展，该规划主要从能源结构调整和提升产业发展质量两个方面进行规划。

在能源结构调整方面，通过天然气替代工程，清洁能源改造，压缩发电、供热、工业以及居民的燃煤总量，从而对全市的燃煤消费量进行控制；推动天然气的使用，并逐步完善天然气的供给与配送，从而实现其跨越式发展；在北京市加快可再生能源的推广和应用，重点发展太阳能、风能、地热能等可再生能源，并探索外省可再生能源的引进。

在提升产业发展质量方面，要整合北京市技术、政策、资金等资源，在节能减排、水资源利用、废气治理、新能源汽车等多领域培养绿色增长点，促进清洁技术的创新；增加节水型低碳产业发展，以构建高端低耗的产业结构；并按照现阶段首都功能定位的需求，继续淘汰落后的劣势产能。

6.《北京市新能源产业专项规划（2013—2015）》

国际上新能源市场已经进入快速增长阶段，但我国新能源产业的部分关键技术和核心设备依赖进口、监管体系尚不健全、新能源市场还未建立起有序的竞争秩序，导致我国新能源产业在国际上的竞争力不强。作为首都城市，为推动北京市新能源产业的高端化、国际化、规模化发展，2013年7月北京市发改委颁布了《北京市新能源产业专项规划（2013—2015）》。该规划强调以关键技术的突破与技术服务的升级为核心提升新能源产业的发展水平，聚焦太阳能、地热能、核能、风能、智能电网五大领域，并在北京的示范作用下带动扩大全国市场的产业发展规模。到2015年，新能源产业规模稳步扩大、利用总量得到提升、创新体系逐步完善，同时构建出一城两区多基地的发展格局。

在太阳能发展方面，争取在北京建立国家级的太阳能实验室与技术平台，以促进关键技术成果研发，突破当前的制约，强化成套装备能力；在当前北京太阳能产业基地、光伏装备制造产业集群的基础上促进光伏系统集成商的形成，促进太阳能的产业转型，并完善太阳能技术体系与管理体系，促进服务升级，从而进一步扩大北京在太阳能高端制造方面的优势。

此外在风能、地热能以及城市电网建设等方面也都提出相应的发展规划。

7. 《北京市大气污染防治条例》

为了防治大气污染，改善本市大气环境质量，保障人体健康，推进生态文明建设，促进经济、社会可持续发展，2014年1月22日北京市人民代表大会公告第3号公布了《北京市大气污染防治条例》。该条例坚持以人为本、环境优先、政府主导、全民参与、科学有效、严防严治的原则建立健全了政府主导、区域联动、单位施治、全民参与、社会监督的相应的工作机制。其中条例第52条[①]、第77条[②]对发电机组的清洁生产以及新能源汽车发展做出规定。并对各企业违规建设违规排放的情况作出明确的惩罚与规定，最严重的惩罚会涉及刑法。

（三）北京市低碳电力高速发展阶段的法律政策

"十二五"规划期间我国低消耗低排放的经济发展格局基本形成、清洁化、低碳化的能源结构体系基本确立。在此基础上，"十三五"期间北京市的低碳电力的发展步入高速发展阶段，并通过相关的法律法规进行完善。在此阶段，北京市以落实首都城市战略定位，建设国际一流的和谐宜居首都为总目标，在低碳发展上，努力建成具有北京特色、水平先进、系统完善的节能低碳体系，建立循环经济发展模式。为此北京制订了国民经济与社会发展、节能降耗及应对气候变化、新能源和可再生能源、重大基础设施发展、环境保护与生态建设等为主要内容的"十三五"规划，颁布了北京市推进节能低碳和循环经济标准化工作实施方案、北京市人民政府办公厅关于印发《北京市进一步促进能源清洁高效安全发展的实施意见》的通知、北京市开展电力体制改革综合试点方案、北京市空气重污染应急预案等法律法规。

1. 北京市推进节能低碳和循环经济标准化工作实施方案（2015—2022年）

为了对2022年冬奥会期间的北京市生态环境质量提供有力保障，为将北京市建设成为国际一流的和谐宜居之都提供有力支撑，2015年10月19日北京市

---

① 《北京市大气污染防治条例》第二十五条规定，本市禁止新建、扩建燃烧煤炭、重油、渣油的设施。使用煤炭、重油、渣油为燃料的工业锅炉、炉窑、发电机组等设施，应当按照市人民政府规定的期限改用清洁能源。远郊区、县燃煤供热设施应当在规定期限内实施清洁能源改造。

② 《北京市大气污染防治条例》第七十七条规定，鼓励发展小排量、低能耗和新能源车与清洁能源车，加快新能源车与清洁能源车的配套设施建设。

发布了《北京市推进节能低碳和循环经济标准化工作实施方案（2015—2022年）》。该实施方案要求北京市充分发挥其在引导绿色消费等方面的基础性、战略性作用，加快推进节能低碳、循环经济的建设速度，争取到 2022 年基本建成具有其自身特色、先进、完善的标准体系，保持北京市在全国的领先地位。

在具体内容上，实施方案对完善标准体系、强化标准运用①等重点任务进行明确。通过三个步骤推动北京市节能低碳和循环经济标准化工作：第一阶段完善节能低碳和循环经济标准工作机制，全面梳理节能低碳领域现行的标准，建立标准制定修订全过程信息公开和共享平台；第二步，形成推荐性标准管理体制②；第三步，要求基本建成新型节能低碳和循环经济标准体系③。为有效发挥实施方案的作用，实施方案还制订了一系列的保障措施。

2. 北京市国民经济和社会发展第十三个五年规划纲要

"十三五"阶段我国正处于全面建设小康社会的决胜阶段。也是北京市落实首都城市战略定位，将北京建设成为国际一流的和谐宜居首都的关键阶段，2015 年 11 月 25 日中国共产党北京市第十一届委员会第八次全体会议通过了中共北京市委关于制定《北京市国民经济和社会发展第十三个五年规划》的建议。

在低碳能源这一方面，"十三五"规划总结了"十二五"期间北京市取得的核心区基本实现无煤化、基本建成四大燃气热电中心，能源运行保障能

---

① 《北京市推进节能低碳和循环经济标准化工作实施方案（2015—2022 年）》：强化标准运用。选择发展基础较好、能效水平较高的园区、社区、企业、公共机构，组织开展节能低碳和循环经济标准化试点，建成 100 个市级节能低碳和循环经济标准化示范项目（单位）。在发电、供热、交通、大型公共建筑、教育、医疗、商场超市、宾馆饭店等重点行业（领域），建立能效和碳排放"领跑者"制度，并指导其他社会单位开展达标改进行动，进行节能低碳和资源循环利用综合改造，加快淘汰落后用能工艺设备，系统提升绿色发展水平。建立重点行业能效和碳排放标杆数据库并及时更新，适时将"领跑者"单位的能耗、碳排放水平指标作为相关行业的准入指标。

② 《北京市推进节能低碳和循环经济标准化工作实施方案（2015—2022 年）》：第二阶段（2018—2020 年）。完成各领域、各行业标准化试点示范工作，取得一批可推广、可复制的经验做法。以试点示范为基础，大力推动发展市场自主制定的团体标准、企业标准，形成协调配套、简化高效的推荐性标准管理体制，更好地满足市场竞争、创新发展需求。

③ 《北京市推进节能低碳和循环经济标准化工作实施方案（2015—2022 年）》：第三阶段（2021—2022 年）。基本建成结构合理、衔接配套、覆盖全面、适应首都经济社会发展需求的新型节能低碳和循环经济标准体系，使本市进入国际节能低碳和循环经济标准创制先进地区行列，为成功举办 2022 年冬奥会提供标准化工作支撑。开展"十三五"标准化工作成效总体评价，启动新一轮标准动态调整更新工作。

力进一步增强等一系列的成就。指出"十三五"期间将高质量建设市政基础设施,提供绿色低碳能源。①

3. 北京市"十三五"时期节能降耗及应对气候变化规划

为进一步培育发展节能低碳产业,促进节能环保产业合作,2016 年 8 月 7 日北京市人民政府依据《国家应对气候变化规划(2014—2020 年)》《国家适应气候变化战略》等相关规划制定《北京市"十三五"时期节能降耗及应对气候变化规划》。

在低碳电力发展这一方面,规划回顾了"十二五"期间清洁化低碳化的能源结构体系的确立②与当前存在的问题。"十三五"期间,国家把绿色低碳

---

① 《北京市国民经济和社会发展第十三个五年规划纲要》:提供绿色低碳能源:坚持清洁低碳发展方向,加快推动京津冀一体化清洁能源建设,保供与保洁并重,构建绿色低碳、安全高效、覆盖城乡的现代能源体系。建成安全高可靠电网。加快电网一体化建设,依托国家特高压电网、华北电网,增强京津唐多方向外受电通道能力,推动扩大东北、山西、内蒙古等能源基地向京津冀输电规模。加快建成蒙西－天津南、锡盟－北京等特高压输电通道,形成东南西北四个方向 500 千伏主力送电通道,外受电能力达到 3 200 万千瓦。建成以四大热电中心为主、区域能源中心为辅、新能源和可再生能源电站为补充的多元本地电源支撑体系,清洁能源发电装机比重达到 100%。优化主网结构,规划建设通北、商务中心区、丽泽等 500 千伏变电站,建设高碑店、梨园等 44 项 220 千伏变电工程。全面实施配网升级改造,重点推进架空线入地、老旧小区电网配电设施改造、配网结构优化、装备水平提升等工程,供电可靠性提高到 99.995%。实施新一轮农村电网改造,农村地区供电可靠性达到 99.99%,户均变电容量达到 7 千伏安,实现城市与农村供电保障能力无差别。农村电采暖用户户均变电容量达到 9 千伏安。积极推进能源互联网建设,基本实现新能源、分布式电源就地消纳接入和并网运行。完善燃气设施体系。推动加强京津冀天然气输配系统网络化建设,促进华北、大港地下储气库,以及曹妃甸液化天然气接收码头资源统筹、区域内联络通道完善、调峰储气设施合理布局,提高区域天然气互济调峰和应急保障能力。建成陕京四线"一干三支"管线,实现北京外围 10 兆帕供气管线成环,加快推进中俄东线建设,形成多源多向燃气供应体系。新建平谷、延庆等接收门站及分输站,门站及分输站总数达到 13 座,接收能力达到 3.5 亿立方米/日。2020 年建成覆盖中心城和全部新城、部分乡镇、工业园区和周边有条件的农村地区的燃气管网。完善农村液化石油气供应服务体系。有序发展中小型天然气分布式能源系统。发展城乡清洁供热。扩大与津冀等周边地区清洁供热合作,扩大三河热电厂向通州供热能力,实现京能涿州热电厂向房山地区供热,推进天津盘山电厂、河北下花园电厂为平谷、延庆供热。继续推进"1＋4＋N＋X"供热体系建设。优化供热结构,全市清洁能源供热面积比例达到 95% 以上。稳定城市热网供热规模,基本完成老旧热网更新改造,完成新城和镇区燃煤锅炉房清洁能源改造,建设一批应急备用热源。

② 《北京市"十三五"时期节能降耗及应对气候变化规划》:清洁化低碳化的能源结构体系基本确立。提高清洁能源利用比重,基本建成四大燃气热电中心,大幅减少煤炭用量,五环路内基本取消燃煤锅炉,全市煤炭消费总量由 2010 年的 2 530 万吨削减到 2015 年的 1 165 万吨,煤炭占能源消费总量的比重降至 15.7%。因地制宜发展光电、风电、地热等可再生能源,新能源和可再生能源占比达到 6.5%。

循环发展提升到了更高的地位，对全面推进大气污染治理提出更严要求，疏解非首都功能，为深化节能减碳工作提供新动力。因此在规划中提出要"以疏解非首都功能推动结构性降耗"①；在"持续提升重点领域能效水平"方面要推广清洁低碳的交通设施设备②、强化能源生产环节节能措施③；此外在"培育发展节能低碳产业""加强京津冀节能减碳区域合作"方面均提出相应的节能降耗措施。

4. 北京市"十三五"时期重大基础设施发展规划

基础设施是城市高效运行和健康发展的物质基础。因此为进一步完善北京市基础设施建设是提高北京市城市治理水平、优化空间布局、服务市民生产生活，2016年8月15日北京市人民政府制定并发布《北京市"十三五"时期重大基础设施发展规划》，指导"十三五"时期全市基础设施建设行动。

在低碳电力这一方面，规划总结了"十二五"期间能源方面基础设施建设取得的显著成就④，但诸如大气污染等城市发展难题依然存在。因此"十

---

① 《北京市"十三五"时期节能降耗及应对气候变化规划》第三章：以疏解非首都功能推动结构性降耗。全面落实首都城市战略定位，以有序疏解非首都功能和推动京津冀协同发展为契机，统筹产业、能源、空间三大结构，深度调整三次产业内部结构，优化调整能源供给结构，对功能区实施差异化的节能减碳措施，降低能源需求强度，减少存量排放。

② 《北京市"十三五"时期节能降耗及应对气候变化规划》：推广清洁低碳的交通设施设备。完善机动车总量调控和交通管理政策，源头控制机动车能耗增长，降低机动车使用强度。推广新能源和清洁能源汽车，完善充电设施。2020年，全市电动汽车推广应用规模达到40万辆左右，公交领域清洁能源车辆比例力争达到70%。淘汰国Ⅱ及以下标准老旧机动车，在环卫、出租、郊区客运、邮政、物流配送等行业，加快更新使用新能源车和符合国家新排放标准的车辆。实施公交、地铁场站综合节能改造工程。

③ 《北京市"十三五"时期节能降耗及应对气候变化规划》：强化能源生产环节节能措施。加强电厂节能发电调度，优化启停操作、整机协调、辅机运行管理。基本完成全市燃气电厂、燃气锅炉、工业窑炉余热余压回收利用改造，试点开展天然气高压调压站压差发电。更新、改造老旧电网线路和变压器，基本消除城乡电网高损耗设备，力争2020年配电网综合线损率降至6%。推行按需供热模式，推广气候补偿、烟气冷凝热回收、锅炉集控等技术，实现智能化管控，提高综合供热效率。

④ 《北京市"十三五"时期重大基础设施发展规划》：能源保障能力显著提高。初步形成"外围成环、分区供电"的电力主网架，建成天然气陕京三线等外部气源工程，基本建成四大燃气热电中心。单位地区生产总值能耗累计下降24.8%。压减燃煤约1400万吨，煤炭消费比重由2010年的29.3%降至约14%。清洁能源比重大幅提高，优质能源占比由71%提高至86%。

三五"期间要进一步发展绿色低碳能源：全面推进电厂、工业、采暖、居民燃煤总量压减；优先发展使用新能源、可再生能源；建设坚强可靠电网①。

5. 北京市"十三五"新能源和可再生能源发展规划

新能源和可再生能源绿色低碳、环境友好，是能源生产和消费革命的重要内容，代表能源未来发展方向。"十三五"期间为加快构建现代能源体系的关键阶段。2016年9月26日北京市发改委发布《"十三五"时期新能源和可再生能源发展规划》，本着市场主导、创新驱动、区域合作、广泛参与等多项原则，旨在增加新能源的利用量、提高其比重、发展清洁供热、提高我国的创新能力。规划涉及电网、智能微电网、储能技术、新能源汽车、光伏充电站等电力行业的多方面内容。

规划中指出"十三五"规划期间为有效优化首都能源结构、推动能源绿色智能高效转型，本市应当大力发展新能源、可再生能源，持续优化能源结构：在通过校园、商业、工业、农业、基础设施五个方面全面推广太阳能的利用，大力发展地热即热泵系统的应用，推进浅层地温能开发，稳步推进生物质能发电，有序推进风电开发，并发挥既有水资源的能效。加快本地资源开发建立绿电互联互通发展，推进外调绿电通道建设强化外调绿电消纳机制。推动新能源融入城市能源体系，从而压减燃煤加快大气污染治理。

此外积极探索新能源"互联网+"的创新与发展，充分利用大数据等一系列的现代信息技术，推动多种能源智能融合发展，探索发展绿色低碳、智能高效的未来城市能源供应体系。通过完善交易机制、强化政府服务来为新能源和可再生能源大规模应用营造良好环境。充分利用储能技术、新能源汽车促进新能源和可再生能源消纳。

6. 北京市"十三五"时期环境保护和生态建设规划

做好环境保护工作与生态建设工作，对于首都的城市战略定位、建立小

---

① 《北京市"十三五"时期重大基础设施发展规划》：建设坚强可靠电网。加快外送电力通道建设，逐步形成"东南西北"多元多向的受电格局，外受电能力达到3 500万千瓦。启动高可靠配电网提升工程，有效解决配网网架结构薄弱等问题。优化本地电源结构，建成以四大燃气热电中心为主、区域能源中心为辅、新能源和可再生能源为补充的多元清洁电源支撑体系。城市供电可靠率达到99.995%，清洁能源发电装机比重达到100%。

康社会有关键的作用。为此，2016年12月28日北京市人民政府依据环境保护法律法规，国家大气、水、土壤污染防治行动计划等法律文件，编制并印发了《北京市"十三五"时期环境保护和生态建设规划》。进一步牢固树立"绿水青山就是金山银山"的理念，以持续加大生态环境保护力度，从而确保生态环境质量明显改善。

规划总结了"十二五"规划时期环境生态保护工作的进展，环境质量水平的各个方面都得到稳步提升，生态环境的保护和发展进一步协调，增强了对污染物总量排放的控制力度，有效地防范环境安全风险，并不断提高环境的治理能力，初步形成了共同防御共同治理的格局。"十三五"期间要坚持系统防治、多元共治、依法严治、区域协同的原则，推进环境污染的源头管控，补齐生态环境的短板，增强环境治理能力。到2020年，主要污染物排放总量持续削减，大气和水环境质量明显改善，土壤环境质量总体清洁，生态环境质量保持良好，环境安全得到有效保障。

低碳电力方面规划在"积极开展联防联控"中提出"重点行业和燃煤锅炉分步实施国家大气污染物特别排放限值……2022年冬奥会场馆建设广泛应用节能环保技术和产品，采用绿色环保建材，使用清洁能源"。在"全面开展环境污染防治"的"深化大气污染协同减排"中提出："基本完成燃煤设施清洁能源改造。优化燃气电厂运行模式，非采暖季调峰发电、采暖季'以热定电'。以天然气为主体、外埠电厂余热和工业废热等为补充，推进远郊区各类燃煤设施清洁能源改造。"在"持续加强环境风险防控"中提出要切实加强核电与其辐射安全监管，推动现有老旧核设施逐步推移，完善辐射安全监管机制，开展辐射工作单位规范化建设。在提升企业环境治理能力中提出落实企业环境保护责任。

7. 北京市人民政府办公厅关于印发《北京市进一步促进能源清洁高效安全发展的实施意见》的通知

为提高能源利用效率，加快构建北京市现代能源体系，2015年5月14日北京市人民政府办公厅印发《北京市进一步促进能源清洁高效安全发展的实施意见》。该实施意见从调整优化能源结构、提高能源供应效率、确保能源供应安全、强化能源运行精细化管理、健全能源发展机制等重点任务入手，推动北京市构建清洁安全高效可持续发展的现代能源体系。并通过加强组织领导①，强化督查考核②、做好宣传引导③的方式保障意见的顺利实施。

8. 北京市电力体制改革综合试点方案

为深入贯彻落实九号文发布以来我国的电力体制改革，积极推进北京电力体制改革试点工作，构建有效竞争的市场结构和市场体系，北京市制订了《北京市电力体制改革综合试点方案》。

试点方案坚持了"安全可靠，市场主导；问题导向，突出重点；试点先行，平稳推进；完善制度，健全机制"的原则。通知制定了改革的主要任务，即推进输配电价改革工作④；推进京津冀电力交易市场建设⑤；大力推进电动汽车充电设施网络化建设⑥；推进高效绿色电力送京⑦；推进电力辅助服

---

① 北京市人民政府办公厅关于印发《北京市进一步促进能源清洁高效安全发展的实施意见》的通知：加强组织领导。充分发挥市能源与经济运行调节工作领导小组的统筹协调作用，加大能源领域重大事项的协调推进力度。各区县政府、各有关部门要明确职责，细化目标，制定具体方案，狠抓工作落实。电力、天然气、热力等相关企业要加快推进清洁能源设施建设，切实做好能源供应保障工作。

② 北京市人民政府办公厅关于印发《北京市进一步促进能源清洁高效安全发展的实施意见》的通知：强化督查考核。市能源与经济运行调节工作领导小组办公室要制定年度工作计划，分解落实年度任务，定期开展分析评估，对重点领域中的突出问题和难点工作，要及时开展专题研究，并协调推动解决，确保各项工作任务按时完成。

③ 北京市人民政府办公厅关于印发《北京市进一步促进能源清洁高效安全发展的实施意见》的通知：（三）做好宣传引导。市能源与经济运行调节工作领导小组各成员单位要加大宣传力度，利用电视、互联网、报刊等各类媒体深入开展节能宣传活动，大力倡导绿色生产生活方式，普及节能知识，推广节能产品，充分调动社会各方面的积极性，努力营造科学节能、合理用能的良好氛围。

④ 《北京市电力体制规格试点方案》规定，推进输配电价改革工作。以"准许成本加合理收益"为原则，以各电压等级输配电资产、成本、输电量和线损率等为基础，核定电网输配电价。配合国家发展改革委核定华北电网输电网络输电价。

⑤ 《北京市电力体制规格试点方案》规定，推进京津冀电力交易市场建设。积极推进电网企业相对控股的京津冀电力交易机构组建工作，并争取其在京落户，建设京津冀统一的电力市场。结合有序放开公益性和调节性以外的发用电计划，开展京津冀区域电力中长期市场交易和现货市场业务。

⑥ 《北京市电力体制规格试点方案》规定，推进电动汽车充电设施建设。大力推进电动汽车充电设施网络化建设，满足我市快速增长的电动汽车充电需求。建立合理的电动汽车充电服务机制和收费机制，促进电动汽车产业快速发展。探索推进电动汽车参与电网储能和调峰。

⑦ 《北京市电力体制规格试点方案》规定，推进高效绿色电力送京。在保障我市电网运行安全和供热安全的前提下，提高外调电比例，减少我市火电发电厂污染物排放，改善大气环境质量。

务市场化建设①；推进可再生能源发展②；推进增量配电业务放开试点工作③；推进竞争性售电业务放开试点工作④；提高需求调控能力⑤；提高安全保障能力⑥。

2016年8月26日国家发展改革委办公厅、国家能源局综合司批复北京市开展电力体制改革综合试点方案，同意北京市开展电力体制改革试点。但也对北京市电力体制改革提出制定完善输配电价改革、电力交易机构组建、电力市场建设、发用电计划放开、售电侧改革等专项试点方案；加强组织领导，加快改革实施，加强与电网企业、发电企业、用电企业等各方面的协调沟通，调动各方面积极性；把握电力体制改革的方向，防止试点工作方向走偏，坚持市场定价、平等竞争、节能减排的原则；稳妥推进改革，确保电力安全四点要求。

9. 北京市空气重污染应急预案

为进一步完善北京市空气重污染应急机制，推动北京市环境管理精细化发展，切实减缓污染程度，从而保护公众健康，2016年11月12日北京市人民政府结合本市实际在对上一年度应急预案的修订完善的基础上，制订《北京市空气重污染应急预案（2016年修订）》。将空气重污染预警分为4个级

---

① 《北京市电力体制规格试点方案》规定，推进电力辅助服务市场化建设。建立健全无功补偿、调峰、黑启动、容量备用等电力辅助服务市场化机制。

② 《北京市电力体制规格试点方案》规定，推进可再生能源发展。逐步完善可再生能源发展机制，鼓励以分布式可再生能源和天然气热电冷三联供为主的分布式能源发展，提升可再生能源就地消纳能力和利用比例。

③ 《北京市电力体制规格试点方案》规定，推进增量配电业务放开试点工作。在具备条件的开发区、产业园区和重点功能区开展增量配电业务放开试点工作，鼓励社会资本投资增量配电业务，促进我市电力基础设施建设，提高配网运营效率，降低配电成本，更好地为广大用户提供电力服务，保障首都电力供应。

④ 《北京市电力体制规格试点方案》规定，推进竞争性售电业务放开试点工作。培育售电市场主体，吸引社会资本进入竞争性售电领域，发展能源增值服务，为用户提供多样化、个性化的综合能源服务。推进全市大用户、售电主体与发电企业直接交易。

⑤ 《北京市电力体制规格试点方案》规定，提高需求调控能力。针对我市电网峰谷差大的特点，完善电力需求侧管理和需求侧响应机制。加强电力需求侧资源开发利用，提高负荷调控能力，引导电力用户削减高峰时段用电需求，削减电网峰谷差，减轻电网运行压力，促进节能减排。

⑥ 《北京市电力体制规格试点方案》规定，提高安全保障能力。针对电力体制改革后市场主体增多、市场交易频繁等新情况，完善监管机制，创新监管措施，进一步提高政府部门监管能力。

别，由轻到重依次为蓝色预警（四级）①、黄色预警（三级）②、橙色预警（二级）③和红色预警（一级）④。根据空气重污染预警级别，采取相应的健康防护引导、倡议性减排和强制性减排措施。

其中在低碳电力方面，当发布红色预警（一级）时，采取协调加大外调电力度，降低本市发电负荷的强制性减排措施。

（四）京津冀协同发展下低碳电力的法律政策

2014年2月26日习近平主席召开座谈会将京津冀协同发展升级为重大国家战略。随着有序疏解北京非首都功能、构建京津冀一体化的现代交通网络等一系列措施的开展，京津冀协同发展程度逐渐加深，能源一体化也被提上日程。通过对京津冀发展中《京津冀协同发展规划纲要》《京津冀协同发展生态环境保护规划》《京津冀产业转移指南》等涉及能源电力发展的政策进行解读，以明确京津冀地区能源发展特别是低碳电力的发展方向。其中《京津冀协同发展规划纲要》《京津冀协同发展生态环境保护规划》暂时并未向外界公布。

在京津冀产业转移指南方面，为全面推进京津冀的协同发展，因地制宜，有序引导京津冀省际产业转移和承接，2016年6月29日工业与信息化部联合京津冀三省人民政府发布了《京津冀产业转移指南》。指南的制定旨在将京津冀地区产业发展成为"空间布局合理、产业链有机衔接、各类生产要素优化配置""一个中心、五区五带五链、若干特色基地"的格局。指南指出应当始终坚持创新、协调、绿色、开放、共享发展理念，通过产业转移与转型升级、提升创新能力、培育集群竞争力相结合，与当地资源环境承载力相适应，以实现转移目标，疏解北京非首都功能，优化京津冀产业发展格局。

---

① 蓝色预警（四级）：预测全市空气质量指数日均值>200将持续1天，且未达到高级别预警条件时。

② 黄色预警（三级）：预测全市空气质量指数日均值>200将持续2天及以上，且未达到高级别预警条件时。

③ 橙色预警（二级）：预测全市空气质量指数日均值>200将持续3天，且出现日均值>300时。

④ 红色预警（一级）：预测全市空气质量指数日均值>200将持续4天及以上，且日均值>300将持续2天及以上时；或预测全市空气质量指数日均值达到500及以上，且将持续1天及以上时。

在能源的低碳绿色发展这一方面,指南中指出,在先进制造业产业带重点发展新能源等产业;在绿色生态产业带重点发展绿色低碳产业,以支撑京津冀地区生态保障。

二、北京市发电侧的低碳电力法律与政策

针对电力领域发电侧的低碳发展,北京市法律政策主要从节能减排、清洁生产、促进可再生能源发展与消纳、完善碳交易制度四个方面进行引导。

(一) 节能减排方面

在低碳发展全面实施前北京已经开始着手促进企业节能减排,并为低碳电力的发展作出充分的准备。为推进节能减排工作的进行,北京颁布《北京市节能监察办法》《北京工业能耗耗水指导指标》《北京市节能减排奖励暂行办法》《北京市节能监测管理暂行办法》《北京市固定污染源自动监管办法》等多部法律与政策,通过加强政府监察、严格工业指标、政策支持等多个方面的共同引导,大幅降低了火力发电等重点企业的能耗。

1. 北京市节能监察办法

为促进市民合理节约使用能源,建设节约型社会,2006年7月20日北京市依法制定了《北京市节能监察办法》。相关的节能行政部门依据本法对北京市内的使用开发能源、新能源、可再生能源的单位执行节能法律法规及相关标准的情况进行监督和检查,并依法对违反相关规定的行为进行处理。

该办法确定了北京市节能监察的主管部门[①],并基于教育与处罚相结合、监督与服务相结合的原则,对其贯彻宣传规定、督促执行、受理举报等职责及其实施作出明确的规定。对用能单位的违法、阻碍监察,监管部门的违规执法等行为的法律责任进行明确。

---

① 《北京市节能监察办法》第3条规定,市发展和改革委员会是本市节能行政主管部门,负责统一管理、指导和协调全市节能监察工作。区、县节能行政主管部门根据职责分工做好本行政区域内的节能监察工作。质量技术监督、工商行政管理、统计、规划、建设、市政管理等行政主管部门依照有关法律、法规和规章规定的职责做好相应节能监督管理工作。区、县人民政府节能行政主管部门可以在其法定职责内,委托符合《中华人民共和国行政处罚法》第19条规定条件的组织实施节能监察。

2. 北京工业能耗耗水指导指标

为推进节能减排工作的继续深入,北京市于2007年6月颁布《北京工业能耗耗水指导指标》,指导指标分三个等级,即新上项目准入指标、生产运行企业降低消耗指标、淘汰退出指标。每个等级指标中包含万元产值能耗与万元产值水耗。一旦企业的万元产值能耗和万元产值水耗超出指导指标的规定,将被强制淘汰。

3. 北京市节能减排奖励暂行办法

为深入贯彻科学发展观,总结"十一五"时期节能减排工作取得的成绩,推进"绿色北京"建设,充分调动单位和个人开展节能减排工作的积极性,北京市发改委于2010年6月制定并发布了《北京市节能减排奖励暂行办法》。

办法中规定设立节能减排奖励资金的目标在于将强化节能减排和空气质量目标作为区县政府责任的约束性指标,发挥区县政府的作用,采取多种措施,切实做好节能减排工作。在奖励范围和条件方面,奖励范围为与市政府签订节能目标责任书、减排目标责任书、承担空气质量考核任务的区(县)政府、市有关部门和重点用能单位以及在全市节能减排和空气质量改善工作中做出突出成绩的单位和个人。奖励条件为节能减排指标和空气质量考核任务的实际完成情况和工作业绩。在奖励工作组织及职责方面,由北京市应对气候变化及节能减排工作领导小组负责领导,协同各部门共同组织,以荣誉与物质相结合的方式进行奖励。在监督管理方面,各部门按照各自职责对节能减排奖励工作进行监督。节能减排奖励资金专款专用,任何单位不得以任何借口虚报、骗取、截留、挪用、挤占财政奖励资金。

4. 北京市节能监测管理暂行办法

为规范节能监测工作,切实发挥其对节能工作的支撑保障作用,在借鉴国内其他地区积极建设完善节能监测体系经验的基础上,根据地区实际情况,2013年3月1日北京市依法制定了《北京市节能监测管理暂行办法》。

办法中明确了节能监测是节能主管部门委托节能监测机构,依据国家及本市节能有关法律、法规、标准和要求,对用能单位的主要用能系统及用能设备能耗情况进行监督检测,对能源管理和利用状况进行综合评价的活动。办法的适用范围为北京市的用能单位和通过市节能主管部门遴选的节能监测机构。办法规定北京市节约能源办公室为北京市节能监测工作的主管部门，对其监测机构职责、监测工作组织与实施等内容作出进一步规定。办法还规定了监测结果的处理和节能监测机构的管理。

5. 北京市固定污染源自动监管办法

为提高北京市对固定污染源的监督管理水平，北京市环保局根据环境保护法、北京市的水污染防治条例等相关法律政策，于 2014 年 11 月 5 日发布了《北京市固定污染源自动监管办法》，规范市内固定污染源自动监控设备的安装、运行，并对其进行监督和管理。

在电力方面，该监管办法要求，针对总装机容量 30 万千瓦以上火电厂、热电联产电厂，其固定污染源自动监控设备的设备合格性、数据有效性审核由市环保局负责。并对建设项目环境影响评价文件的编写要求作出明确规定，依照规定中的相关的情形、要求，编写关于固定污染源自动监控设备安装的措施。此外，该监管办法对固定污染源的自动监控设备及其安装的技术标准、要求，审查登记和备案，运行维护，及其监管责任等一系列内容都制定出详细的规定，从而维护该监管办法的有效实施。

（二）清洁生产方面

提高现有火力发电特别是燃煤发电低碳发展程度的主要措施一方面是节能减排，另一方面就是清洁发展。当前北京市出台的电力生产方面的清洁生产政策主要有《北京市支持清洁生产资金使用办法》《北京市清洁生产管理办法》。其具体内容如下。

1. 北京市支持清洁生产资金使用办法

为有效推进北京市的清洁生产，北京市财政局、发改委等部门，结合北京市清洁生产具体情况，于 2007 年制定了《北京市支持清洁生产资金使用办法》。该办法规定了资金的使用范围[1]。其支持的具体方向包括：使用无毒、无害或者低毒、低害的项目，资源利用率高、污染物产生量少的工艺和设备

---

[1] 《北京市支持清洁生产资金使用办法》：资金使用范围和支持方向（一）清洁生产审核费用补助：企业自愿组织实施清洁生产审核，经市发展改革委和市环保局验收合格的（区属企业需先经区县发展改革委会同区县环保局初审），市财政对清洁生产审核费用给予补助，在中小企业发展专项资金中安排。

等项目。清洁生产中、高费项目补助列支渠道分为支持中小企业发展专项资金和固定资产投资。规定了申报企业应当提交的材料和申报审核程序,同时对资金支持标准①、监督检查进行规定②。

2. 北京市清洁生产管理办法

2013年11月27日,北京市发改委联合财政局、环保局发布《北京市清洁生产管理办法》。办法规定的清洁生产是指不断采取改进设计、使用清洁的能源和原料、采用先进的工艺技术与设备、改善管理、综合利用等措施,从源头削减污染,提高资源利用效率,减少或者避免生产、服务和产品使用过程中污染物的产生和排放,以减轻或者消除对人类健康和环境的危害。

该办法规定:在清洁生产推行方面,要求在服务业、工业、建筑业以及农业领域全面推行清洁生产,合理确定推行重点;在清洁生产审核方面,分为自愿性审核和强制性审核。清洁生产审核实行名单管理,对纳入名单管理的实施单位给予资金支持。未通过审核评估的实施单位,需在6个月内完成整改并重新提出一次审核评估申请;在清洁生产项目实施方面,要求实施单位结合行业特点推进清洁生产项目的实施和持续改进;在清洁生产绩效验收方面,北京市实施清洁生产绩效验收制度,对实施单位清洁生产审核方案落实情况,以及所取得的节能、降耗、减污、增效效果进行综合性评价。对通过清洁生产绩效验收的实施单位给予资金奖励,对未按规定提出清洁生产绩效验收申请或者验收为通过的实施单位,收回中高费项目补助资金。

(三) 可再生能源发展与消纳方面

作为推动电力低碳化发展的重要手段,北京市在电力行业发展改革中提

---

① 《北京市支持清洁生产资金使用办法》:资金支持标准(一)对清洁生产审核费用补助申报项目,实际发生金额5万元以下的给予全额补助;实际发生金额超过5万元以上的部分给予70%补助,最高补助额度不超过10万元。

② 《北京市支持清洁生产资金使用办法》:监督检查(一)市财政局负责对资金的使用情况进行管理和监督,不定期组织或委托中介机构对扶持项目的资金使用情况进行评审。市发展改革委负责对使用固定资产投资的项目实施情况进行管理和监督;市工业促进局按照《北京市工业发展金管理办法》负责对中小型工业企业清洁生产项目实施情况进行管理和监督。(二) 项目实施单位在收到支持资金后,项目建设期每半年向市财政局和市发展改革委等行业管理部门报送专项资金使用情况及项目建设情况;项目完成后,项目实施单位应在3个月内向市财政局、市发展改革委等行业管理部门报送项目竣工报告和财务决算报告。

出《北京市加快太阳能开发利用促进产业发展指导意见》《北京市分布式光伏发电项目管理暂行办法》两项政策，对可再生能源的发展和消纳进行引导和规范。其具体内容如下。

1. 北京市加快太阳能开发利用促进产业发展指导意见

太阳能作为北京市新能源、可再生能源中的消费占比最高、资源储量最大、开发前景最优，技术和产业发展都较为成熟的清洁能源，对实现北京市新能源、可再生能源高端化发展有着极为重要的作用。因此2010年5月31日北京市出台了《北京市加快太阳能开发利用促进产业发展指导意见》。针对电力的低碳发展，指导意见中指出要在北京市的建设过程中充分利用和发挥太阳能资源，并计划到2020年，将北京市太阳能发电系统提高至300兆瓦，并充分发挥北京研发优势，努力使北京成为太阳能技术研发中心、太阳能产业的高端制造中心和应用展示中心。

在具体的措施上，指导意见中指出要在北京市推行2万千瓦光伏屋顶工程、建设5万千瓦光能示范上网电站、加快实施阳光校园工程、启动园林阳光夜景工程。同时对太阳能发展制定科技研发计划，建立科技实验和成果转化平台，全方位加强与中央的对接，为太阳能技术进一步发展培养更多的高端人才。在打造高端产业基地、培育优势产业，优化企业发展环境的同时加强政策上的支持体系，健全太阳能发展的标准规范体系、规划保障体系，加强全市范围内对太阳能技术的宣传培训。

2. 北京市分布式光伏发电项目管理暂行办法

2014年7月25日北京市发展和改革委员会发布了《北京市分布式光伏发电项目管理暂行办法》。暂行办法中指出要积极推进分布式光伏发电应用[①]，光

---

① 《北京市分布式光伏发电项目管理暂行办法》第三条规定，积极推进分布式光伏发电应用（一）重点推进在国家级新能源示范区、高端功能产业园区、商业设施及工业园区等建筑和构筑物上建设分布式光伏发电系统；（二）积极支持在学校、医院等大型公共机构和新能源汽车充电站推广分布式光伏发电系统；（三）对于年综合能耗超过5 000吨标煤的工业企业，年用电量超过500万千瓦时的商业企业，有屋顶安装条件的鼓励安装分布式光伏发电系统；（四）积极结合农村城镇化和新型农村社区建设分布式光伏屋顶系统。

伏项目在备案或登记完成后可向属地电网企业提出并网申请①。此外还对新能源、可再生能源监测系统、光伏补贴等内容进行规定。

(四) 完善碳交易制度方面

碳市场与电力市场在管理和运作上通常是彼此独立的,然而对于火电企业,发电的同时会伴随着碳排放,并因此将电力交易与碳交易关联在一起。并且碳交易制度的建立旨在推动低碳经济的发展,碳交易政策的制定可以说是促进火力发电低碳发展的有效手段。当前北京市制定的碳交易政策主要有《北京市碳排放配额场外交易实施细则(试行)》《北京市碳排放权交易核查机构管理办法(试行)》《关于规范碳排放权交易行政处罚自由裁量权规定》《关于进一步开放碳排放权交易市场加强碳资产管理有关工作的通告》。其具体内容如下。

1. 北京市碳排放配额场外交易实施细则(试行)

为进一步推动碳交易的开展,2013年11月22日北京市发改委连同北京市金融工作局共同公布了《北京市碳排放配额场外交易实施细则(试行)》。细则规定了配额场外交易的适用对象、交易协议要求、配额交割与资金结算手续的地点等内容。要求由北京市发改委、金融局进行监管。② 北京作为首批碳排放配额场外交易试点城市,通过制定该实施细则,对碳排放配额场外交易活动进行有效管理。

2. 北京市碳排放权交易核查机构管理办法(试行)

在实施细则的基础上,2013年颁布的《北京市碳排放权交易核查机构管理办法(试行)》要求政府引导与市场运作相结合,同时遵循诚信、公开、公平、公正的原则。在碳排放的管控与配额管理方面,对于参加北京市碳排

---

① 《北京市分布式光伏发电项目管理暂行办法》第五条规定,项目业主在备案或登记完成后可向属地电网企业提出并网申请。其中(一)对于10千伏及以下电压等级接入,且单个并网点总装机容量不超过6兆瓦的项目,电网企业应在30个工作日内完成接入方案制定和审查,并将接入系统方案确认单或项目接入电网意见函告知项目业主;(二)分布式光伏发电项目本体工程建成后,向所在区域电网企业提出并网验收及并网调试申请,电网企业自受理并网验收申请之日起,在15个工作日内完成发用电合同、并网调度协议、并网验收与调试工作。

② 《北京市碳排放配额场外交易实施细则》第五条规定,市发展改革委负责碳排放配额合规性的监督管理。市金融局负责配额场外交易活动的监督管理。

放权交易的重点排放单位①的调节量进行确定②，同时对其提交的碳排放报告的真实性、准确性进行核查机构的服务资质进行审查，备案、监督、管理程序等一系列内容进行细化。并要求核查机构按照《第三方核查程序指南》等相关规定开展工作。

3. 关于规范碳排放权交易行政处罚自由裁量权规定

为进一步保障北京市依法实施行政处罚工作的规范发展③，2014年5月6日北京市人大常委会制定了《关于规范碳排放权交易行政处罚自由裁量权规定》。规定中将北京市发改委确定为碳排放权交易违法行为的处罚机构。为保障执行机构在采取自由裁量权时的合法性和合理性，该规定确定了相应的原则④，并对不予处罚、从轻处罚和从重处罚的情况进行规定。

4. 关于进一步开放碳排放权交易市场加强碳资产管理有关工作的通告

北京市在碳排放权交易顺利开展的基础上，2014年12月22日为进一步开放碳排放权交易市场，鼓励重点排放单位加强碳资产管理，充分利用市场机制推动北京市节能减碳工作，北京市发改委出台《关于进一步开放碳排放权交易市场加强碳资产管理有关工作的通告》。北京市就开放碳排放区交易发出一则公告：（1）拓展非履约机构参加碳交易的范围；（2）探索放开自然人参与碳交易；（3）开展碳排放配额抵押式融资；（4）开展碳排放配额托管。鼓励重点排放单位将碳排放配额委托本市碳排放权交易市场的其他专业机构交易参与人进行管理，以此提高碳资产管理的专业化水平，获得更大的收益。

---

① 重点排放单位是指本市行政区域内的固定设施年二氧化碳直接排放与间接排放总量1万吨（含）以上，且在中国境内注册的企业、事业单位、国家机关及其他单位。

② 《北京市碳排放权交易核查机构管理办法（试行）》第6条规定，市发展改革委确定不超过年度配额总量的5%作为调整量，用于重点排放单位配额调整及市场调节。

③ 《关于规范碳排放权交易行政处罚自由裁量权规定》第1条规定，为进一步促进依法实施行政处罚工作制度化、规范化、标准化，严格规范碳排放权交易行政处罚自由裁量权的行使，维护相关法人单位的合法权益，根据《中华人民共和国行政处罚法》、北京市人民代表大会常务委员会《关于北京市在严格控制碳排放总量前提下开展碳排放权交易试点工作的决定》（以下简称《决定》）等法律、法规、规章及规范性文件，制定本规定。

④ 《关于规范碳排放权交易行政处罚自由裁量权规定》第4条规定，行使碳排放权交易行政处罚自由裁量权，应当遵循处罚法定、过罚相当、综合裁量的原则，确保行使行政处罚自由裁量权的合法性和合理性。

三、北京市售配电的低碳电力法律与政策

由于北京市售电市场还处于试点阶段,相关政策相对较少,且在电力行业发展中是由输配售电一体转变而来,因此在当前的归纳中还将其与输配电内容共同总结分析。对于售配电政策进行分类主要包含电网建设、电力销售、电力市场建设三个方面。

(一) 电网建设方面的法律与政策

电网建设方面,北京市目前仅出台《北京电网中长期发展规划》《北京市电网中长期发展空间布局规划》这两项政策,加强北京市的电网建设,推动市内电力生产无煤化,保障电力的低碳发展。

1. 北京电网中长期发展规划(2014—2020)

2014年10月13日北京市政府通过了《北京电网中长期发展规划(2014—2020)》,并纳入北京市城市发展总体规划。该规划作为首都城市战略定位和建设国际一流和谐宜居之都发展要求的一项重要举措,秉持着安全可靠、均衡协调、适度超前的发展原则。规划还中指出要通过加快六大送电工程建设,以逐步提升北京市的外受电能力,加强北京市的运行保障能力,强化主网建设,在提升服务民生保障能力的同时,促进北京市电力行业节能减排的发展。到2020年,北京电网将建成"以双环网为骨架,13个通道,28圆线路输入,九大分区供电"的格局,电网结构更加完善,供电能力显著提高。[①]

2. 北京市电网中长期发展空间布局规划

2015年2月5日,北京市下发的《北京市电网中长期发展空间布局规划》是对《北京电网中长期发展规划》的进一步发展和延伸。该规划的制定为具体落实输变电站工程站址和未来配电网互联互通提供了有效保障,也是进一步落实国家大气污染防治行动计划和国家电网公司"以电代煤、以电代油、电从远方来、来的是清洁电"的具体举措。[②]

[①] 参见北京电网中长期规划获批六大工程保外电入京. http://news.bjx.com.cn/html/20141016/555088.shtml. 2017-04-20.

[②] 参见杜敏. 北京电网中长期空间布局规划获批 [N]. 国家电网报, 2015-02-09 (002).

（二）电力销售方面的法律与政策

在电力销售方面，由于北京市是售电试点城市，也是华北地区电力需求大市、售电的枢纽性城市，因此北京制定了一系列定价政策调整电网电价，建立电力交易平台。当前北京市出台的政策主要有《国家发展改革委关于调整华北电网电价文件的通知》《京津唐电网电力用户与发电企业直接交易暂行规则》《北京市发展和改革委员会关于降低本市燃煤发电上网电价等有关问题的通知》《售电公司市场注册规范指引》，其具体内容如下。

1. 国家发展改革委关于调整华北电网电价文件的通知

2015年10月13日北京市发展改革委转发《国家发展改革委关于调整华北电网电价的通知》，对北京地区的上网电价和销售电价进行调整。适当提高电网销售电价。北京市销售电价平均提价标准为每千瓦时3.97分钱。进一步优化销售电价结构。北京市商业、非居民照明、非工业、普通工业用电价格合并为一般工商业电价类别。

2. 京津唐电网电力用户与发电企业直接交易暂行规则

为规范京津唐电网电力用户与发电企业直接交易工作，促进电力资源优化配置，依据《电力监管条例》《中共中央国务院关于进一步深化电力体制改革的若干意见》等相关法规规定和文件精神，2016年7月27日国家能源局综合司针对京津唐电网范围内统一开展的直接交易发布了《京津唐电网电力用户与发电企业直接交易暂行规则》，规定作为市场成员的各类发电企业、电网企业、售电企业、电力用户和市场运营机构的权利与义务、准入退出条件、交易组织形式、电费结算、电量计算、政府监管等相关内容。

3. 售电公司市场注册规范指引

2016年12月12日北京市电力交易中心根据电改及其配套文件，制定和颁布了《售电公司市场注册规范指引》。对北京市交易中心以及各省电力交易中心的注册服务与管理进行规范和指引。

4. 国家能源局综合司关于做好京津冀电力市场建设有关工作的通知

在电力市场建设方面，2016年7月18日国家能源局综合司发布了《国家能源局综合司关于做好京津冀电力市场建设有关工作的通知》。该通知要求华北能源监管局，北京市、天津市、河北省的发展改革委、能源局以及相关的政府部门依照此次电改意见及配谈文件，尽快建立完善京津冀电力市场建设方案，以全面服务于京津冀协同发展战略，保障首都供电安全，促进电力清洁化、低碳化发展。

四、北京市需求侧的低碳电力法律与政策

作为需求侧管理试点城市，北京市需求侧的低碳电力法律与政策是指通过制定相应的引导监管政策，促进电力需求领域的电能替代和节约用电，从而促进电力的低碳化发展。当前主要分为公共节能中的法律政策、新能源汽车领域的法律政策两个方面。

（一）公共节能中的法律与政策

1. 北京市建筑节能管理规定

2001 年 7 月 31 日通过，2001 年 9 月 1 日起施行的《北京市建筑节能管理规定》，对北京市建筑的节能工作进行管理。以规范北京市的建筑节能管理工作，提升北京市能源的利用效率，推动社会的循环可持续发展。但已于 2014 年 8 月 1 日废止。

2. 北京市固定资产投资项目节能评估和审查管理办法

为贯彻科学发展观，落实节约资源的基本国策，提高能源利用效率，加强固定资产投资项目用能管理，严把能耗增长源头关，2007 年 2 月 17 日北京市依法制定了《北京市固定资产投资项目节能评估和审查管理办法》。办法对节能评估概念进行明确①，同时规定审查的内容②、实施单位等。

3. 北京市民用建筑节能管理办法

2014 年 6 月 3 日通过，于 2014 年 8 月 1 日实施的《北京市民用建筑节能

---

① 《北京市固定资产投资项目节能评估和审查管理办法》第 2 条规定，本办法所称节能评估，是指对固定资产投资项目用能的科学性、合理性进行分析和评估，提出提高能源利用效率、降低能源消耗的对策和措施，为项目决策提供科学依据。

② 《北京市固定资产投资项目节能评估和审查管理办法》第 6 条规定，固定资产投资项目节能审查的主要内容包括：项目用能总量及能源结构是否合理；项目是否符合国家、地方和行业节能设计规范及标准；项目能效指标是否达到同行业国内先进水平或达到国际先进水平；有无采用明令禁止或淘汰的落后工艺、设备；项目采用节能新工艺、新技术、新产品等情况。

管理办法》，替代《北京市建筑节能管理规定》，对北京市的民用建筑节能进行管理，以提高民用建筑的节能能力，提升北京市的能源利用效率，促进北京市的低碳清洁化发展。

4. 北京市淘汰普通照明白炽灯行动计划（2011—2015）

为加强北京市的公共节能力度，加速实现其"内涵促降、系统促降"的绿色发展格局，促进电力需求侧的优化升级，北京市基于"中国逐步淘汰白炽灯路线图"总体要求，制定出台了北京市淘汰普通照明白炽灯行动计划（2011—2015）。该计划制定了淘汰普通照明白炽灯的总体目标[①]、主要任务[②]及保障措施，并对停止进口、销售和停止使用白炽灯的具体实施步骤进行了规定。

[①] 《北京市淘汰普通照明白炽灯行动计划（2011—2015）》总体目标为，到2015年，全市停止进口、销售15瓦及以上白炽灯，公共机构、宾馆、饭店、商场、商用写字楼、工业企业等生产营业性单位停止使用白炽灯，节能光源及高效灯具广泛采用，废旧光源回收处理体系基本建立，有利于绿色照明发展的市场环境和政策体系基本形成。

[②] 《北京市淘汰普通照明白炽灯行动计划（2011—2015）》规定，主要任务如下：（一）公共机构率先垂范，限期完成淘汰工作。各级政府机关在2013年年底前全面停止使用白炽灯，其他公共机构在2014年年底前全面停止使用白炽灯。各级政府机关、教育、科技、文化、体育、卫生等公共机构主管部门牵头开展本单位、本系统在用白炽灯情况调查，提出分阶段淘汰白炽灯计划。采购安装替代光源费用由本单位财政经费预算支出。

（二）关注特殊居民群体，实施以旧换新工程。2011—2012年在全市低保户、残疾人家庭以及中小学生范围内开展节能灯"以旧换新"工作，即一只白炽灯（或其他废旧光源）换购一只节能灯，限定换购只数。对低保护和残疾人家庭，费用补贴延续"一元节能灯"政策，对中小学生，实行免费换购，由政府给予补贴。

（三）其他领域有序推进，按期执行淘汰计划。在2015年年底前，逐步淘汰本市宾馆、饭店、商场、商用写字楼、工业企业等经营性单位白炽灯。继续利用国家高效照明产品推广补贴政策，对大宗用户政府补贴资金30%，用户自筹70%。

（四）LED光源示范应用，建立健全市场机制。2011—2012年，在地下通道试点应用LED照明产品替换现有传统照明光源，在政府机关地下停车场等室内照明领域采用合同能源管理方式示范推广LED照明产品，按照国家统一要求，开展LED筒灯和LED射灯示范应用。2013—2015年，根据试点示范情况，扩大推广范围，逐步在本市其他公共机构、物业小区以及商场、宾馆、饭店、工业企业等经营性单位推进LED光源应用。

（五）同步开展回收工作，逐步建立处理体系。机关事业单位依托现有回收企业进行回收，集中后运至处理企业。尚未建立成熟回收体系的公共机构及其他领域大宗产废单位，可委托回收企业协助建立，并负责回收。机关事业单位须回收其购买数量90%的废旧荧光灯。在社区设立回收站点，依托现有再生资源回收网络和垃圾分类试点小区，由回收企业负责收集运输。提倡市民将家中的废旧光源交到回收点集中回收处理。

（二）新能源汽车发展中的法律与政策

对于新能源发展方面的法律与政策，目前北京市出台的相对较少。根据首都之窗的政策统计，目前北京市仅出台了《关于本市电动汽车充电服务收费有关问题的通知》这一项政策。

为加大北京市电动汽车的推广应用力度，改善北京市当前污染情况，2014年6月16日北京市人民政府办公厅关于印发《北京市电动汽车推广应用行动计划（2014—2017年）》的通知。该行动计划要求在电动汽车推广过程中着力推进政策服务的创新，基础设施的建设以及重点应用的示范，立足纯电驱动，推进电动汽车市场的全面开放。其中要重点推进北京市公交领域的电动化发展，以及其在出租行业、物流领域、公车领域等公共行业的应用。同时通过建立政府协调机制，加强资金技术支撑等方式保障充电汽车的发展。并推动社会领域的共同参与。

为促进电动汽车推广应用，2015年4月24日北京市发展和改革委员会根据国家发展改革委《关于电动汽车用电价格政策有关问题的通知》（发改价格〔2014〕1668号）发布《关于本市电动汽车充电服务收费有关问题的通知》，对北京市电动汽车充电服务收费有关事项进行调整，促进充电汽车服务行业发展。进一步促进电力需求侧的低碳发展。

五、北京市低碳电力相关法律与政策的发展前景

（一）北京市低碳电力法律与政策总体发展前景

无论是电能替代的逐步深入，还是能源转型中对可再生能源利用占比的逐渐提高，都预示着电力行业在能源行业中占据着越来越重要的位置。因而作为维护社会正常运转的支柱型产业，电力行业在北京市的建设与发展中发挥了至关重要的作用，其低碳发展在北京市"首都战略"中发挥的作用更是不言而喻。然而，综观上文对当前北京市低碳法律政策的分类汇总，北京市对低碳电力行业进行引导监管的地方法律体系有待进一步完善。

调整低碳发展的各个环节的法律规范大多散见于北京市政府发布的行政规章，或立法层级较低的规范性文件。所涉及范围主要为工业节能降耗、大气污染治理、公共建筑节能、储能产业发展、新能源产业发展、国民经济，以及其他涉及能源的领域。而诸如"绿色北京"行动计划（2010—2012年）、新能源产业专项规划（2013—2015）等政策，虽然对北京市电力的低碳发展有较为清晰全面的指引，但未上升至法律层面。

2015年为深化电力体制改革，北京市对原有的电网功能进行拆分，将原为一体的输配电售电系统进行分离。北京市作为试点城市，为推动售电侧改革应当制定相应的引导促进政策。基于笔者对北京市电力法律政策的梳理，发现北京市当前针对售电市场建设的两项政策中，北京市电力交易中心制定的《售电公司市场注册规范指引》涵盖了对各省级交易中心的规定，《京津唐电网电力用户与发电企业直接交易暂行规则》也是调整京津冀电力市场建设的。因此，仅从北京市售电市场角度出发，北京市售电侧法律政策亟须适应当前电改需求。

（二）北京市低碳电力发电侧法律与政策的发展前景

为促进电力的清洁生产，从源头解决污染问题，在国家范围内，我国修改颁布了《清洁生产促进法》，要求各地区政府结合该地区的实际情况推进该地区的清洁生产，并强制要求对于高污染、高能耗单位进行清洁生产审核。在政策方面，我国制定煤电节能减排升级与改造行动计划（2014—2020年）、煤炭清洁高效利用行动计划（2015—2020年）、全面实施燃煤电厂超低排放和节能改造工作方案等多项行动规划、工作方案，并颁布火力发电厂节约能源规定、清洁生产审核暂行办法、关于继续开展燃煤锅炉节能减排攻坚战的通知等多项规定和意见，通过提升标准、加强监管、提高煤炭的清洁技术等多个方面，逐步推进我国的电力行业低碳发展。北京市政府也制定《北京市节能监察办法》《北京工业能耗耗水指导指标》《北京市节能减排奖励暂行办法》《北京市节能监测管理暂行办法》《北京市固定污染源自动监管办法》等多项政策，逐步降低发电企业的高污染高耗能。原有的诸如北京市实施《中华人民共和国节约能源法》办法、"绿色北京"行动计划也对发电侧清洁低碳发展作出相对全面的规范。

但是通过对北京市发电侧法律政策的梳理，发现当前北京市节能减排和清洁生产的政策法规都是以北京市全体工业企业为主体。"碳交易"方面，电力行业的"碳交易"也仅仅是规范的一个部分。

并且无论是北京市建设国际性首都城市的战略需要，还是为解决北京市近年来愈发严重的大气污染问题，北京市电力生产行业都在向清洁化方向发展。并随着"无煤化""煤改气""京津冀一体化"等进程的不断加深，当前北京市电力生产、电力供给结构已经较之前有极大的改善。在北京市天然气发电等清洁能源全面替代传统燃煤发电的新的背景下，再用传统的节能降耗清洁生产的法律政策去引导电力工业发展，所发挥的引导作用就十分有限。

在可再生能源方面，当前北京市对可再生能源的发展的引导主要体现在《北京市"十三五"新能源和可再生能源发展规划》、北京市人民政府办公厅关于印发《北京市进一步促进能源清洁高效安全发展的实施意见》的通知等政策之中。但可再生能源政策规划一方面并未上升至法律层面，另一方面随着北京市电力对外依赖性逐步增强，北京市可再生能源法律政策中针对外埠调入电力的结构进行引导监管的法律政策将进一步完善。

因此针对电力行业低碳发展的目标，北京市在电力行业低碳发展过程中将进一步完善发电侧低碳发展的统一立法。

（三）北京市低碳电力输配侧法律与政策的发展前景

由于电力需求不断增加，特别是外埠供应份额的不断增加，北京市已规划并逐步完善其电网建设，特别是在省际的特高压电网方面，北京计划建成13个输电通道、28回线路输送。在电网建设方面，北京市制定北京电网中长期发展规划（2014—2020）、北京市电网中长期发展空间布局规划两项政策对其建设进行规划。并为符合当前京津冀一体化的发展趋势，针对电价与电力市场建设调整，国家发展改革委发布关于调整华北电网电价文件的通知对华北地区电网电价进行调整，北京市出台京津唐电网电力用户与发电企业直接交易暂行规则等政策促进京津冀电力市场的建设。通过电力输配售方面的法律政策的分类梳理，北京市将进一步对输配电侧与售电侧政策法律方面进行分离，以对当前电力输配侧运营进行规范引导。

在北京市对外埠电力依赖性不断增强的情况下，针对电网的发展，北京市政策与立法将进一步完善电网安全性的规范。在推动可再生能源上网方面，虽然北京市2010年修订的实施《中华人民共和国节约能源法》指出要加强本市电网建设促进可再生能源上网，但由于北京市市内电力供应相对较少，电力供应主要依托外埠调入，仅仅强调本市可再生能源上网对推动北京市电力行业低碳发展的作用有限。当前提高可再生能源的应用应当着力加强省际输电线路建设，提升对外省特别是京津冀地区可再生能源的上网与调入。北京市政府联合周边省市地方政府共同促进周边地区可再生能源上网法律政策的完善。综合电网输配过程中的各方面问题，北京市将逐步促进电力输配的统一立法。

另外，储能技术是我国电力行业低碳发展的关键性技术。当前我国储能行业已经逐渐向项目示范化，产业化方向发展。我国储能产业的立法也已经处于起步阶段。在北京市范围内，针对储能发展制定了推动"无煤化"鼓励家用相变储能设备的政策。下一步北京市将对储能产业发展进行引导和管理，以着力完善储能行业的立法。

（四）北京市低碳电力售电侧法律与政策的发展前景

正如前文在北京市低碳电力法律与政策的总体发展前景中所分析的，北京市开展电力体制改革综合试点的地方立法已经取得很大成绩。下一步北京市将通过立法形式针对第三市场各方主体的准入标准、可再生能源的竞争性保障、电价特别是输配电价构成与制订标准等内容进行立法完善，引导北京市售电侧建设。

在国家层面上，2015年电改以来，我国出台四项政策，引导售电侧发展建设，即《关于推进输配电价改革的实施意见》《关于电力交易机构组建和规范运行的实施意见》《关于有序放开发用电计划的实施意见》《关于推进售电侧改革的实施意见》。四项政策将电力交易机制界定为不以营利为目的的独立运作机构，同时明确了售电市场主体及其权利责任，建立优先购电制度以及直接交易、电力市场化交易方式，并建立以中长期交易为主、现货交易为辅的市场化电力电量机制。北京市电力交易平台基于电改及配套文件又制定和颁布了《售电公司市场注册规范指引》，对北京市交易中心以及各省电力交易中心的的注册服务与管理进行规范和指引。

（五）北京市低碳电力需求侧法律与政策的发展前景

电力需求侧是对有用电需求的企业、用户的统称。建立电力需求侧低碳法律保障机制就是通过立法手段对当前用电主体进行监督管理，推动其向低碳可持续的方向发展。在这一方面，近几年我国在电能终端替代、公共节能减排以及新能源汽车推广上都取得了比较突出的成绩，需求侧的立法还将进一步完善。

在公共节能领域，为推动电力行业的低碳发展，在需求侧的发展方面主要对企业、公共设施的节能环保，新能源汽车的稳定发展，以及终端电能替代的深入等几个方面进行管理和引导。对此国家在《中华人民共和国节约能源法》《中华人民共和国清洁生产促进法》《中华人民共和国循环经济法》等多部法律中都有对建筑材料、企业、公共设施节能环保的相关规定。在行政法规方面，为促进民用建筑节能环保，降低民用建筑使用过程中的能源消耗，我国出台了《民用建筑节能条例》这一专项行政法规；并为提高公共机构能源利用效率，发挥公共机构在全社会节能中的表率作用，制定并出台了《公共机构节能条例》。在政策方面，为提高能效利用标准，我国制定了重点用能单位节能、节约用电、能源效率标识等管理办法；为规范和管理节能低碳产品认证活动，为其提供法律支持，我国还制定了中国节能低碳等产品认证管理办法；为推动需求侧的科技进步，制定了《深化体制机制改革加快实施创新驱动发展战略的若干意见》等政策。

为推动公共领域的低碳发展，北京市颁布了固定资产投资项目节能评估和审查管理办法、节能评估中介机构管理办法等政策以推动市内投资项目的节能减排；制订北京市淘汰普通照明白炽灯行动计划（2011—2015）等政策，推动公共机构及商业主体绿色照明，节约能源。北京市颁布的电力政策涵盖了需求侧的各个主体，下一步发展中将扩大监督管理和引导的范围。特别是针对标准这一问题，明确的标准有助于引导低碳发展。北京市已经陆续出台标准化要点等政策，还将逐步对需求侧标准的制订形式进行确定。

在新能源汽车产业方面，2009年多部委在京联合召开节能与新能源汽车示范推广试点工作会议，会议中对新能源汽车的示范推广工作进行了部署，标志着新能源汽车产业发展的开始。2012年第一项新能源汽车政策《节能与新能源汽车产业发展规划（2012—2020）》正式出台，此后陆续颁布了《新能源汽车产业技术创新财政奖励资金管理暂行办法》《政府机关及公共机构购买新能源汽车实施方案》《汽车动力蓄电池行业规范条件》《新建纯电动乘用车企业管理规定》等多项政策，逐步引领我国新能源汽车的发展，并在车船税法中指出自2012年起对节约能源的车船，减半征收车船税，对使用新能源的车船，免征车船税。为更好地贯彻我国在新能源汽车行业的政策法规，推进北京市新能源行业的发展，北京市出台了《北京市电动汽车推广应用行动计划（2014—2017年）》，该计划对行业销售、公共领域推广进行规划，并对实施机构进行规定。为促进新能源汽车产业的深入发展，颁布了《关于电动汽车用电价格政策有关问题的通知》。出台《关于本市电动汽车充电服务收费有关问题的通知》规范充电收费。未来北京市将通过对新能源汽车行业立法，逐步严格对新能源汽车行业的监管审核，提高科学技术奖励。

第五章
构建北京市低碳电力法律保障机制

一、构建北京市低碳电力法律保障机制的必要性

(一) 北京市低碳电力发展的需要

作为我国首都,北京是我国的政治中心、文化中心、科研教育中心,市内高等院校、科研机构、知名企业云集。北京市人口基数极为庞大,由于其独特地位,随着经济的发展吸引着越来越多的外埠人口流入北京。为解决人口过度膨胀的问题,北京市已经出台多项政策来控制北京市人口的增速,引导人口转移,人口增速也已经逐渐放缓,但2015年年末,北京市常住人口总量已逾2 100万人。巨大的人口基数直接导致了北京市生活用电需求总量大,用电总量也随着人口的逐年增加逐渐提高。北京的独特地位导致其在经济发展方面的用电量也持续提升。

在"北京低碳电力的推进与开展"一章中,对各个产业近几年的能耗进行了分析。在总体上北京市的能源消费总量和碳排放量也均保持着持续走高的发展态势,体现出北京经济的持续发展。在具体行业动态上,结合北京市颁布的相关政策法律,由于非首都功能的转移,对北京市内大型工业企业进行迁移,并为促进清洁生产,对企业生产环节进行监

管,导致代表工业的第二产业能耗逐年减少。然而代表着科学研究、教育、卫生、计算机服务、交通运输等服务业的第三产业的能源消耗持续走高,印证了北京以服务业为引导的后工业时代的到来。通过社会经济两方面分析,北京市拉动电力增长的主要动力已经由高能耗的第一、第二产业转变为第三产业。北京电力需求量也随着第三产业的蓬勃发展,生活用电需求的持续增加而不断提高。据国家统计局统计,2011 年北京市电力消费量已经达到821.71 亿千瓦时,截至 2015 年,电力消费总量已经提升至 952.72 亿千瓦时。

面对不断提高的电力需求量,北京市电力行业的各个方面能力都有待提升。

在发电侧方面,北京市电力生产供给的能力相对有限。一方面当前北京市建设生态文明城市,全面"无煤化"的发展趋势不利于传统火电厂的大范围运营。由于北京市内机动车保有量过高,工业能耗也远高于其他城市,导致北京市近几年大气污染问题急剧发酵,空气污染问题频发。而作为高能耗的代表,燃煤电厂的大量煤炭燃烧势必会加重北京市的大气污染情况。北京市为促进低碳电力的发展,解决污染问题,出台多项政策推动"无煤化"建设。2017 年 3 月 18 日,北京市最后一座燃煤电厂——华能北京热电厂的所有煤电机组停机备用,实现了电厂发电的"无煤化"。取而代之的是在北京建设燃气电厂,通过天然气进行发电。但天然气作为相对清洁的化石能源,仍旧存在存量有限、依赖调入等问题。另一方面北京市虽然可再生能源种类较为齐全,但其资源禀赋十分有限,导致可再生能源的开发利用率低,供能有限。因此北京市随着电力需求的调高,电力供应逐步转为依赖外部供应为主导的电力供应模式。

在电力输配方面,第一,在北京市的资源条件尚不能满足其经济社会发展所需的基本电量的情况下,所形成的巨大能源缺口主要依靠外埠的电力调入。而以外埠调入的依赖性不断提高所形成的巨大的受端电网也对北京市电力的输配安全提出更高的要求。因此亟待提高北京市电力输配能力,以保障北京市在存在保电需求及其应急调峰过程中电力的供应安全。第二,北京会与津冀地区电力建设的协同发展需要进一步提高。能源作为基础性产业,为推进京津冀一体化建设,北京市与周边城市的能源发展亟待增强。第三,储能产业是推动电力行业能源行业转型发展的关键点。而北京市作为我国科学教育中心，面对储能行业尚未完善的储能技术，有极大的空间去推动储能技术的研发和应用。

在售电市场建设方面，作为国家级电力交易平台的北京市电力交易平台，还处于起步阶段。当前存在的交易主体准入退出规定不全面，交易平台独立性相对较差，电价体系不完善等问题，或多或少会对电力售电市场的平稳发展产生影响。且电力市场建设旨在通过市场影响推动可再生能源发展，而当前可再生能源在售电市场建设中很难发挥其低碳环保的优势，因而售电市场建设需要进一步的调整和引导。

在北京市电力需求侧发展方面，公共领域发展较好，有效降低了电力能耗。为进一步促进需求侧的低碳减排，新能源汽车行业在近些年蓬勃发展。随着新能源汽车发展的深入，一些新的问题暴露出来。第一，监管审核体系尚不完善，导致当前新能源汽车行业"骗补"问题频发。第二，新能源汽车行业发展过快，导致充电桩建设难以同步发展。第三，在公共交通领域中逐渐提升新能源汽车占比也是未来的发展趋势。因而北京市新能源汽车行业的发展有待进一步完善。

（二）北京市低碳电力法律政策建设的需要

无论是电能替代的逐步深入，还是能源转型中对可再生能源利用占比的逐渐提高，都预示这电力行业在能源行业中占据着越来越重要的位置。因而作为维护社会正常运转的支柱型产业，电力行业在北京市的建设与发展中发挥了至关重要的作用，其低碳发展在北京的首都战略中发挥的作用更是不言而喻。但纵观当前北京市低碳电力的法律政策，北京市需要形成一套完整的地方低碳电力法律体系对北京市低碳电力发展进行管控与引导。

在北京市低碳电力发电侧法律与政策方面，无论是北京市建设国际性首都城市的战略需要，还是为解决北京市近年来越发严重的大气污染问题，北京市电力生产行业都在进行清洁化发展。并随着"无煤化""煤改气""京津冀一体化"等进程的不断加深，当前北京市电力生产、电力供给结构已经与之前有极大的改善。基于电力行业的这一发展现状对当前北京市发电侧法律政策进行梳理，发现北京市电力生产方面仍旧存在节能减排及清洁生产方面法律滞后性明显，可再生能源方面法律缺乏等问题，在北京市电力行业低碳发展过程中有必要制定发电侧低碳发展的统一立法。

在北京市低碳电力输配侧法律与政策方面，在京津冀一体化下，北京市输配侧政策法律规范较为分散。在电网安全方面，由于北京市外埠电力依赖性增强，有待制定进一步提升电网安全性的法规文件。在可再生能源入网方面，北京市须完善对周边地区可再生能源上网的促进政策。北京市需要制定电力输配侧地方立法。并针对在储能行业制定独立的地方立法，引导规范其有序发展。

在北京市低碳电力售电侧法律与政策方面，由于售电市场还处于试点阶段，北京市在该方面的法律政策有待逐步完善。对交易平台建设、市场各方主体的准入、电价及交易制度等方面内容的规定也有待健全。因而北京市需要完善售电市场建设的统一性立法，对北京市售电侧建设进行引导。

在北京市低碳电力需求侧法律与政策方面，在新能源汽车领域，无论是行业监管审核，销售推广，还是配套设施建设，北京市新能源汽车地方性法规都有待进一步加强。从公共节能角度看，北京市立法中制度标准的规定将逐步提高。日臻完善的新能源汽车行业规范以及公共节能规范将有利于推动北京市终端电能的发展和提高需求侧用电效率。

由于北京市低碳电力发展以及法制建设的需要，北京市应当立法构建低碳电力法律保障机制，以推动北京市电力行业的健康发展。

二、北京市低碳电力法律保障机制的构建目标

法律的目标即是指法律的构建所要达到的效果、实现的价值，并对实现路径进行指引。因此制定法律的过程中，明确法律制定发展的目标是首要工作。在北京市低碳电力法律保障机制的构建中，首先要对其保障机制构建的目标进行明确。而北京市作为我国的首都城市，京津冀发展的核心城市，其目标必然要维护和引领国家总体发展与规划，符合并提升京津冀的协同发展的总体需求。因此要明确北京市低碳电力法律保障机制的构建目标，应当以明确我国低碳电力发展的总方向、京津冀协同发展下低碳电力的总体需求以

及北京市发展低碳电力的发展目标为基础。

(一) 我国发展低碳电力的总体目标

能源产业作为推动社会发展和保障生产生活的支柱性产业，其发展程度与国计民生、国家安全以及国家的战略竞争力都有着极为密切的关系。近些年世界能源格局的不断调整，能源供需关系的逐渐缓和，推动了能源革命再次的兴起与发展。然而我国的社会经济发展已经步入新常态，其能源消费的增速逐渐放缓，发展问题、污染问题越发突出。为提高我国的战略竞争力，推进我国小康社会的全面建设，我国开始着手调整供给侧改革、促进能源转型，以大力推动能源革命的进程。而能源革命旨在建立清洁低碳安全高效的现代能源体系。

在国家决策方面，为加快推进能源革命进程，我国在多项政策中明确规划出能源的发展目标。2016年6月1日发改委和能源局发布《能源技术革命创新行动计划》，明确指出到2030年建成与国情相适应的完善的能源技术创新体系，能源自主创新水平全面提升，能源技术水平整体达到国际先进水平，支持我国能源产业与生态环境协调可持续发展。2017年1月18日发改委能源局发布的《能源发展"十三五"规划》中指出到2020年要在压缩煤炭消费总量的前提下，保障能源的自给率，并提高能源的利用率，清洁能源的替代水平，以及国家战略安全的保障能力；增强我国能源的供应能力，提高非化石能源、天然气的消费比重，提升发电用煤占比；提升电网损耗、煤电损耗等能源系统效率；促进能源普遍服务。

在能源革命的大框架下，电力行业作为关乎国计民生的基础性行业，其转型也是能源革命、能源转型最为重要的部分。面对近些年我国局部地区电力产能过剩，可再生能源电力消纳困难，局部地区电网调峰能力不足等问题，2016年11月7日国家能源局、发改委对外发布了《电力"十三五"规划》，并规划出"十三五"期间电力的发展目标：即在未来的五年中逐年提高全国的发电机装机容量以应对逐步提高的社会用电量，保障供电能力；控制煤电装机，增加非化石能源的装机，逐步调整电源结构；合理分配能源，进一步建设"西电东送"输电线路，并建设现代配电网，提高城乡的供电可靠率和电压合格率；提高电力的综合调节能力，将弃风、弃光率控制在合理水平；此外力争淘汰全国火电落后产能2 000万千瓦以上。

为控制煤电装机，降低碳排放量，淘汰火电落后产能，我国逐步采用天然气这种清洁高效的低碳能源替代煤炭进行发电，逐步与核能、可再生能源等清洁能源形成良性互补。因此2016年12月24日发改委发布了天然气发展的"十三五"规划，明确到2020年天然气的发展目标，即争取增加天然气、页岩气、煤层气的探明储量，提升其综合保供能力至3 600亿立方米以上，增加天然气基础设施建设，推动天然气市场建设，完善天然气产业的法律及政策体系和监管制度。

但为实现能源的可持续发展，能源革命的核心还是在于推进可再生能源的发展，提高可再生能源等非化石能源的占比。为此，国家制定了可再生能源方面的专项规划：2016年12月10日针对水能、风能、太阳能、海洋能等可再生能源制定了可再生能源的"十三五"规划。该规划的发展目标指出要进一步促进可再生能源的发展，到2020年非化石能源占一次能源消费比重要达到15%，2030年提升至20%，并提升可再生能源的经济性，加强其并网消纳能力，建立可再生能源的考核约束机制指标。其中针对可再生能源发电指标，该规划指出到2020年可再生能源发电要达到全部发电量的27%。针对具体的可再生能源2016年11月16日能源局发布了风电发展的"十三五"规划，明确到2020年年底，风电累计并网装机容量达到2.1亿千瓦以上，海上风电并网装机容量500万千瓦以上，风电年发电量约占全国总发电量的6%。针对弃风问题，要求2020年前东北、华北、西北地区全部达到国家最低保障性收购利用小时数的要求。同时加强风电的产业研发。太阳能发展较早，技术成熟，是"十三五"期间乃至整个能源革命期间提升非化石能源占比的重要力量，因此2016年12月8日能源局制定了太阳能的"十三五"规划，指出在未来的五年中提高太阳能发电装机，到2020年太阳能年利用量达到1.4亿吨标准煤以上，降低太阳能电价到2015电价的50%以上，同时提高太阳能技术，提升太阳能转换效率。

通过我国对能源发展、电力发展的总体规划及其各个方面发展的具体规划的前言、发展基础进行分析，可以明确我国发展低碳电力旨在推进能源革命，降低碳排放，提升我国战略竞争力，完善现代社会建设这一总目标。并在此基础上，我国逐步明确低碳电力的发展的短期目标，即在深入电气化推进终端电能替代的同时推进能源转型，逐步减少燃煤发电占比，大力发展可再生能源特别是技术较为成熟的太阳能、风能，逐步解决弃风弃光问题，并加强电网调峰能力、完善电网建设。

（二）京津冀协同发展下发展低碳电力的总体需求

作为经济新常态下拉动中国区域经济发展的重要举措，京津冀协同发展旨在疏解北京非首都功能，促进天津河北的产业结构升级，实现京津冀经济社会水平的共同飞跃，以打造首都经济圈；结合长三角、珠三角共同完善我国"四个全面"的布局，推动我国小康社会的全民建设，并逐步提升我国城市群的国际竞争力。而能源作为社会经济发展的力量之源、社会发展的动力保障，公民生活的重要福祉，其协同发展更是京津冀协同发展不可或缺的重要前提，并在经济、能源、环境的协调中扮演着重要的角色。

因此为实现京津冀地区能源协同发展，促进区域电力市场建设，推进电力改革深入发展，2016年7月18日国家能源局综合司发布关于做好京津冀电力市场建设有关工作的通知。2016年7月29日能源局华北监管局发布实施了《京津唐电网电力用户与发电企业直接交易暂行规则》，对京津冀的地区电力市场建设逐步进行规划，要求加快建设电力交易平台，切实保障京津唐电网安全稳定运行。

但当前京津冀能源发展仍旧存在一定的问题。一方面京津冀能源消费占比高，但能源自给率低。2014年京津冀电力消费5 071小时，占全国电力消费的9.03%，其中河北电力消费3 314小时，占全国的5.90%，京津冀的65.35%。而在电力生产方面，一次电力生产量总额仅为202.23亿千瓦时，三地调入量累计达到1 606.96亿千瓦时。另一方面京津冀两极分化严重，节能减排问题严峻。以2014年我国GDP水平为例，北京市、天津市万元GDP能耗分别低于全国平均水平的51.9%和23.6%，而相比之下河北则高于全国平均水平的53.8%。作为当前能源发展的重要组成部分，电力在其发展中的能效水平也不言而喻。并且虽然在各区域的独立发展目标上，北京、天津、河北均逐步推进无煤化进程，但北京已经实现了电力生产的全面无煤化，而河北燃煤发电依旧占有极大比例。①

因此电力作为能源的重要组成部分，在京津冀协同发展下推动其低碳发展旨在通过坚持节能减排，绿色引导，增强京津冀创新发展能力，加强内外合作，促进能源一体化建设，推进能源革命，提升能源保障能力，为京津冀社会经济进一步发展奠定基础。②

（三）北京市发展低碳电力的发展目标

当前阶段是我国全面建设小康社会的决胜阶段，也是落实首都城市战略定位，将北京打造成为国际活动、高端企业总部、高端人才聚集的，文化先进、和谐宜居的国际性大都市，推动其成为具有中国特色的国际一流都市的重要时期。在能源方面为实现这一总目标，北京市正加速构建清洁高效低碳的现代能源体系。而现代化能源体系旨在调整北京市能源结构，实现能源转型，推动其终端电能替代发展，普及电气化，因此构建清洁高效低碳的现代能源体系的重点在于构建清洁高效的低碳电力体系。

为规范引导北京市能源电力的有序发展，2015年10月19日北京市人民政府颁布了《北京市推进节能低碳和循环经济标准化工作实施方案（2015—2022年）》，明确到2022年进一步完善标准制定修订机制，建设具有城市特色、指标先进、结构完整的节能低碳和循环经济标准体系，建立政府引导、市场驱动、社会参与的共治格局，全面实现了标准公开、强制性标准执行、推荐性标准鼓励采用，以及监督执法覆盖，打造全国节能低碳和循环经济标准创新中心，示范并辐射全国，已持续保持北京节能低碳工作、能源消耗和碳排放强度处于国内领先低位的发展目标。并为解决化石能源燃烧所引发的气候变化问题，保护北京环境，推进生态文明建设，2016年8月7日北京市颁布了节能降耗与应对气候变化的"十三五"规划，规划到2020年确立能源消费与二氧化碳的排放强度、排放总量"双控双降"格局，形成有效的节

---

① 参见北京能源发展研究基地. 北京能源发展研究报告2016：第五章"十三五"时期北京能源发展战略 [M]. 中国经济出版社，2017.217-218.

② 参见北京能源发展研究基地. 北京能源发展研究报告2016：第五章"十三五"时期北京能源发展战略 [M]. 中国经济出版社，2017.221.

能减碳管理机制，保持能源利用全国领先的位置不变，降低万元地区生产总值能耗至 2015 年的 83% 以下，持续提升清洁低碳能源比重的短期能源发展目标。随后 2016 年 12 月 28 日颁布了环境保护与生态建设的"十三五"规划，在能源方面规划出到 2020 年全市二氧化硫、氮氧化物和挥发性有机物排放总量与 2015 年相比分别减少 30%、20% 和 20% 以上的发展目标。

在低碳电力发展的具体方面，2016 年 9 月 26 日北京颁布了新能源和可再生能源发展的"十三五"规划，要求到 2020 年北京市新能源和可再生能源的开发利用总量较 2015 年增长 35% 以上，达到全市能源消费总量 8% 以上，其发电装机规模达到全市总量的 15% 左右，电力消费量占全市的 13% 以上，并建设多个国家级研发平台，进一步推进新能源微电网示范项目建设，提高北京新能源、可再生能源的科学研发能力；在重大基础设施发展的"十三五"规划中，针对能源电力的发展提出到 2017 年基本实现市内六区、南部平原地区无煤化，到 2020 年优质能源消费达到 90%，能源供给更为充裕，其中天燃气接收能力能够达到日均 3.5 亿立方米，城市供电可靠率达到 99.995% 的短期发展目标；在北京市进一步促进能源清洁高效安全发展的实施意见中，除了对北京市内煤炭消费总量、能源消费总量进行控制，优化北京的能源结构，提高能效利用率外，该实施意见还提出到 2020 年完成可靠、合理、灵活、智能的电网建设和多源、多向、多级的天然气输出供给系统，完善能源的供应保障体系等一系列发展目标，并将北京 2020 年优质能源比重的发展目标提升到 92% 左右；此外北京作为此次电改的试点城市，颁布了开展电力体制改革的综合试点方案，以推进电改试点的发展，构建有效竞争的市场结构和市场体系。

通过对北京政策规划的分析，能够明确北京发展低碳电力旨在推进北京市的终端电能替代和电力结构转型，进而推动该地区的能源转型、能源革命，为打造北京成为国际性宜居都市提供动力，从而推进京津冀的协同发展，示范并带动我国各省市区全面建设小康社会，进而逐步提高我国的国际战略地位。在此基础上，北京市逐步明确了低碳电力的短期发展目标，即进一步推进节能减排，全面推进天然气替代煤炭进行发电，充分利用北京市资源发展新能源与可再生能源，并加强相关领域科技研发，加强电网、售电市场建设，此外逐步健全低碳发展的标准体系，调动社会力量促进共治。

（四）北京市低碳电力法律保障机制的构建目标

我国低碳电力发展迅速，虽然有《电力法》《可再生能源法》等法律对其发展进行规范引导，但是国家的法律是具有统领作用的，广泛适用的。在低碳电力发展的进程中，我国地区间社会生产水平的差距不免导致，地方的具体引导措施差异性较大的问题。北京市作为我国的首都城市，低碳电力的发展始终处于全国的领先地位。但基于上文对于北京市低碳电力发展存在的问题分析，能够明确北京有必要构建法律保障机制。同时为更积极的推动低碳电力的发展，带动能源革命进程，在北京市政策中也指出在主体参与方面应当建立由政府进行引导、市场作为驱动、社会共同参与的共治格局，而这也需要法律对参与主体的责任进行明确，以保障参与主体的权利，维护低碳电力的发展秩序。

因此结合国家发展的总体目标，京津冀协同发展的总体需求以及北京市低碳电力的发展目标，构建北京市低碳电力的法律保障机制旨在以立法手段解决低碳电力发展中存在的问题，保障低碳电力参与主体的合法权益，明确低碳电力参与主体义务，以维护北京市低碳电力的平稳发展，确保能源革命的有序推进，从而为打造北京成为国际性宜居都市提供动力，推进京津冀的协同发展，示范并带动我国各省市区全面建设小康社会，进而逐步提高我国的国际战略地位的目标。此外依据《中华人民共和国电力法》总则第1条的规定，电力参与主体主要是指电力投资者、电力经营者和电力使用者。[①]

在电力发展的具体方面，发电侧保障机制的建立旨在保障北京市电力生产的"无煤化"趋势下，保障天然气的供应安全，提高天然气资源利用率；逐步提高可再生能源的发电占比，推动北京市可再生能源研发技术；促进外埠调入电量中可再生能源的占比提高。电力输配侧则以提升北京市电力供应安全，进一步建设完善特高压电网、智能电网，积极鼓励储能技术研发为目标。在售电侧方面保障机制的建立，旨在推动北京市售电市场建设的从起步

[①] 《中华人民共和国电力法》第一章第一条规定，为了保障和促进电力事业的发展，维护电力投资者、经营者和使用者的合法权益，保障电力安全运行，制定本法。

走向成熟，充分发挥市场机制，推动电力体制改革，加速电力结构转型。需求侧方面，要通过低碳电力保障机制的建立推动北京市终端电能替代进程。

在明确北京市低碳电力法律保障机制构建目标的前提下，应当进一步明确法律保障机制的基本原则。在此基础上依据北京市政策所规划的能源电力行业低碳发展线路，建立发电侧、配电侧、售电侧，以及需求侧各个方面的保障机制，对低碳电力各个方面的发展任务、参与主体的责任进行明确，并对低碳电力的稳定发展、参与主体的权利进行保障，以逐步保障其短期发展目标的实现，进而达到维护低碳电力平稳发展的目的。

三、北京市低碳电力法律保障机制的基本原则

构建北京市低碳电力的法律保障机制旨在通过立法手段解决低碳电力发展中存在的问题，保障低碳电力参与主体的合法权利，明确低碳电力参与主体义务，以维护北京市低碳电力的平稳发展，确保能源革命的有序推进，从而为把北京打造成为国际性宜居都市提供动力，推进京津冀的协同发展，示范并带动我国各省市区全面建设小康社会，进而逐步提高我国的国际战略地位。为实现这一长期发展目标，应当确定该法律保障机制的基本原则，以明确该法律保护机制的基本性质和价值取向，保持各个保障机制之间的和谐统一，有助于补充法律漏洞，强化法律的调控能力，并为自由裁量提供一定的范围以防止制度的不合理或制度的滞后所带来的不良后果。因此根据北京市低碳电力法律保障机制制定的长期发展目标，结合《中华人民共和国电力法》《中华人民共和国可再生能源法》等相关法律法规《电力发展"十三五"规划》《北京市推进节能低碳和循环经济标准化工作实施方案（2015—2022年）》等一系列政策文件，确立"安全发展、保障民生"，"政府引导、统筹兼顾"，"清洁替代、促进可再生"，"科技引领、高效创新"，"京津冀依托，示范全国"这五个原则，并将环境保护的思想贯串始终，总领北京市的低碳电力法律保障机制的制定与实施。

（一）安全发展，保障民生

构建北京市低碳电力的法律保障机制是为确保其低碳电力的安全平稳运

营，其安全发展自然是该保障机制的首要任务。并且作为关系国计民生的基础性行业，保障居民生产生活也自然是电力行业最为根本的属性。因此构建该保障机制的首要原则即为"安全发展，保障民生"。

当前的法律与政策也凸显了对电力能源的安全发展和民生保障的重视。

在相关法律方面，《中华人民共和国电力法》第1条即指出该法的制定旨在保障电力的安全运行，维护电力使用者的合法权益，并且将安全生产贯穿整部法律，在电力生产、电网运行、电力供应中均有提及；可再生能源法也在其第1条中明确该法维护能源安全的目的[1]；清洁生产促进法第1条即表明促进清洁生产旨在保护人体健康[2]；节约能源法在其第3条中指出，在进行节能发展的过程中所采取的措施应当做到"经济上合理"并且"环境和社会可以承受"。上述法律的制定表明了电力能源安全发展的重要性，也体现出对国计民生这一电力发展根本属性的保障。

在政策文件方面，《进一步深化电力体制改革的若干意见》中所提出的第一个原则即为"坚持安全可靠"，第三个原则即为"坚持保障民生"，用以保障电力平稳发展，提高安全可靠水平，并保障供给平稳价格。能源"十三五"规划中提出"以人为本、共享发展"的原则，规定按照全面建成小康社会的要求，加强能源基础设施和公共服务能力建设，提升产业支撑能力，提高能源普遍服务水平，切实保障和改善民生。坚持能源发展和脱贫攻坚有机结合，推进能源扶贫工程，重大能源工程优先支持革命老区、民族地区、边疆地区和集中连片贫困地区。电力"十三五"规划中制定了保障民生的基本原则，要求围绕城镇化、农业现代化和美丽乡村建设，以解决电网薄弱问题为重点，提高城乡供电质量，提升人均用电和电力普遍服务水平。在革命老区、民族地区、边疆地区、集中连片贫困地区实施电力精准扶贫。北京市发布的为进一步促进能源清洁高效安全发展的实施意见中也将确保能源供应安全确定为发展的重要任务，要求提升其供电保障能力。诸多政策法律对安全

---

[1] 《中华人民共和国可再生能源法》第1条规定，为了促进可再生能源的开发利用，增加能源供应，改善能源结构，保障能源安全，保护环境，实现经济社会的可持续发展，制定本法。

[2] 《中华人民共和国清洁生产促进法》第1条规定，为了促进清洁生产，提高资源利用效率，减少避免污染物的产生，保护和改善环境，保障人体健康，促进经济与社会可持续发展，制定本法。

发展和保障民生的明确规定，无不体现出其在低碳电力发展中的重要性。

因此结合上述法律政策的规定，安全发展、保障民生原则要求在北京市低碳电力的发展中对于技术经济的发展不能急于求成，要尊重并顺应电力发展的客观规律，维护电力生产、输配、销售与使用之间的平衡。要尊重和考虑社会各界的经济承受能力，以保障北京市民基本生产、生活，农业、公共服务业基本供给，保障供应系统的安全可靠，保持电价与公民生活水平相适应，并且对生活困难群体给予相应的补贴。

此外由于当前北京能源电力多对外埠调入有很强的依赖性，该项原则的设立还有助于通过立法手段保障居民在调峰能力有限、电力紧缺的情况下生产生活的正常运行，维护其合法权益，督促电力行业提升调峰能力、完善电网建设。

(二) 政府引导，统筹兼顾

政府作为电力建设、生产、供应和使用活动的主导者，对电力活动进行指引、监督和管理。因此针对北京市的低碳电力发展，为保障其平稳运营和高速发展，应当在确保其安全发展、保障民生的前提下坚持政府的引导不改变，并通过政府对全局进行把控，科学地进行筹划，以兼顾各方利益，在规范电力行业的同时，协调推动其发展。

电力领域的相关政策之中，对于政府的引导和统筹也作出了明确的规定。在进一步深化电力体制改革的实施意见中，提出了"坚持科学监督原则"，要求政府更好地发挥作用，将其工作的重心放在加强电力发展的战略、规划、标准等内容的制定与实施上，并加强其对电力市场的监管，完善其监管手段，改进其监管方法。在电力"十三五"的规划中明确了"统筹兼顾，协调发展"的原则，要求政府统筹各种类的电源建设，有序提高非化石能源在总电力消费中的占比，并逐步降低用电成本。统筹电源基地开发、电力外送通道的建设以及电力资源消纳市场，促进其协同发展。此外北京市还出台推进节能低碳和循环经济标准化工作实施方案等一系列政策，通过强化标准，创新监管手段等方式，加强北京市政府的统筹和监管能力，体现出政府的指引和统筹在电力活动中的重要作用。

因此结合上述政策文件中对政府管理规划等相关内容的规定，为保障北京市低碳电力的健康平稳发展，应当确立"政府引导、统筹兼顾"的原则。该原则要求北京市政府结合有关政策，制定符合北京市发展现状及方向的法律监管机制和标准体系，明确低碳电力发展过程中电力参与者的权利义务划分，并通过法律的手段对北京市电力发展中的各个方面进行有机的统筹和规划，以在电力发展过程中确保各方参与者的利益。

（三）清洁替代，促进可再生

深化电力改革，发展低碳电力作为能源革命的一部分，其核心也是通过发展清洁能源，提高非化石能源特别是可再生能源在一次能源生产消费中的占比。因此保障北京发展低碳电力发展的核心就是保障清洁能源特别是可再生能源对传统高能耗高污染的发电模式的替代，确保能源的可持续发展。

在当前法律与政策中，对于发展清洁能源、推进能源的可持续发展有诸多规定。在法律方面，《中华人民共和国电力法》在其第5条第2款中指出国家对于清洁能源、可再生能源发电的支持[1]，《中华人民共和国可再生能源法》在其第4条第1款中指出国家优先发展可再生能源[2]，《中华人民共和国节约能源法》第7条第3款也表明国家对新能源、可再生能源开发利用的支持与鼓励[3]，上述法律均从立法角度表示出对发展可再生能源的高度重视。在政策方面，能源"十三五"、电力"十三五"两部规划中均确立了"清洁低碳，绿色发展"的原则，要求将发展低碳清洁能源确定为能源结构调整的主要发展方向，坚持发展非化石能源与清洁高效利用化石能源并举。逐步降低煤炭消费比重，提高天然气和非化石能源消费比重，大幅降低二氧化碳排放强度和污染物排放水平，优化能源生产布局和结构，促进生态文明建设。坚持生态环境保护优先，坚持发展非煤能源发电与煤电清洁高效有序利用并

---

[1]《中华人民共和国电力法》第5条第2款规定，国家鼓励和支持利用可再生能源和清洁能源发电。

[2]《中华人民共和国可再生能源法》第4条第1款规定，国家将可再生能源的开发利用列为能源发展的优先领域，通过制定可再生能源开发利用总量目标和采取相应措施，推动可再生能源市场的建立和发展。

[3]《中华人民共和国节约能源法》第7条第3款规定，国家鼓励、支持开发和利用新能源、可再生能源。

举，坚持节能减排。提高电能占终端能源消费比重，提高发电用煤占煤炭消费总量比重，提高天然气利用比例。

因此为保障北京市低碳电力的有序发展，应该结合国家和地方的法律政策，制定"清洁替代，促进可再生"的原则。该原则要求北京市发挥其自身优势，因地制宜，发展新能源、可再生能源，在国家标准的基础上对北京市新能源、可再生能源发电装机、电力消费总量及占比，新能源、再生能源的发电质量进行明确，并通过法律手段鼓励和引导新能源、可再生能源的发展，对于破坏新能源和可再生能源发展的行为依法进行惩处。

（四）科技引领，高效创新

无论是发展北京市的太阳能、风能，提升其装机总量、消费总量，对地热能、生物质能等新能源进行开发利用，还是企业的清洁生产、节能减排都离不开科学技术的开发与创新。而北京市作为政治文化中心，科技发展迅速，聚集诸多顶尖的科研机构，科技创新企业，高校云集，其科研能力也远胜于我国其他地区，对于推进低碳电力、发展新能源、可再生能源都有巨大的优势。因此为充分利用这一优势，应当立法继续完善科研平台建设，进一步鼓励和引导科研工作者、科研机构积极投入科学研发实验中，打击科研过程中的不端行为，建立良好的科学研究氛围。

在多部法律与政策中。在法律方面：《中华人民共和国电力法》第9条规定国家采用科学技术手段推进电力的各方面发展，并给予获得显著成就的单位个人以奖励[1]；清洁生产促进法第6条第1款指出我国鼓励清洁生产技术的研究和开发[2]；《中华人民共和国节约能源法》第8条第1款规定我国鼓励节能技术的研究与推广，并推进其创新发展[3]。在政策方面，我国电力"十三五"规划提出了"智能高效，创新发展"的原则，以加强发输配用交互响

---

[1] 《中华人民共和国电力法》第9条规定，国家鼓励在电力建设、生产、供应和使用过程中，采用先进的科学技术和管理方法，对在研究、开发、采用先进的科学技术和管理方法等方面作出显著成绩的单位和个人给予奖励。

[2] 《中华人民共和国清洁生产促进法》第6条第1款规定，国家鼓励开展有关清洁生产的科学研究、技术开发和国际合作，组织宣传、普及清洁生产知识，推广清洁生产技术。

[3] 《中华人民共和国节约能源法》第8条第1款规定，国家鼓励、支持节能科学技术的研究、开发、示范和推广，促进节能技术创新与进步。

应电力建设,构建"互联网+"智能电网。加强系统集成优化,改进调度运行方式,提高电力系统效率。大力推进科技装备创新,探索管理运营新模式,促进转型升级。在可再生能源"十三五"规划中规定"坚持创新引领"的原则,把加快技术进步和提高产业创新能力作为引导可再生能源发展的主要方向,通过严格可再生能源产品市场准入标准,促进先进技术进入市场,完善和升级产业链,逐步建立良性竞争市场,淘汰落后产能,不断提高可再生能源的经济性和市场竞争力。能源技术"十三五"规划中提出"自主创新""重点突破"的原则,以加强我国自主研发能力,推进重点领域的技术创新。北京市政策方面,北京市新能源、可再生能源的"十三五"规划制定了"坚持创新驱动"原则,规定依托首都科技创新资源优势,加快核心技术和前沿技术的研发及成果转化,支持新能源和可再生能源领域新技术、新模式和新业态创新发展。形成以技术创新带动产业发展,以产业发展驱动技术创新的良性发展态势。

因此为推进低碳电力的稳固发展,应当明确"科技引领,创新高效"这一原则。结合我国的法律政策的相关规定,基于北京市低碳电力领域科技研究的发展现状,为保障北京市低碳电力的稳定发展,"科技引领、高校创新"这一原则对北京市的科技研究有新的要求:第一,充分利用其首都科技创新资源充足的优势,进一步加大对新能源、可再生能源等清洁能源重点领域的投入,提高自主创新能力,促进科研成果的转化,对落后技术进行机制淘汰转移;第二,对取得显著成果的单位、个人予以奖励,对科研过程中的不端行为予以打击,以构建良好的科学研究氛围;第三,构建科研创新平台,加强科研工作者的学习交流。此外提高北京市低碳电力的科学研究水平,推进技术创新应以质取胜,而非以量定夺,因此要以法律手段杜绝不健康的科学研究理念。

(五)京津冀依托,示范全国

北京市作为我国的首都,城市基础设施完善,科学研究能力强,其在节能减排、可再生能源技术的研发、电网建设、售电市场建设、新能源汽车发展等电力行业发展的各个方面均处于全国领先地位。因此保障北京低碳电力的稳定发展,对于深入推进全国范围的电力体制改革、促进能源转型都极具示范作用。并且北京市能源需求量大,电力需求占据主要的部分,但是能源电力的自给能力有限,主要依赖外埠。在京津冀协同发展的大框架下,能源的协同发展为北京市的巨大能源电力需求提供了依托和保障,同时也带动和推进了河北地区的低碳电力发展。因此应当确立"京津冀依托,示范全国"的原则,以保障京津冀能源的协同发展,建立完善的能源体系,以对我国的低碳电力发展起示范和带头的作用。

"京津冀依托,示范全国"的原则主要体现在地区政策文件当中。针对北京的示范性作用,在推进节能低碳和循环经济标准化工作实施方案中,提出将北京市打造成为我国低碳节能的"标准创新中心、示范基地和辐射之源"的发展目标。对于京津冀的发展依托,在北京市的新能源、可再生能源发展的"十三五"规划中制定了"坚持区域合作原则",要求北京能源电力行业充分发展北京周边的资源禀赋,拓宽电力产业的市场空间,通过加强北京、内蒙古、河北等周边地区间的新能源、可再生能源合作,来扩大开发可再生能源、新能源的利用规模,以实现区域间的资源共享、政策互通,推动经济共同发展。在《京津唐电网电力用户与发电企业直接交易暂行规则》中指出,要促进京津唐的电力交易平台,推动其电力的一体化。此外在京津冀协同发展的一系列政策中也均涉及能源的协同发展,并逐步将河北建设成为北京能源需求、电力需求的大后方,推进北京能源的转型,完善其低碳电力的发展。

因此结合相关政策的规定,京津冀依托,示范全国的原则要求,北京市在加强市内天然气管道建设、电网建设,提高其能源输配能力的同时,带动京津冀地区管网的共同建设,保障其对北京的能源电力输送安全。带动京津冀的售电市场、可再生能源研发等方面的协同发展,增强其资源共享能力。有序推进低碳电力发展,打造我国低碳发展的示范中心。

此外以京津冀为依托的原则的确立同样有助于保障北京市能源电力依赖外埠所带来的供应风险,其通过电网的协同建设,有效节约其输配安全、调峰能力差等问题,对能源供应提供有效保障。示范全国的原则还有助于在北京低碳电力发展成熟的情况下为我国低碳电力的发展、能源的转型提供动力。

四、北京市低碳电力法律保障机制的主要内容

(一) 构建北京市发电侧的低碳法律保障机制

实现北京市的低碳发展，就要大力推进两个替代，即清洁替代和电能替代。当前距北京市电力低碳化发展的概念的提出已经有很长一段时间，也已经实现了全市电力生产企业的全面清洁化、无煤化生产，似乎已经完全实现其低碳发展的目标。实际上北京市低碳化电力发展道路尚未成熟，还处于发展阶段。在其低碳化发展过程中仍旧存在诸多问题。前文指出对电源的供给结构进行调整，推动电源的低碳发展主要涉及"煤改气"与热电联产机组的协同发展，发展燃煤电厂"近零排放"等新技术，深入发展新能源、可再生能源，以及促进终端电能的替代这四个方面。但作为我国电力发展的长期目标，终端电能的替代是一个漫长的发展过程。基于北京市当前市内"无煤化"的发展趋势，以及北京市电力生产行业电力供应的外埠依赖性强、其依赖性不断提高的发展现状，现阶段北京市的发电侧低碳发展存在天然气资源紧缺、电厂应急调峰能力有限、可再生能源发电成本高，以及北京市外调电力污染性强四方面的问题。

因此为保障我国能源转型期间，北京市电力行业低碳化发展的稳定和安全，一方面提高可再生能源的开发利用能力，提高其消费占比，另一方面要整合当前法律制度，建立北京市发电侧的低碳保障机制。建议由北京市发改委、能管局及北京市电力行业协会共同起草、制定地方性法规《北京市电力低碳生产管理办法》。由北京市各级发展改革部门主管本行政区域内的电力生产工作，并由北京市电力监管部门对具体的生产情况进行监管，其他相关部门进行配合。

针对当前电力行业与北京市相关法律政策所存在的问题，制定热电联产全面开展的法律制度、备用容量补偿的法律制度、建立源头清洁的法律制度、完善当前政策中的可再生能源发展补贴低的法律制度，构建并完善北京市发电侧的低碳法律保障机制，健全北京市电力生产行业的低碳发展模式，加速引领和推动我国能源转型进程。

(二) 构建北京市输配侧的低碳法律保障机制

北京市作为我国首都,社会经济水平发达,人口众多,电力需求量极大。但由于能源禀赋有限、土地紧缺等环境因素的限制,其发电能力十分有限。在此情况下,北京市电网逐渐形成了十分典型的巨型受端电网。该电网形态由于电力发展的主要需求通过增加外埠电力的调入进行填补,导致其建设难度逐渐提高,安全运行的压力极大。而随着人民生活水平的不断提高,电子设备的应用日益广泛以及终端电能替代的发展将导致电网压力进一步增大。其中电网降温负荷急剧增长,是夏季电网负荷屡创新高和电力紧缺的主要原因之一。在冬季,由于北京市地处北方,取暖设备的电路需求也会导致北京市电力负荷的不断提高。并且由于电力需求的不断提高以及终端电能替代的深入,北京冬夏电力"双高峰"将成为常态。在此基础上出现极端天气将对电网安全运行能力发出新的威胁和挑战。并且随着北京市部署筹办 2022 年冬奥会的契机,京津冀协同发展战略引导,北京市将进一步迎来发展的新机遇和新挑战。对于能源,特别是电力的需求将会进一步提高。而这均需要北京市进一步加强其电网建设,提高电网的保障能力。此外储能技术作为有效缓解可再生能源波动性问题、有利于电网应急调峰手段也将逐渐向产业化、市场化方向发展。然而北京市输配侧在此现状下存在电网安全性相对不足、京津冀一体化下电网互联互通有待加强、可再生能源发电稳定性差和储能技术尚不成熟四个方面的问题,相关法律体系也亟待完善。

为保障北京市电网的运行安全,能够配合其发电侧转型,实现北京市电力的低碳化转型,推动和引领我国能源转型,建议由北京市发改委、北京市能源局、北京市电力监管部门共同制定《北京市电力输配办法》,并由北京市电力监管部门对办法的实施情况进行监管,同时由北京市发改委、北京市能源局共同制定《北京市储能行业发展办法》,并建立储能管理部门对储能发展进行监管。在具体法律制度方面,不仅仅要提高北京市输配侧的科技产业的发展水平,还要通过构建具有预防维护性的电网安全管理体系,建立区域电网互联互通制度,完善北京市储能技术产业制度,同时对当前北京市输配侧法律进行整合,进一步健全北京市输配侧的低碳法律保障机制。

(三) 构建北京市售电侧的低碳法律保障机制

售电侧改革是在电力交易平台上,将具备需求响应能力的电力用户与省内或者省外的发电企业集中在一起,对电力进行精细化管理,优化电力成本分配,消纳局部地区富裕电力。主要为了解决可再生能源并网消纳,以电力需求响应推动供给侧改革,还原电力产品的商品属性,发挥市场在资源配置中的决定性作用。因此,在电力交易平台上,售电侧改革涉及发电企业、售电公司、用户等三个方面。其中存在的问题主要集中在:售电公司的准入退出办法;发电企业与用户等市场交易主体的准入标准,特别是,促进可再生能源的并网交易,与高耗能工业、高污染企业的交易监管等;用户、售电公司、电网、发电企业的价格分配问题,售电侧放开的本质,不是降低电价,而是赋予用户用电选择权,促进售电公司和发电侧良性竞争。要保证发电企业、用户与电网三者之间利润分配合理,成本能够得到回收,促使三方都能积极参与售电侧改革;此外,还要制定售电交易平台相关法律法规,保障电力交易公平、公正、公开,使得发电企业、电力用户等市场主体能够在交易平台上自主交易,高效掌握市场信息,打破市场壁垒。

但当前我国售电市场还处于试点阶段,发展尚不成熟。针对当前售电侧售电主体、交易主体、电价等方面存在的售电市场监督管理缺乏、售电市场交易主体准入标准缺失、售电市场电价分配不均的问题,建议由北京市电力交易中心制定《北京市售电市场管理办法》,并根据国家发改委、能源局关于同意北京市开展电力体制改革综合试点的复函中的要求,由北京市人民政府总领北京市电力市场建设,相关部门、国家能源局华北监管局分工协作,并加强与各方面主体的协调与沟通,调动其发展积极性。[1] 此外结合当前北京市发展现状,还应联合北京电力交易中心市场管理委员会共同对交易平台进行管理,并服从政府领导。并为推动北京市售电市场健康发展,助力北京

---

[1] 国家发展改革委、国家能源局关于同意北京市开展电力体制改革综合试点的复函发改经体〔2016〕1853 号:二、加强组织领导,加快改革实施。请你市加强对试点工作的组织领导,市人民政府负总责,各部门、国家能源局华北监管局分工协作、各司其职,加强与电网企业、发电企业、用电企业等各方面的协调沟通,充分调动各方面积极性,搞好工作衔接,形成工作合力。

市电力的低碳化转型,该地方法规应当从健全售电公司的监管制度,严格交易主体的准入标准,健全电价及交叉补贴制度,以及整合当前北京市售电政策四个方面建立北京市售电市场的低碳法律保障机制。

(四)构建北京市需求侧的低碳法律保障机制

电力需求侧是指电力用电侧,即指需要用电的企业、用户等。根据《财政部国家发展改革委关于开展电力需求侧管理城市综合试点工作的通知》,北京市被确定成为首批试点城市。这一政策中的电力需求侧管理,主要是指在政府法规和政策支持下,采取有效的激励和引导措施以及适宜的运作方式,通过电网企业、能源服务企业、电力用户等共同协力,提高终端用电效率和改变用电方式,在满足同样用电功能的同时减少电力消耗和电力需求,为达到节约资源和保护环境,实现社会效益最优、各方受益、成本最低的能源服务所进行的管理活动。然而当前作为全国首批试点城市,北京市在其电力需求侧发展中仍旧存在新能源汽车发展尚不健全所表现的新能源汽车补贴过度、新能源汽车行业监管审查不严、充电桩建设尚未完善的问题。

为使北京市需求侧管理的试点取得良好成绩,引导我国电力需求侧节能减排、低碳化发展,健全电力需求侧低碳发展的法律,建议从公共节能、新能源汽车两方面建立《北京市公共节能办法》和《北京市新能源汽车发展办法》两部地方立法。由北京市发改委分别联合北京市交通部门和北京市公共机构节能管理部门进行制定,并由北京市交通部门和北京市公共机构节能管理部门进行监管,并接受同级发展改革部门的指导。

在立法中针对当前北京市需求侧发展存在的新能源汽车行业发展不健全、需求侧法律缺失等方面的问题应当建立转变新能源汽车补贴模式、加强对新能源汽车的监管处罚力度、立法完善北京市充电桩建设、推进北京市公共交通全面清洁化的制度、立法提高北京市自主创新能力的新能源汽车行业发展的法律保障措施和整合北京市公共及建筑领域的节能政策、加快北京市标准化制度的建立的法律保障措施。

第六章
北京市发电侧低碳法律保障机制的建立

　　构建北京市低碳电力的法律保障机制是为了通过立法手段应对低碳电力发展中存在的风险与阻碍，保障低碳电力参与主体的合法权益，明确低碳电力参与主体义务，推进北京市低碳电力的平稳发展，确保能源革命的有序推进。其中低碳电力旨在通过减少化石燃料燃烧、降低污染物排放等方式，降低电力行业运营中的以二氧化碳为主的温室气体的排放，以推进电力行业的可持续发展。相比于电力行业运营中其他环节的完善与调整，低碳电力发展的关键还是在于逐步转变当前发电环节的运营发展模式。而发电缓解运营模式的转变又分两种：一个是依据政策指引、社会需求所进行的发电行业自身的调整与转型，另一个是结合电力市场、售电侧建设所进行的电力行业整体的调整与转变。本章即是从发电行业自身调整的这一角度出发，研究低碳发展的保障机制的建立。

　　另外在"北京市低碳电力的推进与开展"这一章中也曾经指出，调整电源的供给结构，发展低碳电源是降低北京市碳排放总量，实现北京市低碳电力的有效途径，也是北京市低碳电力发展的必经之路。因而要推动北京市低碳电力的平稳发展，首要工作即是找出当前北京市发电侧低碳发展所存在的风险与阻碍，建立和完善符合北京市社会发展需求的发电侧低碳发展的法律保障机制。

一、当前北京市发电侧低碳发展存在的问题

(一) 北京市资源紧缺

1. 北京市可再生资源紧缺

北京市虽然可再生能源种类较为齐全,但其资源禀赋十分有限。水力发电方面,虽然开发较早,但是储量较少,可开发量仅达到58.5万千瓦,主要分布于潮白河、拒马河、京密引水渠等地区;风力资源较少,全市风能资源储存总量约为460万千瓦,其可利用量仅为45万千瓦,主要分布于延庆、密云以及门头沟等地区,且更适合于发展分布式能源。并由于其开发成本高,入网难度大,当前发电稳定性也相对较差;地热能相对丰富,初步勘测北京市地热能年可利用量达到350万吨标准煤,但受制于科学技术水平的限制,当前开发利用率低,但发展潜力大。相比于其他可再生能源,北京市太阳能资源相对丰富。北京市地处太阳能资源较丰富带,是国家太阳能资源二类区域,占可再生能源总量的九成以上,平均日照市场达到2 763小时。主要分布在南北两个方向,东北部的汤河口和上甸子地区、延庆地区太阳能辐条件相对较好,延庆、密云、怀柔、亦庄的资源最为充足。[①] 并且由于太阳能开发较早,技术成熟,可利用程度相对较高。此外北京市的工业余热资源年可利用量约60万吨标准煤,主要分布于海淀、昌平、大兴、延庆等地区。在全国范围内,虽然我国可再生能源资源比较丰富,但资源多集中于西部地区,存在投资成本大、上网困难等问题,利用率较低。

2. 北京市天然气资源紧缺

我国常规天然气总资源量为38.4万亿立方米,可探明天然气地质储量约为13.2万亿立方米,仅达到世界天然气总资源的2%。并且随着近些年我国对天然气的勘探和开采,天然气的储量也在不断变化。以2015年为例,我国天然气年产量达到1 243亿立方米,其新增探明地质储量6 772亿立方米,剩余技术可采储量仅为5.19亿立方米。根据我国天然气的储量及年产量,可见我国天然气资源相对有限。2016年我国供应总量达到2 000亿立方米,对外依

---

① 参见北京能源发展研究基地.北京能源发展研究报告2016 [M].中国经济出版社2017年版,第6~7页。

存度达到35%左右,并且随着我国对煤炭消费的不断压制,天然气在发电领域、供热领域需求量的不断提升,在天然气的产量有限的情况下,其对外的依存率会逐步提高。而从国内的天然气分布上来看,我国天然气资源存在西多东少的特点,中西部地区天然气保有量达到全国天然气总量的67%。位于我国东部地区的北京市天然气储量、开采量则更为稀少,陕西长庆气田是北京天然气的主要来源。

然而北京市国际性首都城市的定位导致其天然气需求量极大。在社会生活方面,由于北京市作为首都城市且人口众多,天然气普及使用均较早,且普及程度较高,社会需求量远高于其他省市。而在发电方面,为向国际性的现代化首都城市转型,解决当前严重的大气污染问题,推动电力的清洁发展,北京市提出市内全面"无煤化"政策,要求关停六环以内所有以燃煤发电为主导的电力供应系统,转为依靠以天然气为主导的电力供应系系统。此外由于北京地处北方,具有典型的温带大陆性气候,冬季寒冷干燥,需要供暖以保障居民生活,在"无煤化"的政策要求下,原有的燃煤供暖体系也需要向天然气供暖进行转变。因此北京市对天然气需求量大并且随着无煤化进程而大幅提高。

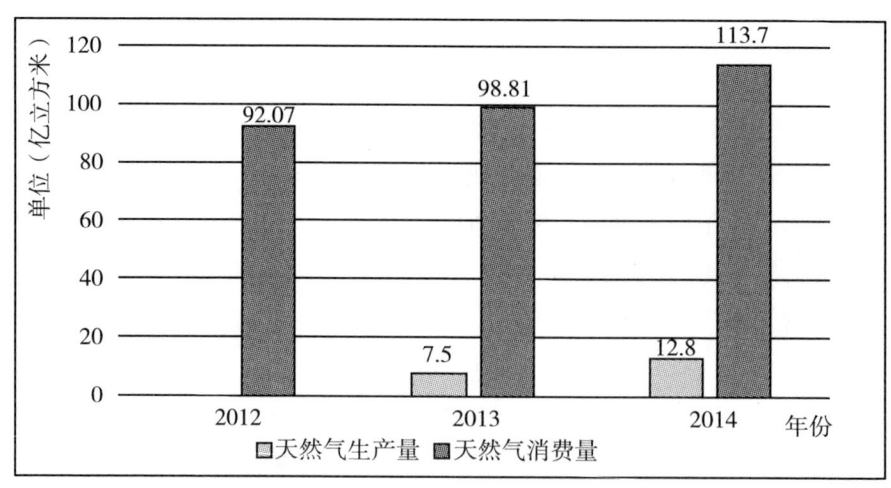

图6-1 北京市2012年至2014年天然气年产量与年消费量对比①

注:2012年"天然气生产量"数据缺失

---

① 参见中华人民共和国统计局年度数据。http://data.stats.gov.cn/easyquery.htm? cn = C01. 2017 – 04 – 17.

根据国家统计局对 2012 年至 2014 年北京市的天然气产量和天然气年消费量的统计，如图 6-1 所示，可见北京市天然气产量与消费量均保持着持续上涨的趋势。对比天然气的年产量和消费量，北京市天然气的年产量不及其年消费量的十分之一。在北京市"十一五""十二五"能源规划中指出，2004 年北京市全市天然气总消费量 27 亿立方米，2010 年年底，全市天然气消费总量达到 75 亿立方米，结合图表中北京市天然气消费量的变化更加具体地体现出天然气年消费量的明显涨势。

虽然官方数据仅更新至 2014 年，但随着北京市"无煤化"政策的提出和深入，其天然气资源年消费量的上涨趋势将会更为明显。根据《2016 年北京能源发展研究报告》中对北京市能源消费量的预测结果显示，2015 年至 2020 年北京市天然气消费量将从 129 亿立方米提升至 200 亿立方米。因此北京市天然气资源紧缺的情况也会随之越发明显。

（二）北京市电力应急能力有限

国家统计局数据指出 2015 年北京市电力消费量为 952.72 亿千瓦时。该消费量需要总装机量为 1 087 万千瓦的发电机组全年满负荷工作才能实现供给。而北京市 2015 年的总装机量为 1 100 万千瓦左右。由于电力消费存在用电高峰和用电低谷，这就导致北京市电力在不依靠外埠调入的情况下，即使所有机组全部满负荷运转，仍会在用电高峰时不能完全实现电力供应，造成电力供应紧缺甚至是停电。特别是，当某些机组处于停机维修时，对于燃气机组停机维修会更加频繁，因此北京市电力供应存在巨大的缺口。

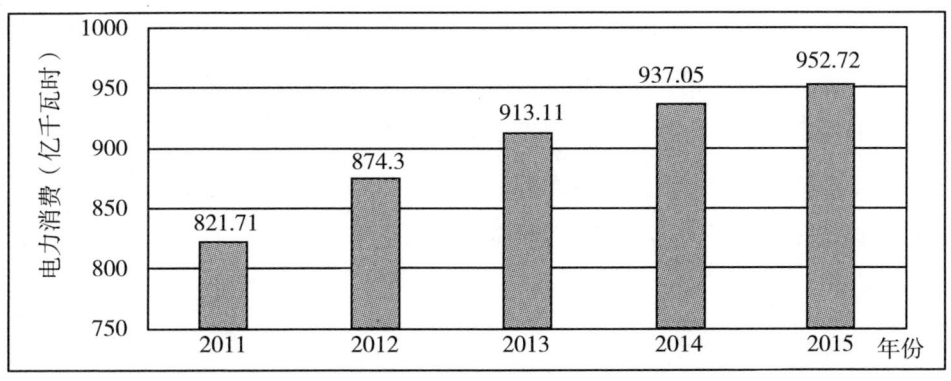

图 6-2 北京市 2011 年至 2015 北京市电力消费量

根据图6-2国家统计局对2011年至2015年北京市电力消费量的统计，北京市电力需求保持持续走高的趋势。并且根据第二章对北京社会电力需求的分析，北京社会能源需求也持续增加，在无煤化的要求下，能源需求将以电力为主，北京市电力需求持续上升的趋势将会更为明显。因此2017年，北京市市内电力供应在满负荷的情况下1 100万千瓦已经远不能满足北京市的电力供应。

因此为了保障北京市电力供应安全，兼顾北京市的环境整治，北京市电力主要有赖于外埠电力的调入。根据北京市"十一五"规划中公布的数据，2004年，北京市全社会消费电量510亿千瓦时，其中本地电厂供应电量202亿千瓦时，占总量的39.6%，外埠调入的电量为308亿千瓦时，占总量的60.4%。随着北京市经济的发展，其电力需求量逐步提高，外埠调入电量也逐步增加。"十二五"规划中要求到2015年北京市接受外送电力将达到1 870万千瓦，外电接收能力则达到2 500万千瓦，与此同时北京市也加强了本地的电源支撑能力，但其本地的电源比例仅要求达到35%左右。在《北京市2013—2017年加快压减燃煤和清洁能源建设工作方案》中，北京市政府进一步指出至2017年，北京市的外受电通道能力将达到2 800万千瓦，外调电比例将超过70%，并要将本地的电源装机容量控制在1 100万千瓦以内，并不再新建电厂，仅通过增加外调电力解决新增电力需求。电力的调入在满足北京电力需求的同时北京市的电力需求也缓解了当前周边城市电力过剩、电力消纳困难的现状，有效利用了外省电厂的电力资源。

但北京市电力供应的外埠调入仅仅是一种解决手段，并未从根源上解决北京应急能力不足的现状。结合北京市天然气供电代替煤电的现状，北京市对外部电力的过度依赖，必然形成社会发展的巨大隐患。此外电力的外部调入对于背景是本地的电力企业造成了极大的冲击，导致发电企业不得不处于低负荷下运行，甚至停机备用。这种对于发电企业的利益损害也缺乏政府的政策保障。

（三）可再生能源成本较高

1. 可再生能源发电成本较高

可再生能源的发展是能源转型的关键环节，也是推动低碳电力发展的重要环节。在可再生能源的建设初期,由于其能源输入完全来自于自然环境,发电过程中不会产生任何大气污染物的排放,相比于传统的以化石燃料为输入能源的火电机组,可再生能源有着巨大的优势,发电成本投入相对较低。但是发电成本不仅仅包括能源输入成本,还包括发电过程中人力投入、维修成本以及相关投入与机组服役时间内总的电量的比。

在风力发电方面,仅在其维修成本这一方面,风力发电的成本就远高于火电机组。通常情况下火电机组采用定期维修的策略,依据等效小时数与寿命曲线,在故障发生前就进行机组的停机维护或者更换部件,并在维修后尽快投入使用。相比之下风电机组的故障发生率高于火电机组,并通常是在故障发生后才安排人员进行维修,这一方面导致发生故障的风电机组在短期内不能发电,对其发电量造成影响,并直接影响风电的经济性。另一方面由于风电本身的结构特性,风电机组发生故障时,一般都需要在高空平台进行操作,甚至当故障严重时,还需要借用吊车对高空桨叶进行更换,维修成本大大增加。特别是建在海边或者潮间带的风电机组,由于其自然环境更为恶劣,其维修成本也大大增加。

在太阳能发电方面,主要分为光伏发电与光热发电两种类型。光伏发电与风电机组一样存在维修成本偏高的问题。而光热发电虽然装置简单,稳定性好,但是其能源转换率低。换句话说,即相同能量强度输入的情况下,光热发电输出电能很少。此外,光热发电尚仍处在技术研究阶段,发展尚不成熟,更增加了其发电成本。因此,要收回前期投入的资金成本需要很长的时间。

另外,从不同类型机组的上网电价可以更直观看出其发电成本。各地燃煤发电上网电价有所不同,但一般范围是 0.4 元左右。国家发改委公布的 2017 年 1 月 1 日下调后的可再生能源上网电价可以看到,一类资源光伏地区光伏发电标杆上网电价是 0.65 元,三类资源上网电价是 0.85 元;而一类资源的陆上风电标杆上网电价是 0.40 元,四类资源的标杆上网电价为 0.57 元。近海和潮间带风电标杆上网电价维持不变分别为 0.85 元和 0.75 元。煤电的发电成本最低,其次为陆上风电,太阳能发电成本与海上风电发电成本都较高,基本上是煤电成本的两倍。可见我国可再生能源成本远高于燃煤发电。

2. 可再生能源的国家补贴存在缺口

为推动能源的转型，作为我国能源转型核心领域的可再生能源迎来其发展的黄金时期。为此我国逐步建立了电力市场、售电市场，并不断进行完善。但由于可再生能源发展不够完善，该行业在发展中仍旧面临发电成本过高，电品质差等一系列问题所导致的市场调节功能难以发挥其应有的作用。进而使得我国出现可再生能源装机总量较高，资源利用率极低，弃风弃电问题严重的现状。因此在可再生能源发展的黄金阶段，相比于迅速提升科技，缓解弃风弃电现象、提高可再生能源利用率的最行之有效的办法就是通过政府的财政收入对该行业的发展进行补助。这也正是当前我国促进可再生能源发展消纳的重要方式，并以此强制可再生能源发电的上网和消费，通过立法鼓励可再生能源技术研发。

然而，在可再生能源依托政府补贴高速发展的同时，政府却将也面临补贴发放困难，资金缺口巨大的问题。光伏领军人物靳保芳在2015年"两会"时期指出，根据有关数据显示，2015年我国以风电光伏为主的可再生能源补贴资金缺口再创新高，累计约300亿元，并与往年数据进行比较，仍旧处于增长状态。2017年2月18日，能源局在发布《关于印发2017年能源工作指导意见的通知》中继续要求实施光伏发电"领跑者"行动，通过充分发挥市场机制的作用，推动发电成本的下降。而我国可再生能源补贴却依旧存在拖欠严重的问题。根据国家能源局数据显示，我国风电、光伏的补贴资金缺口已经从2015年年底的400亿元，扩大至2016年年底的600亿元。对比2015年年初、2015年年末以及2016年年末的数据也可以看出我国可再生能源补贴缺口呈逐年增加的趋势。[①]

并且由于当前可再生能源的补贴主要由其能源附加及专项资金两个方面共同组成，而附加的征收与专项资金的拨付又由不同的机构分别负责。当面临能源的附加征收不足以满足专项基金的拨付需求时，很容易出现主管机关

---

① 参见2017年光伏装机量预计最高30GW 新能源补贴缺口恐加大. http://guangfu.bjx.com.cn/news/20170221/809431.shtml. 2017－05－07.19:06.

推脱责任相互推脱的问题,并进一步使得补贴欠发问题恶化发酵。①加之补贴申报审批的过程过于繁杂,补贴缺口所导致的延长拖欠周期已经达到18个月至36个月,这导致很多进入补贴目录的光伏电站项目并没有办法按时拿到政策补贴,进而使得可再生能源企业资金流转不畅、财务成本增加,自身偿还贷款的能力受到影响。发电、设备以及零部件企业之间进而形成三角债问题。这都将进一步影响我国可再生能源的发电情况,导致三角公司的经营遭受共同的影响。为维持企业经营,设备零部件企业必然会提升价格,而价格的提升也就意味着成本的进一步增加,最终就导致了发电成本的不断提高,对可再生能源发展造成冲击。

此外,根据近期我国光伏行业协会对外发布的《中国光伏行业发展路线图》进行分析。根据路线图中指出的2017年我国光伏装机量规划20GW – 30GW 的情况来看,2017年将会成为我国光伏行业装机的拐点,即光伏市场将从高速增长的市场向增量稳定的市场方向转型。由于电力需求有限,补贴存在缺口,在高速增长期内涌入的各大中小企业将面临可再生能源行业的大洗牌。在这样的环境之下,可再生能源行业集聚程度的提高将会有助于光伏的平价上网。

(四) 外调电力污染性强

在北京市"无煤化"政策的要求和指引下,当前北京市的电力系统实现了全面的清洁化生产,成为我国首个清洁能源发电城市。但是北京的清洁化、无煤化实质上仅是针对北京市内电力的生产,并不包括调入电力的生产情况。而当前北京市内部的电力供应量不及全市电力需求量的一半,超过60%的电力有赖于外埠调入,其主要调入地为周边省市,即山西省、内蒙古自治区、河北省,其中内蒙古自治区自奥运期间就已经成为北京的电力大后方,京津冀一体化下河北省的能源后方地位也将逐渐显露,山西省则一直是北京能源调入的必经之地。并且根据北京市政策显示北京市将再进一步提高外调电源的占比,逐渐突破70%的占比。

---

① 参见靳保芳. 完善可再生能源补贴机制 [N]. 经济参考报, 2016 – 03 – 08 (002).

然而不同于北京市电力的清洁生产，在内蒙古自治区、山西省、河北省的电力生产中燃煤发电仍旧占据决定性地位。根据中电经纬数据库对2016年内蒙古自治区、山西省、河北省等31省市自治区电厂装机及利用小时数的统计：2016年内蒙古自治区内电厂总装机11 044万千瓦，设备利用小时数为3 656小时，其中火电装机7 609，利用小时数为4 532，火力发电占比达到85.41%；山西省内电厂总装机7 640万千瓦，设备利用小时数为3 485小时，其中火电装机6 329，利用小时数为3 800，火力发电占比达到90.33%。河北电厂总装机6 324万千瓦，设备利用小时数为4 157小时，其中火电装机4 510，利用小时数为4 975，其火力发电占比合计85.35%。[①] 三省火电发电量占总发电量比值达到86.79%。并且根据中国电力企业联合会2016年全国电力工业统计快报统计燃气发电量占总发电量比仅为3.14%，装机量为4.26%。可见不同于北京市当前的发展情况，在全国大多数省市的火力发电中，燃煤发电仍旧占有极大的比例，内蒙古自治区、山西省、河北省亦不例外。因此基于这一平均占比，内蒙古自治区、山西省、河北省燃煤发电总量占总发电量比值达到83.65%。也就是说，占北京市电力总供应量的60%以上外调电力的燃煤发电占比达到83.65%，按外调电力占比60%来计算煤炭发电已经达到北京市电力总供给的50%以上。

虽然外调电力促进了北京市当前发电企业的清洁化生产，推动了北京市向低碳清洁的城市发展，并一定程度上缓解了内蒙古自治区、山西省、河北省等地电力过剩、电力消纳困难的问题。但是也在一定程度上增加了这三个省（自治区）的煤炭消费，加深其空气污染程度。从全国角度上看，北京市的低碳电力转型并未从根源上解决污染的问题，而更多的是将污染进行了转移，外调电力的高污染高能耗现状依旧没有转变。

二、建立北京市发电侧低碳法律保障机制的建议

针对北京市发电侧低碳发展中存在的北京市天然气资源紧缺、北京市电

---

① 参见北京中电经纬能源信息有限公司数据中心。http://www.cemr.org.cn/detail.do? channelld = 1568&contentld = 2362. 2017 – 04 – 17.

力调峰能力有限、北京市电厂应急能力较差、可再生能源成本较高、可再生能源稳定性较差等问题,以及北京市当前法律建设中存在的一系列问题,建议制定发电侧《北京市电力低碳生产管理办法》这一地方性法规。结合发展经验,借鉴相关立法及政策,建立相应的法律保障制度,以保障低碳电力参与主体的合法权益。同时明确低碳电力参与主体义务,推进北京市低碳电力的平稳发展,确保能源革命的有序推进。

(一) 热电联产全面开展制度

1. 热电联产全面开展的法律制度的必要性

北京市自然资源的禀赋有限,特别是在天然气方面,北京市巨大的天然气需求主要依赖外埠供应。我国的天然气供应也对外存在一定的依附性,国际局势的动荡、国内供应的紧张都会对北京市天然气资源供应造成影响,导致北京市天然气资源的使用趋紧。特别是进入冬季后,北京市原有的燃煤供暖也转为燃气供暖,这也必然导致北京市对天然气资源的需求进一步提高。

为应对其天然气资源紧缺,保障北京市天然气的供应安全,维护当前以天然气为主要能源的北京市电力生产供应体系,一方面要拓宽北京市天然气资源的供应渠道。通过增加供应量的方式满足北京市对天然气的巨大需求,为此北京市正在积极推动陕京四线等天然气工程建设。另一方面北京市应当提高天然气的利用效率。其中天然气热电厂建设就是有效提高天然气利用效率的手段,通过将北京市供电供暖相结合,以进一步促进北京市的低碳电力发展。天然气工程建设和天然气热电厂的共同建设将有利于完善北京市的热电气常态化联调联供机制,确保北京市低碳电力的平稳有序运行。

热电联产作为节能减排、改善环境条件,提高居民生活水平的有效措施,在新中国成立初期就已经从苏联引入我国。随着政府对热电联产认识的加深,其普及程度也逐渐提高。为充分发挥热电联产节能减排,节约城建占地等优势,1997年11月1日第八届全国人民代表大会常务委员会第二十八次会议通过了《中华人民共和国节约能源法》,在其第39条中明确指出国家鼓励并推广热电联产,以提高热电机组的利用率,赋予了热电联产以法律层面的保障。随后1998年电力部、建筑部等四部委引发了配套法规《关于发展热电联产的若干规定》以推进。为适应燃料的结构调整，2000年建筑部、国家环保总局等四部委再次制定《关于发展热电联产的规定》，并在规定中首次提及发展天然气热电技术，建设小型燃气电厂。在天然气发展"十三五"规划的发电及分布式能源工程这一部分中指出要因地制宜地发展热电联产。此外在北京市方面，《北京市进一步促进能源清洁高效安全发展的实施意见》中也提出要调整优化北京市能源结构，并将热电联产作为其调整方式。

2. 建立热电联产全面开展制度

根据我国及北京市法律政策中对热电联产的规定也可以看出，虽然热电联产在经历多了多年的实践与发展，已经形成了完整的运营模式，能够在兼顾企业节能减排的同时提高企业的运营效益，在各地区的发展实践中都取得了实质性的效果。但是随着我国热电联产技术的发展，其生产模式逐步成熟，更加高效和节能，特别是在当前北京市天然气热电联产技术大面积取代原有热电联产技术，并在市内建设了四大燃气热电中心的情况下，其法律政策的规定就显得尤为滞后。因此应当并且也有必要在北京市发电侧制定的地方性法规中对当前北京市热电联产的运营模式进行明确的规定。通过建立"热电联产制度"，来促进节能减排，推进低碳电力的发展。

首先热电联产制应当对其生产标准进行规定。作为我国首都城市，北京市电力行业、供热行业的科学技术发展水平和企业装机设备水平要远高于全国大部分地区的发展水平。因而应在国家标准的基础上，逐步提高北京市热电联产企业的利用效率标准和排放标准，以及设备、生产工艺等标准。

其次在热电联产制度中应当包括企业的区域规划与建设。热电联产要求电厂将发电与供热紧密联系起来虽然更为充分地利用了北京市的天然气资源，但也降低了电厂的灵活性，增加了电厂的投资。因而为减少热电联产对企业的不利影响，充分发挥其优势，北京市热电联产制度应当明确规定，热电联产企业的建立要在对北京市城市规划和供热区域做统筹规划的前提下，将热电站和社会需求合理联系起来。而根据目前北京市的政策规划，北京市内的供热将主要依靠市内新建的四大燃气热电中心进行供应，也就是说市内的主要供热企业都已经和供电相结合。因此基于当前北京市清洁化生产的社会发展趋势，北京市应减少新增热电联产企业，严格供热的审核制度，同时推动当前北京市郊区只供热不供电的企业向热电联产方向进行改造的进程。

此外，还应对热电联产制度的科技研发进行规定。针对当前的北京市的无煤化和低碳清洁发展，北京市应当支持和引导燃气热电联产技术和超低排放技术的提升和发展。以推进天然气的能源利用效率，降低污染物排放。

综合上述三方面的内容，建议在《北京市电力低碳生产管理办法》中规定热电联产全面开展制度：北京市应当改造当前的天然气供热公司，向热电联产企业方面转变。生产工艺标准、设备能耗标准、污染排放标准应在国家标准的基础上适度提高。鼓励并优先应用热电联产的新技术，鼓励自主研发。对新增供热及热电联产企业进行严格审查，降低市内污染排放。由北京市电力监管部门及能源监管部门对具体的生产排放情况进行监管。

在热电联产全面开展制度的法律责任方面，针对热电联产企业的区域规划和建设，北京市建设主管部门应当对新建热电厂的选址的合理性进行审核，北京市节能管理部门应当对新建和改造的北京市周边热电厂的环保性进行审核。对于不符合合理性、环保性要求的新建企业，不予批准。针对热电生产方面对于电力监管部门、能源监管部门审核，不符合北京市标准规定的责令停止建设或者停止生产、使用，限期改造；不能改造或者逾期不改造的热电联产企业，报请同级人民政府按照国务院规定的权限责令关闭。

（二）备用容量补偿制度

1. 备用容量补偿制度的必要性

提升北京市电力系统应急能力的方式主要体现在四个方面：第一，提升天然气输配管道及输电线路的安全可靠性；第二，提高本地可再生能源的开发和利用效率；第三，完善储能技术，建设储能电站；第四，完善当前北京市电力系统的备用容量建设。

其中备用容量的方法在诸多行业应急调峰中都有采用。2017年3月18日北京市关停市内最后一座燃煤电厂，将其留作北京市唯一的热网应急备用热源，根据北京市的热网需求启动运行。而电力备用容量即是电力系统通过增设的电力设备容量，以保障电力检修、事故等情况下电力市场的正常运转。

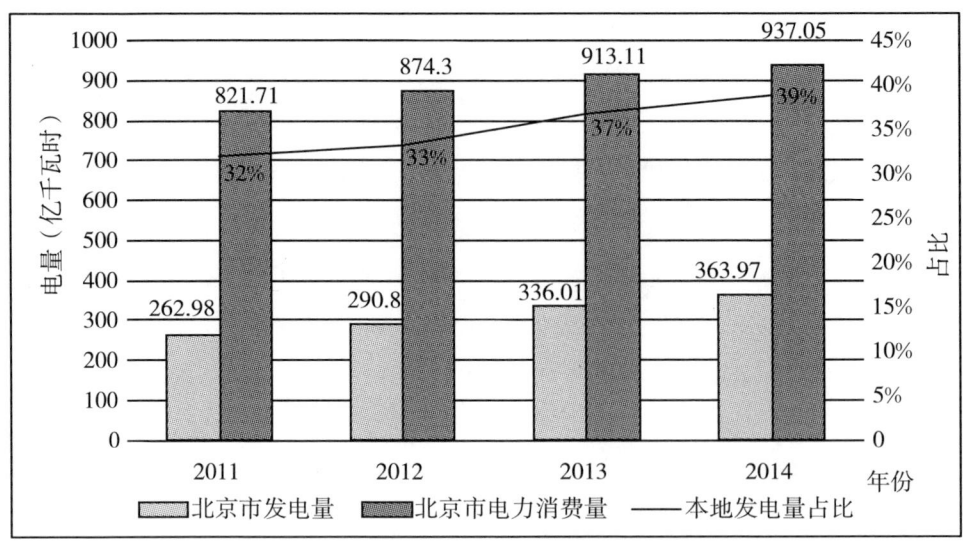

图 6-3 北京市 2011—2014 年北京市发电量与北京市电力消费量趋势对比①

由于北京市电力的需求量远超过其市内电厂的电力供给量,其电力需求一直高度依附外省。如图 6-3 的所示,根据国家统计局公布的数据,北京市发电量在北京市电力消费量的占比持上升状态,由 32% 提升至 39%,但始终未超过 40%。并且根据北京市规划其占比将进一步降低。而根据中电经纬数据统计的信息 2015 年北京市电厂的利用小时数为 3 806 小时,其利用率约为 43%,2016 年利用小时数为 3 983 小时,利用率为 45%。结合前文对北京市应急能力有限的数据分析,可见,北京市电厂的备用容量虽然有限,但电厂的利用率并不高。

并且根据北京市的规划,未来北京市将不再建设新的大型电厂,而是逐步加快外省受电通道的建设,优化电网架设结构,来提高北京市的安全供电水平。基于这一发展规划,提高北京市电力备用容量也并非是依靠建设新的备用电厂、备用机组,而应该在逐步提高外埠调入电量的基础上降低本地电厂的发电量,以备应急。这就进一步压缩了本地电力企业的效益,因而为保障电力系统在保障备用容量的情况下的正常运营,应建立相应的法律制度,

---

① 参见中华人民共和国统计局年度数据。http://data.stats.gov.cn/easyquery.htm? cn = C01. 2017-04-17

对备用容量进行明确，同时明确规定政府、发电企业、企业员工的基本权责，维护电厂运营，保障电力安全。

然而基于我国当前大部分地区电力系统装机过剩的情况，我国电力相关法律与政策中对电厂备用容量的规定是也主要集中于电网公司向发电企业收取。这就导致在诸如北京市等电力依靠外埠调入，本地装机有限的城市中，作为应急调峰职能的本地电力企业的损失无法保障。对于可再生能源、新能源来说，虽然前期投入巨大，但尚有国家的补助。然而对于火电来说由于煤价上涨、天然气价格高等原因，进一步压缩了电厂的效益，致使电厂处于亏损状态。在这种情况下若不对电厂加以补偿，必然会导致大量电厂亏损倒闭。因此对北京市电力行业备用容量进行补偿尤为重要。

由于欧洲电力市场发展较早，也较早面临了电厂容量充裕甚至过剩，电厂发电市场较低的问题。为此英国政府于2011年7月公布电力市场改革白皮书，并针对电厂备用容量，提出相应的浮动价格收购的制度。近几年我国也针对当前较为明显的电力容量过剩的现状提出建立电力容量市场、电力市场补偿机制等。因此借鉴英国的治理政策，结合我国学者的相关建议，针对北京市电力系统的发展现状，为保障其安全性、稳定性和应急性，应当建立备用容量补偿制度，对用以保障北京市电力供应安全的备用容量进行补贴。从而保障发电企业的正常效益。

2. 备用容量运营补偿制度的建立建议

虽然当前我国电力市场化发展在于还原电力的商品属性，但作为人类生存的基础，电力的过度市场化也会在一定程度上影响社会的发展。因此北京市为在推动电力清洁化发展的同时保障北京市电力安全，建议在发电侧低碳发展的地方性法规中建立备用容量补偿制度。并以此作为电力市场化的有效调节机制，有利于保障北京市电力的应急调峰。

在备用容量补偿制度的建立中，首先要对备用容量的确定机构进行确定。由于北京市装机总量有限，并在"十三五"规划期间不再新增发电企业，北京市发改委应当联合电力监管部门，基于各个阶段北京市电力需求、电厂配置以及发电情况等数据，确定出适合北京发展、有利于维护北京市电力系统平稳运营的备用容量范围。并根据各个阶段备用容量范围，对北京市发电企业，特别是火电企业的电厂发电量进行宏观调控。

由于设备、电网、检修、员工等用于维护备用容量的费用过大，会对发电企业的利益造成巨大冲击，影响其健康运营，北京市应当对发电企业的备用容量进行补贴。由于北京的装机量有限，尚不能满足城市需求，不存在电力容量过剩的问题，无需根据备用容量用途对备用容量进行补贴。因此北京市政府应当建立电力安全专项基金，由监管部门对北京市各电厂备用容量的维护成本进行调查，确定运营维护的最低成本，并根据各电厂各个阶段的备用容量进行补贴。保障北京市发电企业的效益。

此外发电企业应当定期对机组进行维护和检测，并专门安排充足的运营员工，以确保应急调峰时备用容量的供应安全。

综合上述内容，建议在《北京市电力低碳生产管理办法》中规定备用容量补贴制度：为保障北京会电力供应稳定安全，由北京市发改委联合北京市电力监管部门对北京市电力系统备用容量进行确定。并由北京市政府建立电力安全专项基金，基于各电厂备用容量的应发电量对发电企业进行补贴。发电企业应当保障备用容量在使用时的运行稳定安全。

在法律责任的确定方面，发电企业应当保障备用容量在使用时的运行稳定安全。由电力监管部门定期进行检查，对于无法稳定运用的降低或取消该季度的补贴额度。

（三）完善可再生能源发展补贴制度

上文中对可再生能源的发电成本以及为降低成本促进其发展的我国当前补贴政策现状进行分析，能够发现可再生能源依旧存在发电成本高，国家补贴存在巨大缺口的问题。为解决这一问题，提出完善北京市可再生能源发展的补贴制度的建议，将通过分析当前问题的主要矛盾、焦点，通过借鉴他国的经验，以促进北京市可再生能源发展和电力低碳化发展，引领我国的电力市场建设以及能源转型。

1. 德国可再生能源的补助模式

作为德国能源转型的重要领域，近年来风能、太阳能、生物质能等可再生能源的装机量持续提升。根据德国政府公报公布的数据显示，2010年，可再生能源发电为17%，2017年可再生能源的电力消费占比已达到33%。并依照德国的电力规划，截至2025年可再生能源发电占比将会达到40%~45%。

为推动可再生能源的发展，2016年德国政府对德国的《中华人民共和国可再生能源法》进行了改革修订。改革后通过降低可再生能源成本，鼓励行业竞争，防止发电过程中的投资过热等方式，对可再生能源发电设施的扩建、入网补贴政策等一系列进行了新的调整。改革前德国的入网补贴政策通过将多余成本转移给消费者的方式，要求电网运营企业先行高定价收购可再生能源发电。但高定价收购可再生能源发电的做法在促进可再生能源企业发展的同时，造成了德国高电价的问题。因此为降低本国的发电成本和电价，新的改革方案中指出，2017年起政府将转变高定价收购可再生能源发电的要求。取而代之的是通过市场竞价的方式选择企业发放补贴。竞价低的企业就可以享受新建可再生能源装机的入网补贴政策。[①]

2. 完善北京市的可再生能源发电补助建议

基于当前一波波光伏抢装潮的出现和持续性的弃风弃光现象，可见当前在我国，无论是国家还是地方，可再生能源所面临的主要问题都不应当是装机量的不足，而是可再生能源入网发电占比过低，能源消费有限。为应对这一问题，建议在《北京市电力低碳生产管理办法》中调整发电的补贴机制，通过在补贴中引入竞争，限定补贴期限，调动企业的发电积极性，节约国家财政资源。

第一，要充分调动市场的积极性，引入竞争。在当前电力行业发展中，燃煤发电的低成本、高质量及较强的调峰能力，使得可再生能源发展处于劣势地位，一味地引入竞争也并不利于可再生能源的发展。同时，无差别的可再生能源全额补贴，又对国家造成极大的财政负担。因此北京市可以借鉴德国此次改革后的竞争引入方式，即可再生能源的同种类竞争和扶持，通过市场竞价的方式发放补贴。在国家补助的基础上扶植经营能力、自主研发能力强，发电成本低的企业。在发展逐渐成熟后适用于全国，也有助于在可再生

---

① 参见王佳. 德国政府调整可再生能源入网补贴政策 [J]. 节能，2016（07）：70.

能源抢装潮退去后对其行业进行洗牌，将自身经营、科研能力差，仅依靠政府补贴进行获利的企业淘汰出局。

第二，限定可再生能源的补贴期限。由于可再生能源的前期投入巨大，但后期的运行中并没有原材料的成本。因此可以以北京地区为试点，对可再生能源的补贴期限进行限定。在可再生能源电厂完成前期投入前，所发电量按国家对可再生能源的规定进行收购，在前期成本收回，完成贷款还本付息后，应当将该电厂发电的收购标准降低，减少政府的补贴。这样一方面保障了发电企业的合理效益，另一方面也提升了补贴资金的使用效率，一定程度上降低政府的此项压力，缩小补贴缺口。并在北京市试点成功的基础上应用于全国。[①]

基于上述两方面内容，由于北京市当前缺乏对可再生能源的专项立法，应当在其发电侧地方立法中规定：北京市政府应当在国家补贴的基础上适度提升可再生能源补贴，同时制定补贴退坡机制，以充分调动发展可再生能源的积极性。提升北京市可再生能源占比。对可再生能源技术发展突出的企业、机构或个人给予适当奖励。

（四）建立源头清洁制度

1. 建立源头清洁制度

北京市电力系统的清洁低碳化发展不是简单的污染企业转移，不能建立在供给地区电力生产的高能耗高排放之上。因此为真正实现北京电力系统的清洁化、无煤化发展，建立低碳宜居的国际性首都城市，应当从源头上对高能耗高污染的生产行为进行监督和管理，从根本上解决污染问题，并通过法律手段建立源头清洁制度。而电力系统的低碳发展涵盖电力生产、输配、销售、需求的各个环节，因而为促进其电力供给地区的清洁生产，真正使北京市电力系统实现清洁化、低碳化的发展，应当在北京市电力发电侧地方立法中建立源头清洁制度。并且制度应当包括标准、管理、协调合作、技术扶持等多个方面。

---

① 参见靳保芳. 完善可再生能源补贴机制 [N]. 经济参考报，2016 - 03 - 08 (002).

促进发电企业清洁化、低碳化生产的首要任务就是明确标准。因此北京市应当在国家标准、供给地方标准之上制定出明确的电力供给区域企业选择标准，并根据供给地区的电厂类型、电厂设备水平以及电力技术水平，适当提出强制性、建议性环保要求，通过提高所选电厂的清洁化程度，对当地落后产能进行淘汰，以带动并推进电力供给地区低碳电力的发展。

在明确北京市电力供给区域企业选择标准的基础上，北京市应当严格对企业标准信息的审核。并在实际调查监管中，为兼顾节能减排目标和监管的经济性，北京市应当与当地相关部门分工合作，将双方的监督检查有效结合起来。

此外，作为推进清洁低碳生产最为有效的手段，通过科学技术能够有效降低污染物排放，提高能源利用效率。因此在北京市污染转移的同时（包括污染企业转移、污染生产转移两个方面，当前针对电力发展主要是指污染生产的转移），要充分发挥北京市科学技术的研发优势，加强对转移地区、转移企业的科学技术支持。通过"近零排放"、超低排放技术的推广和运用，降低发电企业的污染排放。

综合上述的各个方面，针对北京市发电侧源头清洁制度的建立，建议在《北京市电力低碳生产管理办法》中规定：北京市调入外省电力中应当优先选取清洁能源。在火力发电的外省供应方面，以北京市排放标准为基准，高于国家排放标准选取生产相对清洁的企业调入北京。由北京市电力监管部门、节能减排部门联合当地监管部门一同负责对电力供应企业进行审核。并由北京市电力监管部门提供渠道，对电力供应企业进行清洁生产方面的技术支持。

2. 源头清洁制度中责任的明确

在明确源头清洁制度中标准、管理、协调合作和技术扶持这四个发展方面的立法内容，应当对该制度中参与主体的法律责任进行明确。根据上文中对源头清洁制度的分析，该制度的参与主体主要包括发电企业、北京市电力管理部门、节能减排部门及供给地区相应职能部门。

北京节能减排管理部门负责根据当地实际发展情况，安排科研机构、企业对该区域发电企业的节能减排工作提供技术上的支持，配合当地节能减排管理部门对落后产生设备进行淘汰。在保障发电企业盈利的基础上，北京市节能减排部门应当制定北京市电力供给区域企业选择标准，通过明确各项选取指标的标准，对当地发电企业节能发展进行引导。

北京市电力监管部门根据节能减排管理部门所制定的标准对北京市周边供应区域的电厂进行审核和监管。一方面拓宽北京市电力的供应量，另一方面对不符合标准的电厂责令其整改，对不整改或整改后仍不符合规定的发电企业降低其供应量，情节严重的，禁止其参与北京市电力供应活动并联合当地电力监管部门对其进行整治。并对电厂数据的真实性进行检查，保障数据透明。

供给地区电力监管部门应当配合北京市相应部门的工作，通过与相应职能部门的职能交接，对职权内发电企业进行监督、治理和处罚，从而形成对跨区域电力输送的共同管理。推进电力供给地区电力市场和北京市电力市场的健康有序发展。

发电企业应当准守行业标准，不断提高其机组的清洁生产和节能减排的能力，并积极主动地配合相关部门的监督和管理。对于发电企业生产排放情况不符合调入标准的，降低或取消北京市对其调入电力份额。

第七章
北京市输配侧低碳法律保障机制的建立

　　推进电力行业低碳发展的主要手段是提高电厂的节能减排能力，转变我国当前以火电为主导的电力生产模式，并通过法律和政策对其平稳转型加以维护。但基于北京市资源禀赋有限，近七成的电力需求依赖外部调入的情况，建立输配侧低碳发展的法律保障机制对于推进北京市电力行业的低碳发展也尤为重要。在我国电力系统的发展中，长期以来都由电网公司进行输配电、售电业务，其收入来源即为上网及销售电价差。而2015年我国颁布的《进一步深化电力体制改革》及其配套文件《关于推进输配电价改革的实施意见》将原有电网公司的工作划分为输配电和售电两个部分，并将售电侧放开，引入民间资本。电网企业发展更为标准化，公共事业化，并确立电网企业新的盈利模式，即通过收取过网费来保障电网运转。

　　本书中输配侧指的是电力生产、销售、使用以外的输配调度的全过程，即电网公司将发电企业并网，输电网配电网运送，将电力输配到电力需求侧。为保障北京市低碳电力的安全运行，本章对当前北京输配侧低碳发展所存在的问题和风险进行分析，并基于该问题和风险提出建立和完善符合北京市社会发展需求的输配侧低碳发展的法律保障机制的相应建议。

一、当前北京市输配侧低碳发展存在的问题

(一) 电网安全性相对不足

无论是在北京市向国际性首都城市的发展过程中,还是在京津冀能源协同发展的道路上,终端用能的清洁化始终都是极为重要的一个环节。在这个环节中推动社会生活、交通运输等领域的电能替代,更是实现北京市、京津冀发展目标的重要举措。但电能替代就意味着全社会范围内对电能需求的进一步提高,电能替代工程对其配套的电网、设施的要求也会随之提高。并且北京市作为京津冀地区,乃至全国的政治、经济、文化的中心,应当扮演推动者,引领者的角色,而这就使得北京会对其电力供应以及配套设施建设的要求更高。

然而正如国家电网董事长刘振亚指出的,越是人口聚集的区域,土地价格往往越贵。① 在这些地方建设电厂无疑是对权利的滥用,资源的滥用。实际上缺电的地方不一定要建设电厂,只要在资源充沛的地方建设电厂,再通过电网运输过去就能够解决电力资源短缺的问题。而这也是北京当前应对北京市巨大电力需求的主要策略,既能够通过关停市内部分电厂有效的解决能源结构问题和环境污染问题,又能够通过电网输送为北京市提供较为充足的电力供应。因此当前北京市电力自给能力十分有限,北京市电网也已经逐渐转型成为依托外送电力为主的受端电网,其外受电比例接近60%。此外,河北蔚县至北京门头沟的电网工程在加速架设中,将逐步建设成为北京市全方位的外受电通道,为北京市的电力供给保驾护航。②

但北京市以外埠电力供应为主的受端电网也对加强北京市内及省际输配的电网建设、电网稳定运行能力、电网服务水平以及电网供电质量提出了更高的要求。对往年数据进行分析,2015年,北京市电网最大负荷为1 856.6万千瓦。在持续高温高湿的气候条件下,空调的使用导致负荷的大幅攀升,此

---

① 参见政协委员刘振亚:电网面临安全问题 缺乏统一规划. http://news.youth.cn/jsxw/201703/t20170306_9230487.htm. 2017 – 05 – 25.

② 参见任冊. 未来三年本市用电70% 输自外地 [N]. 北京日报,2017 – 04 – 23 (001).

时电网的最大负荷可达 1 900 万千瓦。其中北京市外送通道的供电能力约为 1 200 万千瓦，北京本地最大发电能力为 800 万千瓦，供需基本平衡，但在局部时段北京市仍旧存在个别地区在用电高峰期出现供电缺口。① 而据《国家电网报》2016 年 9 月 12 日第 002 版报道，到 2016 年 8 月末，北京市电网主配网安全事件同比下降 33.6%，所属变电站内设备故障停运次数同比下降 40%，35 千伏及以上架空输电线路跳闸同比下降 47.06%，10 千伏配网故障同比下降 42.12%。且在北京夏季恶劣天气频发，降水持续 55 小时，水量超过 2012 年"7·21"特大暴雨的情况下，2016 年夏季北京市电网配网故障总数同比下降了 59.6%，配网异常台区总数降低了 85.9%。②

虽然北京市电网安全性取得了巨大提升，但与此同时，2016 年夏季北京市电网最大负荷升至 2 082.8 万千瓦，同比增长了 12.18%。③ 随着北京市电气化的深入，未来几年北京市电网负荷将会进一步提高，因此为保障北京市的电力供应安全，北京市电网安全性还有待进一步的提高。

（二）京津冀一体化下电网互联互通有待加强

2014 年 2 月 26 日，习近平总书记在听取京津冀协同发展工作汇报时指出实现京津冀协同发展是一项重大国家战略。京津冀协同发展至此步入正轨。2015 年 4 月，《京津冀协同发展规划纲要》的通过进一步明确了京津冀区域的整体定位和各省市在该区域中的定位，并确定了该区域协同发展在不同时期的目标。而经济的发展必然离不开基础设施建设。作为关乎国计民生的基础性行业，电力的建设更是京津冀经济发展起步阶段的重要方面。并且随着能源的转型，终端替代的深入，电力行业的清洁化发展将在区域的协同发展中扮演着举足轻重的作用。而京津冀地区电力协同发展所带动的相关设施、设备、产业结构、空间规划等都将面临新的机遇。

---

① 参见曾鸣，张晓春. 以电力需求响应推动供给侧变革——以北京市为例 [J]. 中国电力企业管理，2016，(01)：60-63.
② 参见黄立华，徐晓进，于起媛，郭继芳，侯佳为，张毅，孔令辉. 北京城区电网中的配电自动化系统 [J]. 农村电气化，2016，(07)：40-41.
③ 参见姜超. 北京电网迎峰度夏期间故障率大幅下降 [N]. 国家电网报，2016-09-12 (002).

与机遇相伴而来的便是对京津冀地区电力行业的挑战。由于北京市、天津市的人口众多,长期以来,京津冀的电力供应都呈现出较为紧张的局面。并且随着京津冀区域协同发展的进程逐渐深入,社会的飞速进步以及经济的快速发展将会导致京津冀地区对电力的需求的进一步增长。作为华北电网的重要受端,京津冀电网担负着保证首都供电安全的责任,是电力工作的重心所在。而随着非首都功能的产业转移,以及雄安新区的建设,长久以来京津冀地区以北京市为中心的主要电网建设将会出现进一步的转变。除首都全方位的电网建设,京津冀区域内省际电网建设将会进一步完善,其规划也将会进一步满足京津冀协同发展的电力需求。并且在我国《大气污染防治行动计划》的前提下,作为污染问题极为严重的华北地区,在保证电力供应安全的同时,还要着重发展清洁能源,以推动电力低碳化发展。①

虽然对于京津冀地区电网的建设有极为重要的战略意义,并且已经着手制定相关政策,但是京津冀协同发展,特别是能源电力的协同发展,尚处于起步阶段,并未建立起完善的互联互通平台。

(三) 可再生能源发电稳定性差

在传统依赖煤、石油和天然气等化石能源的发电系统中,其输出功率可以由输入的化石燃料量的多少进行人为控制,当用户需求量发生变化,可以根据需求量的调整对发电企业下达负荷调度指令,这些发电企业进而根据负荷需求进行适当的调整,如增减给煤量、供气量。相比之下,可再生能源则是通过直接将太阳能、风能等自然能源转化为电能的方式对可再生能源进行利用。由于光照强度和风速大小,不能通过人为进行控制,其输入能量完全由自然环境所决定,因此并网后可再生能源发电机组无法按照用户的电力需求对功率进行调整。并且当天气状况不利于可再生能源发电时,可再生能源发电机组的输出功率也会降低,进而无法满足该地区用户的需求,需要由火电机组进行能源供给,因此,在发电份额中,火电机组始终占有较大比重。

另外,可再生能源的输出功率与自然天气情况之间有极为密切的关系,

---

① 参见京津冀电力发展将面临新机遇和挑战. http://www.ocn.com.cn/chanjing/201506/meinv18110340.shtml. 2017 – 05 – 17.

导致了可再生能源存在发电机组输出功率跟随自然环境呈现明显的波动性。这种波动性的输出功率导致电网在消纳可再生能源时，必须按照可再生能源机组的最大输出功率来配置，这必然会导致电网线路的设备费用高这一问题。如果接入电网未达到其最大输出功率则会对电网的安全造成冲击，损害电网线路。相比之下，火电机组根据电网负荷需求，可以对输入燃料的量进行人为控制，因此其输出功率要比可再生能源，特别是风电，稳定得多。在电网下达变负荷指令后，又可以根据电力需求迅速调整到相应的功率输出水平，能够通过调节控制保障电网安全。

因此相比于传统火电的输出功率稳定，调整迅速，电网成本低、安全性强的优势，可再生能源发电成本高、电网投入成本高、电网安全性低的现状直接导致了弃风弃光问题的发生。这不仅仅出现在某个省市，对于我国整个电力系统，都是亟待解决的问题。

（四）储能技术尚不成熟

随着终端电能替代的不断深入和电力设施的不断完善，电力需求与电力供给的灵活性不断提高将在一定程度上缓解可再生能源并网困难的问题，但并不是可以完全地解决可再生能源的问题。为此，储能技术作为推动能源转型的关键性技术，有利于对可再生能源发电进行储存，解决当前可再生能源波动性强，调峰能力差的问题，是提高能源转型期间电力系统特别是可再生能源灵活性、经济性、安全性的重要手段：第一，由于可再生能源波动性强，且波动性与电力需求的波动性并不一致，储能技术的发展将有利于将电力生产高峰时多余的电储存起来，供电力需求高峰时使用，优化了系统的能量管理，从而提高当前大力发展可再生能源背景下电力供应的灵活性，进而提高了系统的效率和设备利用率；第二，储能技术被视为调峰发电机组的替代方案，为解决高峰时段供电问题而安装的电池将有助于调整可再生能源电价，提升其经济效益，在一定程度上解决可再生能源成本过高的问题；第三，在日后的发展中，储能技术的逐步提高将增加北京市的电力储存量，从而增加北京市的电力备用容量，提高北京市电网的应急调峰能力和安全稳定性，提升电能质量，进一步保障北京市的电力供应安全。

因而近些年我国大力支持储能技术的发展,并在张北等地建设储能示范工程,将储能技术应用到实际中。但是根据数据显示,截至2016年年底,全球电力储能装机总规模约168.4GW,占全球电力总装机的2.7%。[①] 在我国的大规模储能技术中只有抽水蓄能技术相对成熟。由于受到不同地理条件的限制,大部分储能方式还处于试验示范阶段,其技术的安全性、稳定性、经济性,以及储电规模、储电效率、储电寿命等方面都需要进一步发展成熟,距离大规模推广使用还存在一定的距离。当前我国主要储能技术成熟度如图7-1所示。[②]

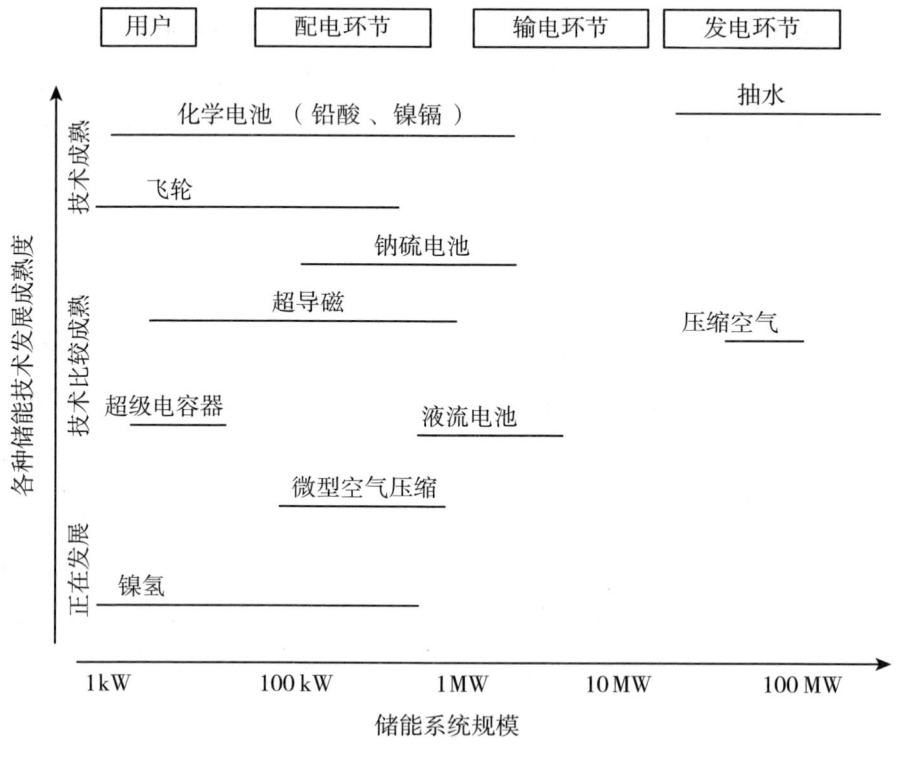

图7-1 主要储能技术成熟度

[①] 参见何英. 政策加力 储能商业化进入提速发展期[N]. 中国高新技术产业导报,2017-04-17(014).

[②] 参见施祖铭. 储能技术的现状与发展[J]. 电世界,2012,(06):7-10.

二、建立北京市输配侧低碳法律保障机制的建议

（一）制定北京市电力输配办法

针对上述北京市当前输配电侧发展中存在的问题，以及前文所分析的北京市电力输配侧低碳法律政策方面所存在的问题，建议由北京市发展与改革委员会、北京市能源局、北京市电力监管部门制定《北京市电力输配办法》。由北京市电力监管部门对办法的实施情况进行监管，接收发改委、能源局的指导。建议由北京市发改委、北京市能源局制定《北京市储能行业发展办法》。由北京市政府在其能源监管部门中设立储能行业管理部门，对储能发展进行监管。为解决当前电力输配过程中及其法律政策发展中存在的问题，建议在地方法律的制定中建立相应的解决机制。具体的机制建议如下。

1. 维护电网安全运营机制

在原有电网运行规范方面，2006年10月26日国家电力监管委员会主席办公会议通过《电网运行规则（试行）》，对电网运行进行、电网并网互联，以及电网规划、设计建设进行规定，该规则要求在电网运行中坚持"安全第一，预防为主"的方针，同时指出电网的安全稳定运行应当由电网企业、电力调度机构及电力用户共同维护。在电网运行方面要求进行统一调度、分级管理。对于电网运行进行的组织、指挥、指导和协调要求相关机构秉持"公开、公平、公正"的态度和行为标准。并指出由国家电力监管委员会及其派出机构依法对电网运行实施监管。2015年5月15日我国再次发布电网运行准则，指导电网安全稳定运行和电力交易。并作为2007电网运行准则的升级，还具有里程碑意义，标志着我国电网运行管理逐步向制度化、法制化方向发展。

目前，针对我国电力行业发展应当要贯彻落实的发展理念，国家电网董事长刘振亚先生指出，首先要以电力供给侧的结构性改革为发展主线，以电力集团的绿色发展为方向，在加强电力统一规划，加快电力结构调整，优化电力发展规律的基础上，充分发挥大基地、大电网、大市场优势位置，全面提升我国电力发展的安全治理效应和效率，为经济社会发展提供电力保障。

其中指出要充分发挥优势地位的大电网,即是指,在我国的特高压电网发展成熟后,电网建设全面实现了电力的跨区域、大规模调动。① 转变了传统电厂与城市建设相配套的理念,当前只要在城市以外建设电厂再将电力输送到市内一样可以解决城市的电力供应问题。因此为调整能源结构,解决环境特别是大气污染的问题,北京市经过"十二五"期间的一系列规划已经关停市内全部燃煤电厂,大幅依靠外埠电力供应,实现市内发电的无煤化。因此电网作为电力的输送载体,电力市场的发展载体,将在北京的电力行业中发挥其独具特色的作用。为保障在北京市内,电网作为电力载体能够充分发挥其电力输送及维护北京市电力低碳化发展的作用,应当在北京市立法中,对我国原有电网运行规则进行完善制定符合北京市需求的电网运行规则,并进一步针对北京市电网发展特点进行科学的引导,维护其健康发展、安全运营。

在电网运行安全方面,由于北京市电力供应对电网,特别是特高压电网的依赖程度逐步提高,建议在制定《北京市电力输配办法》时继续沿用《电网运营规则》中的方针,规定"电网运行要坚持安全第一、预防为主的方针,根据适度超前、分层分区、相对独立的多通道分散落点送电的原则,维护北京市电网安全"。在运行标准的制定方面,应当在地方立法中要求基于我国电网运行标准,适度提高北京市对电网运行标准要求,由电力监管部门定期对安全标准的时效性进行审查,同时对电网企业运营情况进行审查。在电网具体运营方面,地方立法应当规定"电力市场运行相对独立性,通过发挥市场的决定性作用,推动北京市电网建设"。在电网技术发展方面,"鼓励先进的电网技术的研发和应用",以推动电力科学发展,提高电力质量与效率。在推动电力低碳发展方面,"逐步提高北京市电网接纳可再生能源的能力,建立北京市可再生能源上网补贴政策,并制定配套的补贴退坡机制",从而对于可再生能源对电网造成的损失给予相应的财政补贴。

2. 建立区域电网互联互通制度

在电力低碳化发展、电能替代的推广过程中,电网企业是发展的必经环

---

① 参见政协委员刘振亚:电网面临安全问题 缺乏统一规划. http://news.youth.cn/jsxw/201703/t20170306_9230487.htm. 2017 - 05 - 25.

节之一。要行之有效地开展电网工作，政府、企业和用户之间的相互支持、协同发展必不可少。在京津冀协同发展的大框架下，为促进能源发展的一体化，2015 年我国出台《关于调整华北电网电价文件》，对京津冀地区电改后放开的上网电价、销售电价进行调整；2016 年《京津唐电网电力用户与发电企业直接交易暂行规则》政策发布，对京津唐电网电力用户与发电企业直接交易工作进行规范；2016 年 7 月 18 日发布的《国家能源局综合司关于做好京津冀电力市场建设有关工作的通知》。要求尽快建立完善京津冀电力市场建设方案，以全面服务于京津冀协同发展战略，保障首都供电安全，促进电力清洁化、低碳化发展。

2016 年 12 月 12 日北京市电力交易中心根据深化电力改革的若干意见及其配套文件，制定、颁布了《售电公司市场注册规范指引》。对北京市交易中心以及各省电力交易中心的注册服务与管理进行了规范和指引。根据该指引中"一地注册、信息共享"的原则，国家电网公司经营区域内电力交易平台已实现互联互通，售电公司可以根据自身经营需要选择在北京电力交易中心或有关省交易中心进行注册，无须在多家交易中心重复注册，实现了售电公司市场注册的"一站式服务"。这一规定也进一步促进了京津冀地区电力市场建设的互联互通。上述颁布的一系列政策从售电市场建设、电网建设等角度出发，共同完善京津冀电力交易建设。

而为切实推动京津冀地区电网的规划与建设，加强京津冀地区电网的互联互通，应当对京津冀各方主体地位做出准确的定位。北京、天津、河北北部地区电网主干网架是紧密相连的，纵观京津冀地区的电网图，河北地区电力网络又将北京和天津地区全部包裹在内。因此其一体化既有其发展的必然性也有发展的必要性，三地的电网建设、电力供需平衡也是需要进行统一规划的。北京市作为京津冀电力的需求中心，长期以来超过六成电力都依靠外埠供应。而来自内蒙古、山西、东北的电力通过"西电东送""北电南送"大通道进入京津唐地区，并最终汇入 500 千伏北京环网。沿途 20 余座变电站，1 万余公里线路，全部由河北省的国网冀北电力进行运营维护。并且相较于北京、天津、河北地区能源充沛，无论是在电力生产，还是电力供应，河北省在京津冀地区电网互联互通中都扮演着电力供应大后方的角色。特别是在出现大负荷高峰及重要保电任务期间,京津冀电网一体化最直接的体现是在大负荷高峰和重要保电任务来临,冀北电网要承担三分之二的电力输送,天津承担三分之一。因此要保障北京市电力的低碳健康发展,电网方面首要的任务是保障并提高作为北京电力的大后方的冀北电网的运营安全性。换句话说,京津冀电网的互联互通是北京电力行业发展的有效保障。因此应当在立法中明确指出京津冀电网建设以保障首都电力供应安全为基本原则,加强电力的互联互通。

另外,京津冀电网互联互通,不应当仅仅以服务首都供电安全为唯一目标。同京津冀协同发展一样,要带动区域的共同发展。这一发展在京津冀地区电网运营中的体现就是加强河北地区可再生能源的消纳。

长期以来,京津冀地区大气污染问题严重,需要通过减少碳排放进行治理,并配合我国能源结构、用电结构调整,京津冀地区需要通过发展可再生能源调节其用电结构。相比资源禀赋有限的北京、天津,河北承担这一任务,责无旁贷。当前冀北地区风电装机容量达到河北全省的比例已经超过90%,该地区的风电又集中在经济欠发达的张家口和承德地区,在这两个地区风电快速发展的同时,消纳和送出矛盾日趋严重,现有通道远不能满足风电的送出需要。以张北地区为例,一直以来,张北的风电输送都是搭乘山西、内蒙古火电输送线路的"顺风车"输送至北京。但是每到用电高峰期,常会出现线路消纳有限的问题,从而影响到风电的输送。目前国网已经投资建设"三站四线"风电送出工程,将张家口坝上地区的风电直接送到坝下,继而送往北京,以缓解河北地区可再生能源输送困难的问题。① 由于北京地区电力需求量极大,其负荷也在逐年增长,对区外来电的需求会越来越旺盛。为保障北京市用电安全,尤其是在出现大负荷高峰及重要保电任务期间的供应安全的同时,提高河北地区可再生能源的消纳,应当在立法中要求北京市在保障电力安全的基础上,优先使用清洁电力,同时加强周边可再生能源并网,保障电力上网,提高可再生能源利用效率。

---

① 参见京津冀协同发展之电力建设. http://www.indaa.com.cn/pl2011/rdht2015/jjjxtfzdwjs/. 2017-05-21.

综上所述，在制定北京市输配侧电力的地方立法过程中，一方面为保障北京市电力供应安全，另一方面为带动京津冀地区电力的清洁化发展，应当建立区域电网互联互通制度，同时规定：促进京津冀电网互联互通，保障北京市电力供应安全。在保障电力供应安全的基础上，推动京津冀地区可再生能源的全面并网，提高京津冀地区可再生能源利用率，对于本地区电力需求优先使用清洁能源发电。针对京津冀地区可再生能源上网情况由各地电力监管部门协作，共同进行监管。对于电网企业拒绝可再生能源入网的，进行罚款。

（二）制定北京市储能行业发展办法

"十三五"规划中我国明确指出要发展能源储存技术，并为进一步规范和引导储能技术的发展，国家能源局于2017年3月27日印发了《关于促进储能技术与产业发展的指导意见（征求意见稿）》。在该指导意见中首次明确储能技术在我国能源产业中的战略定位，并指出未来十年中储能技术在我国能源领域的发展目标。在北京市方面，其"十三五"新能源和可再生能源发展规划中也明确指出要加速发展储能技术。但是针对储能技术发展进行指引和监管方面的法律法规尚未制定。随着储能技术的不断提高，其在能源产业中的重要性日益凸显，急需对储能技术进行立法。为了提升可再生能源的使用效率，推动北京市电力进一步的清洁低碳化发展有积极的促进作用，建议由北京市发改委、北京市能源局制定《北京市储能行业发展办法》。由北京市政府在其能源监管部门中设立储能行业管理部门，对储能发展进行监管。在储能立法过程中应当着重规范引导储能技术发展，完善补贴扶持制度，立法健全储能监管体系，建立储能市场机制，以推动储能技术市场化发展。通过立法推动储能产业建立稳定、持续发展的长效机制。为解决当前储能行业发展及法律政策中存在的问题，具体建议如下：

1. 建立储能科技发展机制

为推动北京市储能科技的进步，推动储能行业的稳固发展，应当从加强储能人才培养、加强储能技术研发、推进储能项目示范化和产业化发展和制订技术规范四个方面进行规定：

第一,在加强北京市储能人才培养方面,北京市应当在其地方立法中规定:"北京市鼓励市内高校、科研机构、企业科研部门联合培养储能行业的创新型人才,积极增强校企互动,提升北京市自主研发、自主设计能力。并进一步鼓励与其他省市、国家科研机构的联合研究、联合培养。对获得显著成就的单位个人依照《中华人民共和国电力法》第九条进行奖励。"① 同时还应当完善处罚措施,"通过科研造假、学术不端等行为骗取奖励的撤销相关职务,处以相应的经济处罚"。

第二,在加强储能技术研发方面,为推动我国储能行业尽早掌握储能系统的核心技术,我国已经正式将储能列入国家电力示范项目申报中。作为国家科学发展的核心城市,建议北京市在储能立法中规定:"将储能技术发展纳入其科技发展与高技术产业发展的优先领域。"此外研发储能系统所涉及的新设备,也是对我国高端制造行业的一次大的挑战,应当规定"通过税收减免,鼓励储能制造行业的发展"。

第三,立法推进储能项目示范化和产业化发展。作为我国首个大型储能示范项目,河北省张北县国家风光储输示范项目 2011 年末就已经投入生产。2016 年辽宁着手建设世界最大的化学储能示范项目。2017 年 5 月 5 日,青海省攻克了太阳能热发电中高温蓄热技术及装备研制,打造出我国首座具备熔盐储热的太阳能热发电站。而大规模储能技术方面,目前北京市已经商业化发展储能项目仅为抽水蓄能技术,但这显然不符合储能产业的发展多样性的需求。因此建议在储能立法中规定:"北京市储能管理部门应当推动北京市储能行业的技术交流、技术引进,提升北京的储能项目示范化发展与产业化进程。"②

第四,在技术规范制定方面。应当建议国家标准化行政主管部门制定强制性的储能系统的技术规范和带有储能系统的可再生能源发电并网技术规范,建立并网认证和检测制度,以便给有关企业和科研单位一个公平竞争的平台。

---

① 《中华人民共和国电力法》第 9 条规定,国家鼓励在电力建设、生产、供应和使用过程中,采用先进的科学技术和管理方法,对在研究、开发、采用先进的科学技术和管理方法等方面作出显著成绩的单位和个人给予奖励。

② 参见康晓华,腾刚. 储能技术应用与政策研究 [J]. 能源与节能, 2016 (11): 11 - 12、14.

在此基础上北京市储能法律在制定中应当规定："北京市电网公司对储能及相关行业满足并网规范的电能全额接收。"

2. 建立储能市场机制

在储能市场建设方面，要建议政府通过该办法规定定期对产业发展进行规划，并规定产业利益的分配机制。

在政府定期规划储能产业发展这一方面，在储能行业发展办法的制定中应当指出："北京市发展与改革委员会应当配合国家能源主管部门制订符合自身发展需求的储能行业的中长期发展规划，对储能市场建设情况、储能行业的发展规模和建设区域进行规划，确保国家储能行业的发展目标顺利实现。"并为推动可再生能源行业发展保障电网的安全可靠稳定运行，可将储能中长期规划与京津冀和北京市的新能源、电网规划相配合，整合可再生能源和电网调峰、调频等总结其发展。过程中存在的问题，通过储能技术发展提出相应的解决方案。此外还应当规定："北京市相关部门应当积极联合天津市、河北省，共同制定京津冀地区储能产业的发展规划，促进京津冀储能产业的协同发展。"

在储能产业利益分配方面，由于储能系统可以应用于电力行业的任意环节中，对电力资源、发电、输配电、用户用电进行储存，投资主体必然更为多元化。国家在积极鼓励并大力吸引发电企业、电网企业以及独立的储能企业投资储能产业。但储能产业与电力行业相结合的同时，其产业利益分配则较为复杂，特别是在当前可再生能源生产成本与储能成本都相对较高的情况下，极易造成企业亏损，因此应当尽快建立利益分配机制，保障电力企业、储能企业与电力需求主体这三方主体的利益。此外分配机制的明确将会有利于增加产业融资手段，提高产业投资积极性。[1]

3. 健全储能补贴扶持制度

近年来我国储能产业发展迅猛，对比欧美等国家和地区储能产业的发展，不难发现在储能产业的补贴方面，我国与其存在较大差异。由于当前我国缺

---

[1] 参见严晓辉, 陈海生, 张雪辉, 谭春青. 国际储能产业政策及我国储能产业发展分析[J]. 中国能源, 2011 (11): 28-33.

乏对储能产业的补贴制度及相应的配套支持,导致我国储能产业在其发展中不得不面对成本高、经济性差的问题。并且由于储能产业与可再生能源的结合较为紧密,双方的建设成本、发电储电成本均较高,进一步加剧了双方产业成本高经济性差的问题。

在2017年年初制定的促进储能技术产业发展指导意见中也多次提及了储能产业补贴问题。指导意见中提出将先进的储能产业纳入电力能源发展的专项基金支持范围,针对不同应用场景制定出台具有针对性的补偿政策,并建立分期补偿及退坡机制,同时建立储能等灵活性资源市场化交易机制和价格形成机制。虽然指导意见中并未制定出具体的补偿措施,但意见中多处提及对储能技术进行补偿,足以反映出当前储能技术在电力行业推广过程中所面临的核心问题,即储能技术的价值与收益的不对等。但在当前我国电力体制下,短期内很难转变这种价值与收益的不对等。为促进储能产业的发展,立法对储能产业进行补偿,相比之下是相对高效的储能市场培育方式。

因此在建立北京市储能行业发展办法的过程中,应当对政策补贴制度进行明确,通过法律的形式对储能的价值进行认可。并且要对补贴内容进一步细化,政府还应当进一步制定出配套的细则,以便于政府和企业执行与实施。① 当然完善储能产业的补贴扶持不仅仅包括国家和地方的财政补贴,还应当包括储能企业的税收优惠、贷款优惠、电价优惠等多种方式对储能产业给予经济上的支持。

第一,财政补贴。对储能行业的财政补贴主要分为国家补贴和地方补贴两个方面。在国家补贴方面应当建议国家通过利用中央财政对储能产业的年度专项资金及储能产业的附加收入,设立储能行业发展的专项资金。按照电能价格补贴和企业亏损补贴等形式,对应用于可再生能源、分布式能源以及电网调峰调频中的储能系统进行补贴。北京市方面应当根据北京市的财政收入,配合中央财政补贴标准,对符合行业标准的储能企业,依据季度储电量和企业年度亏损成本两方面,对其予以财政补贴,以减缓其

---

① 参见何英. 政策加力 储能商业化进入提速发展期 [N]. 中国高新技术产业导报,2017-04-17 (014).

企业发展压力。

第二，税收优惠。税收优惠方面主要是指对储能行业的税收进行减免。在企业生产所得税的方面，我国规定对已经取得第一笔生产经营收入的国家重点扶持的公共基础设施项目实施税收优惠①，储能行业作为公共技术设施项目应当享有这一优惠，对此应当对实施条例进行修改。另外，应当将储能设备列为《当前国家鼓励发展环保产业设备（产品）目录》中的相关国产设备。并按照《技术改造国产设备投资抵免企业所得税暂行办法》的规定，给予企业所得税方面的抵免优惠。② 在企业的增值税方面，为提升储能行业的盈利空间、促进储能技术的发展，应当立法免征或降低储能系统生产的电能的增值税税率。北京市地方政府在此基础上，可结合自身财政情况，在城市维护建设税、城镇土地使用税、耕地占用税、土地增值税等其余方面给予税收优惠、减轻储能产业财务负担。此外，在补贴基础上逐步建立税收补贴退坡机制，在保障行业发展的基础上维护北京市及我国的财税收入。

第三，实行峰谷电价。当前我国电网的昼夜负荷峰谷差异仍旧较大。为配合峰谷，在电力生产方面占有绝对地位的火力发电，其汽轮机的反复启停增加了电力行业的运行成本。因此，为缩减昼夜电力负荷，提高电力设备的运行效率，降低我国供电成本，急需实行峰谷电价。以近期在智利举办的无补贴电力拍卖会为例，在可再生能源的赢标中有低至65美金/兆瓦时的太阳能白天电价，也有97美金/兆瓦时通过热储能、电储能供电的夜间太阳能电价。在国内方面，浙江溪口抽水蓄能电站由于施行峰谷电价的模式运营，已经能够产生盈余。此外储能技术的发展明显提高电网运行可靠性和稳定性以及可再生能源发电并网质量，使波动的可再生能源具可调度性，而可调度的

---

① 《中华人民共和国企业所得税法实施条例》第87条规定，企业所得税法第二十七条第（二）项所称国家重点扶持的公共基础设施项目，是指《公共基础设施项目企业所得税优惠目录》规定的港口码头、机场、铁路、公路、城市公共交通、电力、水利等项目。企业从事前款规定的国家重点扶持的公共基础设施项目的投资经营的所得，自项目取得第一笔生产经营收入所属纳税年度起，第一年至第三年免征企业所得税，第四年至第六年减半征收企业所得税。企业承包经营、承包建设和内部自建自用本条规定的项目，不得享受本条规定的企业所得税优惠。

② 《技术改造国产设备投资抵免企业所得税暂行办法》第2条规定，凡在我国境内投资于符合国家产业政策的技术改造项目的企业，其项目所需国产设备投资的40%可从企业技术改造项目设备购置当年比前一年新增的企业所得税中抵免。

再生能源解决了波动性对电网调度的挑战。因此建议北京市对市内的储能系统储存的电能制订峰谷电价政策,并结合电价分配机制,均衡储能所产生的巨大经济效益、社会效益和环境效益。

第四,贷款优惠。对于符合信贷条件的储能项目,北京市应当立法鼓励金融机构提供具有财政补贴的优惠贷款,以此缓解储能项目还贷压力。为进一步促进储能企业建设,可适当放宽储能行业的信贷条件。此外,为降低金融机构贷款风险,保障北京市金融行业的平稳发展,可以在北京市政府内部设立科技领域的专项贷款部门,通过设立政府的科研专项基金鼓励其发展。

对储能行业进行财政补贴,将有助于降低储能产业投资成本,缩短储能行业的投资回收年限。因此综合上述补贴方式,针对补贴制度的建立应当规定:"北京市通过财政补贴、税收优惠、贷款优惠等形式对储能行业发展进行补贴,并建立相应补贴退坡机制。"但为规范储能企业发展,提高补贴的利用效率,在北京市储能立法中还应当规定:"由储能监管部门对储能行业储能情况进行监管,对不满足并网规范的储能相关企业,责令其整改。对于拒不整改或整改后仍旧不能够达到规范标准的企业给予相应的行政处罚,取消政策补贴及相关优惠政策。"

4. 健全储能监管体系

建议在北京市储能立法中健全其监管体系。办法的制定要分三步走。第一步,北京市要明确对储能进行监督管理的部门。在明确监管部门的基础上,第二步,要制定评估审查标准。第三步,确定了监管部门及其的评估审查标准,应当对其权利责任做出明确规定和限制。

在明确监督、管理与审查部门的这一方面,北京市应当立法规定在能源管理的相关机构中独立出一个部门,对北京市地域范围内所有的储能产业进行统筹管理。进而通过对储能项目企业配套规划的执行情况和储能项目运行情况进行把控,项目资金使用情况进行严格的监督、管理。进一步确保北京市能够按照我国储能产业的发展规划,逐步完成各阶段发展内容,并最终实现其发展目标。

在制订评估审查机构的评估审查标准方面,要求立法对评估审查标准的内容进行明确的规定,如储能行业对能源的节约程度、温室气体的减排程度、电网建设的延缓程度等。以便合理且有效地评估出我国储能行业对社会、经济和环境发展所带来的效益。保证储能系统的价值能够被评估审查标准切实地反映出来。

在对其权责进行规定和限制中，建议在办法中保障监管部门合理行使监督审核权力，以方便对其监督、管理、审核权利进行规定，另外对于滥用职权、徇私枉法、扰乱行业发展的行为进行行政处罚，情节较为严重的行为，追究相应的刑事责任。

第八章

北京市售电侧低碳法律保障机制的建立

随着我国电力体制改革的深入,电力系统对节能减排的需求越来越突出。同配电侧相同,售电侧是我国为深入推进电力改革,发展低碳经济所独立出来的部门。作为国际上电力体制改革的共同经验,"立法先行,依法改革"要求通过立法指导电力改革的进程。然而针对当前的电力改革现状,相关政策法规并未很好地体现节能减排和可持续发展的要求。① 因此,本章针对北京市的电力系统特点,对北京市在售电侧改革中存在的问题进行梳理,并提出相关法律方面的改进建议。

一、当前北京市售电侧低碳发展存在的问题

(一)北京市电力交易中心独立性差

2016年3月1日,北京电力交易中心与广州电力中心两个国家级区域电力交易中心分别挂牌成立,提供中长期的大宗电力期货以及跨省间的电力消纳的服务。在此之后,各省级售电交易中心也纷纷成立,提供省内中长期小宗的电力期货和现货交易服务,实现省内资源配置。

---

① 参见曾鸣. 新电改环境下用户直接交易若干问题分析 [J]. 中国电力企业管理,2015 (19):48-50.

作为深化我国电力体制改革，推动电力市场化建设的关键性一步，电力交易中心的成立贯彻落实了我国深化电改的决策部署、加快我国具有竞争性的市场结构和市场体系的构建。并随着电力市场建设的不断完善，将为发电企业、售电企业、电力用户等电力市场主体提供更为公开透明、高效便捷的交易平台，并进一步激励并保障市场主体参与竞争性市场活动的积极性，有效增强用户自主购电的选择性和可比性，增强电力市场活力。此外电力市场的建设将会进一步促进发电企业降低其发电成本，提高其企业效益。通过组织引导清洁能源与电网、售电企业等市场主体开展中长期、跨区跨省电力交易，在更大范围内发挥市场的配置作用，在为清洁能源发展获得稳定收入提供保障的同时，利用不同地区之间的电源、负荷结构差异提高清洁能源的消纳能力。[1]

但是，尽管广州与北京的两大国家级区域电力交易中心在指导思想、主要职能、业务覆盖面、公益属性等方面均有诸多的共同特点，两大交易中心在其组织形式上仍旧存在较大的差异，而这一差异也正是此次电改中一个十分值得关注的问题，即电力交易中心的独立性问题。

深化电力体制改革的若干意见中指出我国深化电力体制改革的"近期的重点任务"是"建立相对独立的电力交易机构"从而形成公平规范的电力交易平台。但指导意见中并没有对交易中心的组建模式做出具体的规定，何为"相对独立"也没有详细地说明。

以北京和广州两大区域交易中心为例，虽然两者均是依托相应地区电网企业成立的，但其组建模式的差异性却相对较大。广州电力交易中心组建模式与股份制公司的组建模式相同，其中南方电网持股最高，占比达到66.7%，其他股份为相关企业及第三方机构持有。而北京电力交易中心则是以国家电网公司的全资子公司的形式进行组建。虽然电力交易中心的建立并不是以营利为目的，但两大电力交易中心所采取的组建方式均相对保守。相比之下，广州电力交易中心所采取的组织形式更具独立性，也能够在一定程

---

[1] 参见售电公司逐渐增加 将成为电力交易中心服务重要主体之一. http://shoudian.bjx.com.cn/html/20160308/714072.shtml. 2017-04-29.

度上反映出南方电力市场建设相对更为成熟,改革力度更为深入,其改革的共识也相对更广泛。

(二) 售电市场交易主体准入标准缺失

当前售电市场交易主体的准入标准缺失主要分为两个方面,一方面是发电准入引导的缺失,另一方面是用户准入标准的缺失。深化电力体制改革旨在鼓励可再生能源并网消纳,加强可再生能源消费占比,通过合理配置优化能源资源,建设节能、低碳的电力市场,实现能源的绿色发展。然而当前在售电市场发电主体的准入方面,低碳准入机制依旧相对缺失。

以2016年北京电力交易中心电力消纳为例。仅2016年一年,北京电力交易中心实现省间清洁能源消纳3 176亿度,相当于北京、上海、天津、重庆四个直辖市当年全社会用电量的总和,相应减少标准煤燃烧1.2亿吨,减排二氧化碳2.9亿吨。[①] 尽管跨省间的交易在一定程度上缓解了"三北"地区的新能源消纳问题,可是仍还有很大的空间去改进。长期以来,我国的电力消纳都以省内消纳为主。仅在省内发电量需求过高无法自给的情况下,才转为接纳外省电量。而我国的可再生能源分布与电力需求又不尽相同。一方面各地政府为保障省内电力企业发展,会着力保障其火电的正常运行;另一方面在社会发展的"新常态",东部经济发达地区的电力需求增速也已经逐步放缓,其外埠购电的意愿不强。导致我国西南及"三北"等可再生资源发达的地区很难将多余的清洁能源送到中东部负荷中心。双方之间的矛盾进一步加剧了我国弃水、弃风、弃光的现象。

此外,在当前电力供应远超过电力需求的形势下,为促进本省的电力消纳,各地政府往往会对省级电力交易中,省外购电的电量、电价、电力进行限制,对市场主体省外购电选择权进行干预。由此所形成的省级壁垒也会在一定程度上限制电力交易过程中的清洁能源消纳,严重制约了能源资源在更大范围内的优化配置,使大市场、大电网的效益难以充分发挥。导致市场化的自由交易十分困难,急需出台和完善相关规范机制。

---

① 参见3716亿度清洁电!看北京电力交易中心如何推进省间电力交易. http://shoudian.bjx.com.cn/news/20170301/811074.shtml. 2017 – 04 – 26.

另外,为充分带动电力市场竞争,发挥市场的资源配置作用,当前电力交易市场正积极引入多方交易主体,并通过直接交易逐步降低需求侧用电成本,为电力需求侧带来改革红利。然而,作为直接交易的基础和前提,我国当前市场准入的标准还不够明确。在此情况下过度引入交易主体,在用户准入条件方面不加以严格的限制把控,导致高耗能、高污染产业的大量进入,反而有悖于调整电力产业结构的初衷,不利于进一步深化电力体制改革,建设节能、低碳的电力市场。因此应当对电力交易用户的准入加以限制。

然而当前我国电力相关部门所出台的针对电力交易的要求仅为技术性要求,显然是不符合当前我国清洁、低碳、循环发展的总体要求,特别是在北京已经实现电力生产全面清洁化的情况下,缺乏低碳环保要求显得尤为滞后。并且在电改后高耗能高污染的用电大户作为用户主体,参与电力直接交易后,反而享受比之前更为优惠的电力价格。从而进一步增加企业产能,加大了对资源的消耗,更是与当前能源经济发展方向、环保低碳工作背道而驰。但由于这些高耗能企业在交易量中的占比往往较高,地方政府为推进电力市场化建设,带动当地经济发展,往往不加以限制,反而为高耗能高污染企业提供便利,为其获取优惠电价提供了途径。进一步影响了我国节能减排工作的开展,不利于我国电力产业结构的优化。

(三)售电市场电价发展不完善

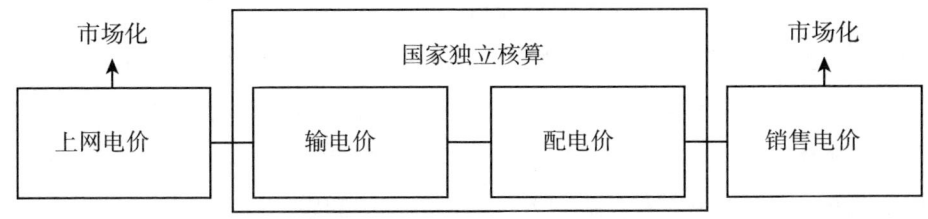

图 8-1 售电市场建设下电价组成

售电市场成立以来,电价呈现出下降趋势。为抢占市场份额,低电价也成为竞争者不择手段争相追逐的目标。然而低电价的发展是不具有可持续性的,原材料价格的增长,能源投入的增大都将带动电价的上涨。如图 8-1 所示,此次电改的目标也是要通过"管住中间,放开两边"及电力市场化建设,促进我国的电力转型,能源转型,而非压低电价。从长期来看,电价的上涨是必然趋势，而当前的市场化建设正是摆脱政府定价，调节电价，提升电价灵活性、合理性的重要举措。

而"非理性"的低价格出现，部分源于过去中央政府定价的虚高，但也反映出电力市场竞争者理念及政策所存在的问题。一方面表明了部分竞价者在电力市场建设初期对其运行模式的认识不足，为进一步分割市场，抢占市场资源，企图依靠短期亏损的竞争方式，反而造成局部的更严重的供需失衡的问题出现。另一方面反映出部分地区政策出现扭曲，不符合市场发展，一味追求电厂发电量等考核内容，反而造成了部分电厂在经济亏损且越发越亏的基础上，坚持发电，以拿到发电的份额。

而这种"非理性"的低价也导致了利益分配的不均。售电侧改革之前，需求侧的终端电价由上网电价和电网购销差价两部分组成。而电改后，用户的终端电价通过用户和售电公司之间的售电协议决定，由发电上网电价、电网输配电价和售电公司利润三部分共同构成。以2016年广东省的电力交易为例，2016年3月至5月，广东省进行了三次有售电公司参与的竞价交易，由于发电侧竞争激烈，最终电厂购电价格比上网电价分别降低0.125元/kW·h、0.148元/kW·h、0.133元/kW·h，其成交价差平均降低0.135元/kW·h。而在需求侧这一方面，售电公司为吸引更多客户通过售电公司进行电力交易，将其售电价格小幅下调，但调价范围仅为0.01~0.015元/kW·h。因此从售电公司购销的差价入手进行分析，可以发现发电侧电力企业大幅压价、用户侧售电公司小幅降价，导致售电公司可以获取高额的收益。这不仅仅是广州电力交易独有的问题，而是我国在电改过程中都不得不注意的问题。

在电力市场建设过程中，除销售电价的非理性发展、利益不均的问题外，售电侧改革后，电价还存在输配电价不成体系的问题。

输电网是由大部分用户共同使用的，难以区分用户在输电网中的使用情况，所有的用户都需要均摊这一部分费用。而"管住中间"要由国家独立核算输配电价，又直接关乎着我国电力体制改革整体的成本与收益。因此需要找到相对公平的方式来制定输配电价，用客观、明确的标准去分析电价制定的合理性。但当前我国的输配电价的核算与分配存在一定的问题。即由电网公司成立的售电公司具有先天性的便利条件，独立性较差，但在输配侧的定价机制没有形成前直购电的模式中,一方面电价分配无法保障,另一方面极易对发电直供的企业形成商业壁垒。

在电价分配方面,由于输配电价的成本核算机制尚未形成,当前电网公司的收入主要基于零售电价与购电价之间的差价。但是在直购电模式中,电网公司的身份发生转变,扮演着电力运营商的身份,若没有形成完善的输配电价核算方式对直接交易的输配费用进行分摊,双方主体的利益很容易得不到保障。因此要保证电网公司能够回收成本,保障发电企业和大用户对输配成本的合理分配,共同推动电力改革的发展需要,急需对输配电价的形成机制及费用特别是直购电中该费用的形成分配方式进行明确。[①]

在商业壁垒这一方面,电力输送不同于信息的传输,其生产具有自己的特性。由于其在传输过程中必须要考虑到输配成本、调度的优先性等因素、并受输电线路建设成本的制约较大,当前我国大部分直接电项目均采取过网直购的模式,也就是说,当前我国发电企业与用户之间的电力交易必须经过电网企业所搭设的电网来完成。鉴于电网企业的自然垄断的先天优势,必须防止电网经营企业设置过网壁垒,阻碍发电企业的正当竞争。

二、建立北京市售电侧低碳法律保障机制的建议

为解决当前北京市售电侧电力交易平台在运行方面存在的问题,转变当前北京市售电侧立法的缺失,前文中指出建议由北京市电力交易中心制定《北京市售电市场管理办法》,由北京市人民政府总领北京市电力市场建设,相关部门、国家能源局华北监管局、北京电力交易中心市场管理委员会共同协调,共同分工,负责具体内容的监督和管理。并建议在地方立法的制定中建立相应的解决机制,具体的建议如下。

(一)整合当前北京市售电政策

1. 售电主体准入与退出的政策法律化

2014年国家下发《国务院关于取消和调整一批行政审批项目等事项的决

---

① 参见电力体制改革两年回顾:好的、坏的与讨厌的. http://www.chinasmartgrid.com.cn/news/20170417/623296.shtml. 2017 – 04 – 25.

定》,将互联网上网服务、公共场所卫生许可等31项前置许可审批变为后置许可审批,即由"先证后照"变为"先照后证"。2015年,在电力法颁布后的首次修改中,将原有第25条第3款"供电营业机构持《供电营业许可证》向工商行政管理部门申请领取营业执照,方可营业"的"先证后照"内容删除,并在此后的电改"九号文"中,将建立售电市场作为电改的重要内容。因此可以看出电改前电力法在"先照后证"方面的修改,旨在为加速售电企业的建立提供条件。在此规定下,计划开展售电业务的公司只要到工商部门领取营业执照,就可以从事电力相关活动。并在等待供电营业许可期间,着手开展筹备工作,提前准备相关业务,为开展实质性售电经营业务做好准备。

为加速售电市场建设而设立的"先照后证"制度,极大地增强了售电市场的活力。但是,在售电市场逐渐形成和完善后,"先照后证"这一许可制度的转变若不配以明确的准入制度,必然会造成准入门槛过低的问题。因此将原有的前置许可审批变为后置许可审批,也就意味着售电主体准入方式的变更。为此国家出台了九号文的配套政策《售电公司准入与退出管理办法》。并且由于当前我国售电市场还处于试点阶段,各省市对售电公司准入的制度又不尽相同。因此为向售电公司提供高效、便捷、公平、公正、公开的市场注册服务,2016年年末,为了进一步提高售电公司准入规范性,基于电改九号文及其配套文件,北京市电力交易中心又与刚刚成立的各个省级电力交易中心共计27家电力交易中心,共同制定了《售电公司市场注册规范指引(试行)》。在市场注册规范指引中,首次明确了北京市及各个售电试点地区售电公司的注册流程,以方便对符合管理办法规定的售电公司提供相应的注册服务。并在此基础上对北京市电力交易中心及省级电力交易中心的职能做出明确的规定。此外还规定当售电公司的电力用户发生新增、减少、变更时,需要在注册的电力交易中心或用户所在地的省级电力交易中心办理登记信息变更手续。截至2017年3月,北京市电力交易中心及相关省级电力交易中心注册生效的售电公司累计达到378家,正在公示的售电公司则达到160家。①

---

① 参见《售电公司市场注册服务手册》正式出版发行。http://shoudian.bjx.com.cn/news/20170314/813770.shtml. 2017 – 04 – 30.

在售电市场准入方面，我国通过政策的指引在提升售电市场的活力的同时也严格把控了售电主体的准入。对于售电主体的准入与退出的监管部门，售电主体及监管部门的权利义务，及售电主体在准入退出过程中可能存在的一系列问题，《售电公司准入与退出管理办法》均作出明确规定。并在《售电公司市场注册规范指引》中进一步规范注册服务机构的权利责任。但是虽然售电市场的准入退出规范不断完善，其始终没有上升到法律层面上。为提升其引导作用和强制力，提升售电市场发展的规范性，建议在《北京市售电市场管理办法》中将准入退出办法、注册规范指引与北京市具体情况相融合，作为两章内容进行规定。也便于北京市售电公司依法维护自身权益，防止相关监管服务部门过度行使权力。

2. 北京市电力交易中心的运作规范化

为保障北京市电力交易中心规范化运作，在北京市售电侧统一立法中，明确政府监管职责、完善市场管理委员会的作用十分必要：

第一，明确政府对电力交易的监督与管理。为促进北京市电力交易平台的健康发展，极为重要的一点是要完善电力监管组织体系，对交易机构监管部门进行规定。当前对于交易的监管仅在准入与退出管理办法中指出由"国家能源局派出机构和省级政府有关部门"进行监管，国家发改委、能源局关于同意北京市开展电力体制改革综合试点的复函中要求"市人民政府负总责，各部门、国家能源局华北监管局分工协作"。因而为有效保障北京市售电中心的安全运行，建议北京市在《北京市售电市场管理办法》中明确监督管理机构。由于售电市场既涉及电力又涉及经济，在有关部门方面，建议由北京市政府的电力监管部门中独立出电力市场监管部门，对电力交易的准入、经营以及退出的全过程进行监管。因此在《北京市售电市场管理办法》中首要明确："北京市人民政府总领北京市电力市场建设，电力市场监管部门、国家能源局华北监管局协调分工，共同监管，对发电主体、电网主体、用户主体以及售电主体等各方主体在电力交易过程中实施的准入、退出、注册、交易等全部行为进行审查、监督和管理。"

第二，立法规定市场管理委员会的权责，便于发挥自身监管作用。设立市场管理委员会是电力交易机构组建的一个重要举措，它不同于政府监管机构的外部监督，在市场运作中起到了自我监督、自我纠正的作用。其广泛的代表性和较强的自治性，弥补了北京市电力交易平台独立性的缺失，符合"相对独立"的政策要求。并且作为电力交易机构的议事机制，市场管理委员会在研究制定交易章程、交易规则的过程中，听取各方主体诉求，及时反映出交易市场所存在的问题，对市场运营、规则执行的情况进行监督。是维护电力市场交易公平、公正、公开，保障市场主体合法权益的有效手段。因此建议在《北京市售电市场管理办法》中配合政府监督，规定："北京电力交易中心市场管理委员会依照其设立的组建方案、运作机制和运作规定，以内部监管的方式进行自我监督自我纠正。同时应当接收并配合政府的外部监管。"

3. 促进售电侧智能精细化管理

对于售电市场的运行和管理，应当适时与新技术相融合，提高监管效率，创新运行模式。比如可以将其与能源互联网相结合，推动监督管理的精细化发展。通过信息交互系统以及大数据分析技术，能够逐步实现售电企业实时掌握用户用电情况。进而可以通过对不同类型的电力消费主体用电习惯的分析，制定出符合不同电力消费主体的电力服务模式，结合需求侧智能化的控制设备，对其用电设备进行精细化管理。既不影响消费主体的用电需求，又能协调需求侧与供应侧的优化运行，通过智能化建设促进可再生能源消纳，提升电力交易平台的服务质量。

因此建议在《北京市售电市场管理办法》中明确："鼓励电力交易平台的建设和管理中积极运用新技术，将创新发展与科技提升相结合，推动市场运行及监管的精细化、高效化、透明化发展。"

(二) 完善北京市电力交易平台建设

为配合电改指导意见中所指出的"建立相对独立的电力交易机构"这一近期重点任务，我国出台了配套文件《关于电力交易机构组建和规范运行的实施意见》。并在该实施意见中明确制定了电力交易机构组建运行的三个基本原则，即"平稳起步，有序推进""相对独立，依规运行""依法监管，保障公平"。其中"相对独立"这一原则引起相关各方的关注，其焦点就在于

"相对"的限度为何。

其实"相对独立"是电力各方相互博弈妥协的产物。在电力市场建设初期，电网企业对电力交易中心的过度"控制"，会导致电力改革的不彻底，进而导致电改失败；而在电改起步阶段电力交易中心过度的独立，则不符合电力运行规律，忽视电网企业作为电力市场重要参与者的地位和作用，不利于电力市场的平稳起步和有序运作。因此"相对独立"是介于独立与不独立之间的产物，是由电力工业发展和电网运行的客观规律所决定的。并且从国外经验来看，美国加州交易机构完全独立于电网公司，英国的交易平台虽然可以归电网公司所有，但其业务必须保持运营的独立性。

因此作为电力体制改革的重点，要有效立法保障北京市电力交易平台的相对独立性这一模糊的外延，就要通过立法保障电力交易平台的透明性和中立性，以保障当前电力改革的稳定发展。即应当立法要求电力市场主体在政府监督管理下进行规范公开透明的电力交易服务，以提高当前作为国家电网全资子公司的北京电力交易中心的独立性。

当前北京电力交易平台在其市场管理委员会中引入了发电、购电、电网企业，电力交易机构以及第三方等一系列市场主体代表，对推进交易机构相对独立且规范运行具有十分重要的意义。其中发电企业，除华能、大唐、华电等代表中央发电企业外，还包括跨区域送电的发电企业代表，送、受电地区政府推荐的地方发电企业代表。在购电方中，引入了不同行业的电力用户代表和售电公司代表。电网企业代表包括国家电网公司总部，以及各个送、受电省的代表。并在第三方中引入中国中小企业协会代表中小电力客户参与市场交易，反映各方电力诉求。由不同行业、不同类别、不同规模、不同诉求的代表构成的北京电力交易中心市场管理委员会，能够更为全面地反映出市场主体的意愿，也兼顾各方相对均衡的话语权，充分反映出市场委员会类型多、行业广、代表性强的特点。有助于进一步深入研究电力市场的交易运营规则，促进清洁能源消纳，推动其更好地发挥资源优化配置作用，保障市场在多方共赢的基础上健康发展。

综上所述，建议在《北京市售电市场管理办法》中明确规定："保障电力交易机构组建的相对独立，逐步提升机构运营独立性。"

(三) 严格交易主体的准入标准

与电力交易机构的组建要求相同，当前在电力交易市场建设中，应当保持适度的"相对独立"。售电市场的独立不等于不加限制地放开。由于当前我国的准入管理仅限于售电公司这一个方面，对用电主体、发电主体并没有形成有效的准入引导模式。因此为实现电力的清洁低碳转型，能源可持续发展的电改目标，建议在《北京市售电市场管理办法》中对用电主体的准入进行限制，对发电主体的准入进行引导。

1. 建立用户准提准入机制

在制定合理的用户侧准入标准方面，如何正确处理新增用电量和节能减排之间的矛盾，是推动电力市场稳步建设，电力行业低碳发展首要解决的问题。作为国家的基础性产业，电力行业对我国经济的发展具有巨大的推动作用，其全年各行业电费累计5万亿元。随着经济发展"新常态"的到来，为防止经济的下行，一方面需要寻找新的经济增长点，另一方面又要保持传统行业的稳步发展。因此为促进经济的发展可能会适度放松对高耗能高污染的工业行业的监管。并且结合在售电侧放开的情况下，售电公司降低电价的"非理性"发展趋势，当前我国电力行业过度要求低碳清洁化发展会触及各方面利益，其结构性改革也无法一蹴而就，要实现全面低碳清洁化发展注定是一个相对漫长的过程。

而当前，为配合北京市清洁低碳的国际性首都城市建设，北京市已经对非首都功能进行转移，将六类不符合首都功能定位的企业纳入退出名录，其中高耗能、高污染的企业首当其冲成为退出对象。仅2016年一年北京市共计淘汰高污染、高耗能企业300余家。因此相比于我国大部分地区，北京的电力行业节能减排发展的基础较好，优势较强，应当通过立法明确政府的指引性行为，并通过不断提升标准要求，提高用户准入标准。以为我国电力交易发展指明方向，因此建议北京市在《北京市售电市场管理办法》中指明要从环保、能耗角度提前对电力交易用户的准入标准进行制定，让企业有据可依，同时也能够明确电力改革的目的所在。对于战略性新兴产业、能效标杆企业以及用电科学、用电节约、用电高效的企业，应当鼓励其积极参与电力市场交易。对于不符合国家产业政策、未达到准入指标的高耗能、高污染用户禁止其准入。因而对于用户的准入的要求应当规定:"用户主体必须符合国家产业政策,满足准入标准。"

在此基础上,还建议在《北京市售电市场管理办法》中对未达标企业进行引导。对于客观存在的高耗能行业,在节能减排、清洁发展的大方向下,只要在政府法律的引导下,提高能效,达到转入标准,也可以成为直接交易的用户。而这也正是当前北京市政策中所欠缺的,对于不符合首都规划的高污染、高耗能企业,不应当一味地要求其淘汰迁移。这种手段是治标不治本的。因此北京市售电侧立法中还需要求:"电力市场监管部门、国家能源局华北监管局在及时更新标准的基础上,对其产业发展进行引导,促使其达到标准,通过技术政策的指出,培育社会经济新的增长点。"

2. 健全可再生能源优先发展制度

在北京市电力交易中心限制高能耗产业交易的同时,还建议在《北京市售电市场管理办法》中制定"可再生能源优先发展制度"。该制度的设立一方面要求"北京市电力市场监管部门、国家能源局华北监管局对发电侧的准入设定合理的标准"。即在发电企业准入的过程中适度考虑国家对环境保护及工业能耗方面的要求,依照其标准优先推动清洁可再生能源进行电力交易。同时"鼓励低煤耗、低排放、环保性强的火电机组参与交易,限制高能耗,高污染的火电企业进行交易,对落后机组加速进行淘汰,并禁止准入"。另一方面可再生能源发展是促进能源低碳可持续发展的重要环节,解决了可再生能源发电难、并网难、售电难的问题,就在极大程度上促进了我国电力改革进程,在一定程度上实现了电力的可持续发展。然而对比当前传统火电行业在电力市场交易中明显的优势性,风电、光伏等低碳清洁的可再生能源由于输送能力有限,波动性较大等原因造成的先天劣势性,短时期内无法弥补。建议在《北京市售电市场管理办法》中规定:"对电力交易中的可再生能源交易进行扶持和鼓励,适当提升其售电额度,保障其入网优先权,健全可再生能源优先发展制度。"并且基于北京市电力市场角度,推动入网可再生能源发展,淘汰发电企业中的落后产能是对北京市发电侧清洁化发展的范围的扩大,也将有助于解决北京市发电侧清洁性较差的问题。

此外，要实现在更大范围内清洁能源的交易与消纳，其电力输配相关设施的完善是必不可少的。在 2017 年两会期间全国人大代表、新疆伊犁供电公司职工秦中就表示："电力援疆规模能做多大，输电通道是关键"。当前，在新疆境内各类电力外送通道都达到了满发状态。可以说制约疆电外送电量的主要问题是其外送能力有限。同理，要提高北京市清洁能源的吸纳能力，同样需要在输电通道上进行规划与资金投入，并以立法形式进行保障。当前，北京市电网已经转变为依托外埠电力为主的受端电网。外受电比例由当前的 60% 逐步提升至"十三五"末的 70%。因此，下一步北京市电力发展的特点应当是依托其售电市场建设逐步提升其外埠电力输送中可再生能源的占比。

（四）完善电价交易制度

在当前售电试点阶段，北京市要促进其售电试点的平稳发展，还需要在地方立法过程中对电价进行完善。但由于电价的时效性较强，关系各方主体的直接利益，影响市场发展，立法仅应作出原则性指引。

在完善北京市电价交易制度方面，要同时考虑上网电价、输配电价以及销售电价三方面的内容。其中由于上网电价与销售电价同属于竞争性电价，在深化电改中政府应当放开对电价的垄断。特别是对于直接关系发电企业收益的上网电价，为促进电力体制转型，尤其需要放开。上网电价受发电成本、市场供求、环境成本等因素的共同影响，是基于市场的价值规律及其供求关系所形成的市场化的定价机制。因此针对电价的制定应当指出："北京市电力平台交易过程中坚持电价的全面放开，由市场进行决定。"

短期角度来看电价的下跌，体现出了电改为电力用户及相关各方带来的改革红利。然而从长期来看，电价的下跌，特别是发电侧"非理性"的大幅跌价必将影响售电市场的健康发展。作为国家级电力交易平台，建议北京市在《北京市售电市场管理办法》中对北京电力交易市场的有序发展进行引导，以最终形成竞争充分、开放有序、健康发展的市场体系。其具体的引导措施主要从监管、考核两方面入手。在政府监管方面，建议在《北京市售电市场管理办法》中明确由北京市电力市场监管部门对准入的发电企业年收益进行审核，对于年收益低于正常经营能力的企业，对其售电额度进行限制，以有效控制部分发电企业通过跌价方式抢占市场,防止电力交易市场不良竞争的出现。在政府考核方面,建议在《北京市售电市场管理办法》中针对当前发电份额考核制度,增加企业的盈利性指标,综合企业的发电份额及盈利情况,分配下一阶段发电指标,以引导发电企业间的良性竞争。

但由于低碳能源存在先天劣势性,为保障可再生能源、清洁能源等低碳能源能够占有发电市场份额,推动其公平上网,在电改的初期建议在《北京市售电市场管理办法》中沿用清洁能源的固定电价和补贴制度,并逐步降低补贴支持力度,直至其发展成熟,能够与传统火电进行竞争。在售电侧立法中规定:"为促进清洁能源发展,建议北京市政府在《北京市售电市场管理办法》中对清洁能源电价进行适度补贴,同时建立补贴退坡机制,以引导其积极参与市场竞争。"

而输配电价改革作为深化我国电力体制改革,保障低碳电力公平并网的重要举措,其改革的首要路径是,改变电网企业的监管方式。为打破电网的垄断,当前我国政府对电网的监管已经由传统通过购电售电价格差进行的间接监管方式,转变对电网总资产和实际运行维护成本进行直接监管。但无论是电力法还是电力监管条例,都未明确体现出这一监管制度的变更。因此在北京市低碳电力法律保障机制的建立中,建议在《北京市售电市场管理办法》中随这一转变进行明确,通过法律的形式规范监管机构的执法方式。其次,在核定输配电价方面,为积极稳妥地推动北京市输配电改革的试点,在地方立法制定过程中针对电网输配环节,沿用当前"准许成本+合理收益"原则对输配电价进行核定。并立法对大用户电力直接交易中电网企业根据政府核定的输配电价收取"过网费"的内容进行规定。建议在《北京市售电市场管理办法》中有效确定"过网费"的主要参数,以将其控制在合理的范围内,既保障了电网企业的正常盈利,同时又有效地控制电价,管住中间。

第九章
北京市需求侧低碳法律保障机制的建立

电力需求侧是指电力用电侧,即指需要用电的企业、用户等。相比于发电侧、输配侧、售电侧组成的电力供给侧低碳电力法律保障机制的建立,建立电力需求侧低碳法律保障机制旨在对企业、工厂、居民等电力消费主体的电力低碳消费进行管理、引导,以推进北京市低碳电力的平衡发展。因此如果说通过建立和完善北京市电力发电侧的法律保障机制是从源头对北京市电力行业的低碳发展奠定总的方向,那么需求侧的法律保障机制则是从末端入手,通过提升消费者的电力及相关设备需求,倒逼低碳电力技术、设备及制度的进步。因此本书对当前北京电力需求侧在低碳发展中存在的缺陷和问题进行分析,并对此提出建立和完善符合北京市社会发展需求的电力需求侧低碳发展的法律保障机制的相应建议。

一、当前北京市电力需求侧低碳发展存在的问题

除"北京市低碳电力的法律与政策"一章中总结的,北京市电力需求侧规范引导政策过于分散,立法层级较低这一问题外,当前北京市电力需求侧在其发展中的问题主要集中于新能源汽车这一领域。在国家政策的鼓励和引导下,近些年我国新能源汽车行业的发展一直走在世界的前列,以中国

汽车研究中心的数据为例，2015年全球的新能源汽车销量增长123%，而我国的新能源汽车销量则同比增长340%。2015年年底我国超越美国成为全球最大的新能源汽车市场；2016年我国新能源汽车保有量已经达到109万辆，占全球新能源汽车保有量的40%以上；同年全球新能源汽车销售量达到77.4万辆，中国占据53%。北京市作为我国首都城市，其新能源汽车保有量于2017年2月已达到10万辆，在我国新能源汽车发展中占有极大的市场份额，但为促进经济的可持续发展，减少碳排放，北京市计划于2017年年末将新能源汽车的保有量提升至20万辆，到2020年北京市中心地区绿色出行比例争取达到75%。

（一）新能源汽车"骗补"现象严重

我国新能源汽车行业在其发展的起步阶段能够获得如此优异的成绩，必然是国家补贴政策在其中发挥的不可替代的作用。各示范城市为推进该城市的新能源汽车发展，在国家补贴的基础上还会增加地方补贴。这种双重补贴一方面加大了政府的推广力度，另一方面也在一定程度上造成了该地区部分新能源汽车的过度补贴。

这种过度的补贴不仅仅使得国家的资源白白浪费，还使得一些法律意识淡薄的新能源汽车企业看到了补贴所带来的巨大利益，为骗取国家补贴而铤而走险，进而导致新能源汽车行业陷入"骗补"的乱象之中。仅2016年9月财政部官网曝光的五家"骗补"的新能源汽车企业，其骗补的总额已经累计达到10亿元。部分企业甚至将补贴作为企业盈利的重要手段。

以新能源汽车领域遭受政府骗补处罚最为严重的金龙汽车为例，补助的减少和政府的处罚将直接导致2016年该公司的利润直接减少3亿多元。而根据跟车信息网数据显示，2015年宇通客车销售新能源汽车所获政府补助累计为68.57亿元，而其净利润为34.71亿元，相当于其利润的两倍。虽然并不能简单地等同于企业收益，但政府补贴的减少将会直接导致企业盈利的大幅降低，而这也反映出了新能源汽车的补贴与销量直接挂钩。根据相关数据显示，2017年1月北京市甚至全国的新能源汽车销售都出现了断崖式下跌，以至于不及比亚迪2016年的新能源汽车的月均销量。而该现象产生的主要原因就在于国家的补贴政策尚未确定,地方补贴政策也未到位,导致新能源汽车出现不敢销售的情况。

因而根据上述分析,能够较为明确地体现出过度补贴严重扰乱了当前新能源汽车行业的健康发展,造成了国家财政资源的大量浪费,亟待政府的治理与引导。

(二) 新能源汽车行业监管审查不严

国家在对新能源汽车拨付补贴的同时,为确保补贴发挥实际用途,对地方政府提出要求,即政府要在企业生产的车辆检验合格并出厂销售取得牌照后,才能根据实际情况逐级向国家申请补贴并分批拨付。然而在实际执行期间,地方政府为加速推广新能源汽车的应用,确保政绩目标的实现,往往会在一定程度上放松相关审核和监管,导致其为相关企业骗取政府补贴大开方便之门,使得新能源汽车生产企业有空可钻。地方政府对企业通过虚假上牌企图冒领国家补贴的行为缺乏有效监管。

因而如果国家及各级政府对新能源汽车的过度补贴是"骗补"乱象产生的主要原因,那么地方政府对新能源汽车行业的监督不严和审查疏漏则直接引发了"骗补"现象的泛滥,是地方政府对新能源汽车行业监管的严重失责。

根据中国汽车技术研究中心新能源汽车与财税政策研究室的分析,当前新能源汽车的"骗补"方式主要有以下三种:

第一,虚假生产骗补。机动车生产管理规定中要求,机动车注册登记前,应该具有车辆识别代号和合格证,且识别号具有唯一性。对于部分企业虚报车辆合格证、虚报产量,甚至上牌照、申请补贴,在流程上不符合国家相关规定的行为,属于未生产车辆即向国家申请注册登记,申请财政补贴的虚假生产骗补的行为。2016年3月苏州吉姆西被曝光通过伪造生产合格证、伪造交易合同、销售数据等手段,进行"假生产",并通过这些伪造出的新能源汽车骗取地方和国家的补贴。仅2015年一年该公司通过虚假申报的手段就骗取 1 000 余辆新能源汽车的补贴,涉案金额高达 2.6 亿元①。2016 年 12 月 20 日国家工信部网站上公布对苏州吉姆西作出取消整车生产资质的处罚,宣告该企业至此彻底退出汽车制造行业。此外工信部还对金龙联合汽车工业(苏州)、河南少林客车、奇瑞万达贵州客车和深圳市五洲龙汽车 4 家涉嫌通过虚报生产车辆进行"骗补"的企业进行处罚,责令其停止生产销售问题车型,暂停新能源汽车推荐目录申报资质,并进行为期 6 个月的整改。②

第二,虚假指标骗补。通过虚假指标进行骗补是指企业的相关推广应用车型的实际技术参数、配置和性能指标,与《公告》批准的指标不一致,而通过虚报续驶里程、电池参数等指标的方式,骗取国家及地方的财政补贴。2017 年 2 月 4 日,工信部网站公布了金华青年汽车、上汽唐山客车、重庆力帆乘用车、郑州日产汽车、上海申沃客车、南京特种汽车制配厂、重庆恒通客车七家通过虚假技术参数等方式进行"骗补"的新能源汽车制造企业。并对这七家新能源汽车企业下发了行政处罚决定书:撤销了问题车型产品《公告》,暂停其申报新能源汽车推广应用推荐车型资质,并责令其进行为期两个月整改,整改完成后,工信部将对整改情况进行验收。

相比于 2016 年 12 月 20 日查处的通过虚假生产进行骗补的四家企业,2017 年年初查处的七家新能源汽车生产企业的违法行为不仅行为更为复杂化,时间跨度也更大。其中金华青年汽车和重庆恒通客车的实际安装电池容量小于公告容量;重庆力帆乘用车有 1 353 辆车电池芯数量小于公告数量,1 328 辆车电池单体生产企业与公告不一致;上汽唐山客车有 30 辆车未安装电池和电机控制器,15 辆车未安装电池,30 辆车电池安装不足、5 辆车未安装电机控制器;郑州日产汽车有 88 辆车驱动电机生产企业与公告不一致,其中的 20 辆车电池生产企业与公告不一致;上海申沃客车有 79 辆车在 2015 年年末尚未安装电池但已开具发票并登记上牌;南京特种汽车制配厂有 119 辆车实际安装电池容量与公告信息不一致,其中 100 辆纯电动厢式运输车电池

---

① 骗补代价有多大,苏州吉姆西成为历史!. http://auto.sohu.com/20161222/n476666092.shtml. 2017 - 05 - 24.
② 新能源汽车骗补后续 青年、力帆等 7 企业遭处罚. http://auto.ifeng.com/quanmeiti/20170205/1081707.shtml. 2017 - 05 - 24.

生产企业与公告不一致。均是通过虚假指标进行骗补。①

第三，电池重复利用骗补。新能源汽车的核心在于提供能量电池，因而在补贴过程中，新能源汽车的电池也首当其冲地成为"骗补"的关键载体。电池重复利用进行骗补是指，由于新能源汽车的电池序列号与车架号关联性不强，无法进行唯一性追踪，导致在生产过程存在通过拆卸、倒卖电池再次安装，导致多辆车可使用同一组电池的情况，部分企业借此重复申请财政补贴。

通过对新能源汽车的涉事案例进行分类列举，足以说明当前新能源汽车虚报生产情况、虚报生产参数，电池重复利用进行骗补并非个例，足以引起北京市车辆监管审批部门对这一现象的高度重视。

（三）充电桩建设尚未完善

2016 年北京市统计局、国家统计局北京调查总队通过网络和实地调查的方式开展了"新能源汽车消费意愿和影响因素"的调查。在政策促进作用方面，该调查显示，影响消费者新能源汽车消费意愿的首要因素就是购车补贴政策，达到 59.3%，而加强充电设施建设这一因素紧随其后，排名第二，达到 50.5%。

然而根据中国电动汽车充电基础设施促进联盟发布的数据，2015 年年初，北京市公共充电桩数量仅为 1 500 个。随着近两年新能源汽车的迅猛发展，至 2017 年 1 月北京市充电设施数量已经达到 22 579 个，其中公共数量为 20 084 个，排全国首位。相比于当前新能源汽车 10 万辆的保有量，平均每五辆新能源汽车就配有一个充电桩，但由于充电桩损耗、维修等问题，充电桩配比会相对于实际数据低一些。

而在全国范围内，根据汽车联盟对成员整车企业采样的车桩相随信息近 32 829 条数据的统计，截至 2017 年 1 月，我国未随车配建充电桩的比例达到 19.16%。其中"居住地没有固定停车位"导致无法配建充电桩的占比最高，达到 9.64%，物业不配合导致无法配建充电桩占次位，达到 4.60%，其余未

---

① 新能源汽车骗补后续 青年、力帆等 7 企业遭处罚. http://auto.ifeng.com/quanmeiti/20170205/1081707.shtml. 2017 – 05 – 24.

能配建充电桩的原因还包括居住地报装接电难度大、工作地没有固定停车位等。

无论是在全国范围内,还是在北京市,充电基础设施的滞后一度是新能源汽车推广的瓶颈问题。虽然当前已经有极大程度的改善,但通过数据的统计可见仍旧不够完善。

此外,当前新能源汽车行业的准入门槛相对较低、政策衔接不够顺畅,都在一定程度上导致了新能源汽车行业发展的不完善,亟待从销售领域的量变转为全行业协调发展的质变。

二、建立北京市需求侧低碳法律保障机制的建议

针对上述北京市当前新能源汽车行业在发展中存在的问题,以及北京市需求侧低碳法律体系的不完善,建议北京市建立相应的地方性法规对需求侧低碳发展进行保障。

（一）制定新能源汽车法律保障机制

在保障新能源汽车发展方面建议由北京市发展与改革委员会联合北京市交通部门制定《北京市新能源汽车发展办法》。并由北京市交通部门进行监管,北京市发改委统一进行指导。为解决当前北京市新能源汽车领域运行和立法政策中存在的问题,建议在地方法律的制定中建立相应的解决机制,并对当前北京市法律政策进行整合。具体的建议如下:

1. 转变新能源汽车的补贴模式

为解决当前新能源汽车市场中补贴过度、"骗补"现象严重的问题,首要的措施就是调整当前新能源汽车的补贴政策,并通过法律加以规范。调整的方向主要有两个方面:第一,在当前新能源汽车行业发展已经逐步趋于平稳的情况下,加速目前高额补贴的退坡;第二,完善新能源汽车的财税支持政策,通过灵活的补贴手段推动能源产业的发展。

在加速补贴退坡这一方面,由于我国新能源汽车行业已经逐渐步入平稳发展阶段,国家和各级政府都已经开始通过政策加紧补贴的退坡。2016年北京新能源汽车推广的细则中对北京市补贴额度的要求,是按国家补贴的同等

标准发放北京市的配套补贴，并且国家和地方补贴总额不能超过车辆销价的60%。若总额高于此限额，则按该车辆销价的60%为标准扣除国家补贴，其余金额由本市财政进行补贴。但进入2017年后，由于在"十三五"期间新能源汽车的政策补贴将以推进其技术革新为主导，因此对于部分技术相对落后的车型其补贴也将加速退坡，地方补贴也将随国家补贴政策的变化而加速退坡。仅一年时间大部分的地方已将其与国家同比补贴的政策转变为不超过国家补贴的一半进行补贴。因此建议北京市在《北京市新能源汽车发展办法》中指出"北京市政府配合国家新能源行业发展趋势，调整补贴力度。"

在新能源汽车行业补贴这一方面，当前北京市行业补贴的方式不够灵活，建议北京市在《北京市新能源汽车发展办法》中进一步完善北京市的财税支持政策，即基于"调整补贴力度"规定："北京市可以通过提高新能源汽车产业的补贴技术门槛、转变新能源汽车的补贴方式、转变新能源汽车的补贴对象等方式，以提高补贴利用效率。"其具体建议方式如下。

第一，提高新能源汽车产业的补贴技术门槛。首要任务是要从国家角度提高整车安全性、可靠性、一致性等方面的标准，制定更为严格的准入目录，并在严格准入目录后建立目录动态调整新机制，根据新能源汽车的技术变化以及行业动态实时对目录进行调整。北京市在准入目录的基础上配合国家补贴对新能源汽车发展中技术先进、发展突出的车型、企业予以补贴，以反映出鼓励先进、扶优扶强的政策导向。并全力支持研发能力强、技术不断提升的新能源汽车企业，通过提升高水平企业，领跑科研能力差的发展较弱的企业，以提高我国企业的自主创新能力，优化企业经营模式。其次，在新能源汽车的平稳发展阶段，为保持其行业优势，在加大技术支持的基础上，建议北京市在《北京市新能源汽车发展办法》中对各种技术实力弱、售后服务困难、过度依靠补贴进行发展的企业进行淘汰，保障行业发展的活力。此外，还建议北京市在《北京市新能源汽车发展办法》中持续发挥其在科学技术上的优势，充分调动北京市高端人才的积极性，鼓励其投身产业研发。完善新能源汽车企业、相关研究机构、高等院校间的研发平台，提高我国科研能力的同时，为行业的进一步发展培养人才。

第二，转变新能源汽车的补贴方式。首先建议北京市在《北京市新能源汽车发展办法》中转变当前普惠的新能源汽车的补贴制度，集中对科学技术、经营模式突出的企业进行补贴，同时将财政补贴和科技、产业资源支持相结合。其次逐步将当前的北京市对新能源汽车的购置补贴转为新能源汽车使用环节的补贴，通过对新能源汽车的年度纯电行驶里程的补贴模式，减免停车费、高速公路费，免收过路过桥费等一系列措施，来提高新能源汽车在使用过程中的优惠政策，以增加车主对新能源汽车使用环境的满意度，还能够有效治理中央及地方共同补贴造成补贴过度的问题。此外建议北京市进一步加大对充电基础设施的政策支持和补贴力度，进一步建设进京高速周边充电基础设施，以方便新能源汽车的省际出行，从而逐步提高市民购买新能源汽车的积极性，提高市场活力。

第三，转变新能源汽车的补贴对象。当前新能源汽车的补贴是按照企业的销量进行计算，发放给企业，其实际的受益人为消费者。但当前把补贴发放给企业的发放流程，使得企业有空可钻、有利可图，从而引发"骗补"乱象。若要从萌芽中扼杀企业的骗补行为，就要转变当前补贴的发放模式。建议将补贴发放给补贴的实际受益人，即消费者。

2. 加强对新能源汽车行业的监管处罚力度

在新能源汽车补贴灵活退坡的基础上，北京市要进一步严格补贴审核制度，并明确将其纳入法律体系当中，以规范本市的新能源汽车行业，使其朝着健康的方向发展，对全国行业的发展起到领跑带头的作用。因此在补贴审核的立法中一方面要加强监管力度，另一方面要加大处罚力度。

在加强北京市新能源汽车监管力度这一方面，首先要严格对本地企业和产品的审核和监管。在严格新能源汽车企业产品的审查和监管过程中，首要任务是明确北京市政府的主体责任。建议北京市在《北京市新能源汽车发展办法》中要求："北京市交通部门要充分发挥其补贴的发放和管理责任。对牌照发放、运营维护、申报补贴，以及审核资料的各个环节进行严格的把控。"严肃对待其监管职能，发挥其应有的责任意识，规定"可以建立责任的倒查机制"，并"对于违反责任的行为，追究相关责任人相应的行政责任，对于严重违反相关规定的，按照其行为性质如玩忽职守、徇私枉法等追究相应的刑事责任"，从而从立法上确保补贴资金安全和有效利用。在明确地方政府职权的基础上要建立"新能源汽车的抽样回访制度，由北京市政府组织相关部门定期对消费者进行回访调查"，从而对消费者购买新能源汽车的真实情况进行核查，从而防止部分企业通过补贴虚假售出的方式骗取国家和地方补贴，有效节约北京市财政资源。

此外，当前国家正在建设新能源车辆及其充电设施的监督控制体系，以便于形成由国家、地方、企业共同形成的三级监督控制网络。而北京市作为电动车行业的引领者，更应当发挥其带头作用，因而着重加强对北京市公共服务行业内新能源汽车及其配套设施的监督控制体系建设。在监督控制体系下建立北京市新能源汽车安全预警和事故应急处理机制，对新能源汽车的安全隐患进行排查，对运营出现困难或已经无法运营的车辆进行排除安全隐患或报废等相关处理措施。北京市政府作为衔接北京市企业和国家监控的桥梁，应当要求企业按时将有关数据信息上传监控平台，同时也方便了北京市乃至国家对企业及其产品的审核与监管。

其次，规定"北京市实行新能源汽车电池的编码制度，由北京市交通部门进行监督和管理"。大部分新能源汽车企业选择通过其汽车的核心部件电池进行骗补行为，足以反映出我国目前在新能源汽车领域中对于电池方面的监管尚未形成良好的体系。并且2016年1月，发改委、工信部等五个部门联合发布的有关电动汽车动力蓄电池的回收利用技术政策这一文件中，就明确指出要进一步加强政府及相关部门对动力蓄电池回收利用工作的技术指导和规范工作，通过明确动力蓄电池在其回收利用时的责任主体，建立完善动力蓄电池的再利用体系。因此可以以北京市这种新能源汽车发展较快的地区为试点，建立新能源汽车动力电池编码制度，通过将编码与产品相对应，以确保其唯一性。从而在有效防止部分不良企业通过循环利用电池骗取补助的同时，能够构建其新能源汽车电池的安全使用及其回收利用的追溯性体系。此外，北京市政府作为地方政府在发放其补贴时，也要注重对其关键参数与其车辆实际行驶里程一致性的审查，并依据审查结果，对其补贴金额发放情况进行审核评估。若发现其行为中存在"骗补"现象或苗头，需对其全程行为进行彻查。对此北京市政府也可以组织新能源汽车行业的相关机构，对行业中存在的"骗补现象"进行专项核查。对核查出的从事骗补活动或企图进行骗补的企业依要求从重处罚，并将处罚结果向社会进行公布，取消该企业享受地方补贴的资格，并上报国家对其责任进行进一步追究。

在骗补企业的追责处罚方面，加大处罚力度主要指建议北京市在《北京市新能源汽车发展办法》中严厉打击新能源汽车行业"骗补"行为。对于违反国家规定，进行骗补的企业，2016年9月国务院批复了财政部、科技部、工信部等四部委联合制定的《财政部关于新能源汽车推广应用补助资金检查问题处理处罚的请示》。该处理处罚请示对2013—2015年新能源汽车行业出现的骗补行为处罚进行规定，要求对未生产出厂提前办理牌照的企业、未安装电池或电池与指标有出入，出售至关联对象而非用户，或实际上并未运行使用的一系列行为进行处罚，并对于行为严重的，要求取消补贴资格和整车生产资质。

虽然我国已经存在相关的政策对新能源汽车行业的骗补行为进行惩处，但是仍停留在事后处理这一方面，相比于法律指引作用，教育作用，强制作用均较差。建议北京市在《北京市新能源汽车发展办法》中对处罚机关进行明确，处罚力度进行划分整合，将违法处罚的行为明确由中央下放至地方，便于对企业的监管和了解，地方也应及时向中央进行汇报，方便对事件的整体掌控和指引。此外通过立法的形式将处罚规定固定下来，将有助于提高原有政策地位，增强其强制性，让企业给予重视。

3. 完善北京市充电桩建设

可再生能源的发展是我国能源转型，电力低碳化发展的核心内容，然而由于其波动性强，调节较为困难，对电网损害较大，其利用率极为有限，弃风弃光现象严重。并且由于其发电高峰与用电高峰不一致，储能技术还未完全成熟，可再生能源的发电也很难得到充分的利用，然而随着需求侧电气化程度的加深以及其管理能力的不断提高，可再生能源发电的波动性问题将在一定程度上得到缓解。以新能源汽车为例，由于该设备对电力需求的时间较为灵活，对供电服务造成的压力极小，在用电低谷期间能够充分对可再生能源进行利用。而换个角度进行分析，在用电低谷充分用电也有助于缓解北京市巨大的用电压力，因此有必要通过分时段计价鼓励消费者在用电低谷进行充电，并进一步完善北京市的充电桩建设，保障消费者能够充分使用。

根据当前北京市的充电桩建设情况，2016年北京市发改委等多部门针对新能源汽车的充电桩建设联合指出到2020年，为应对全市新能源汽车60万辆的预期数值所产生的巨大需求，要使北京市充电桩数量达到43.5万个，并保障私人自用领域基本实现"一车一桩"。保障在北京市的核心区域以及通州新城、亦庄、延庆冬奥区域等周边重点区域的充电服务半径小于0.9公里。基于此政策，为保障北京市充电桩建设的完善，建议北京市在《北京市新能源汽车发展办法》中将"保障北京市内新能源汽车一车一桩，缩短重点区域充电服务半径"写入北京市新能源汽车立法，以保障新能源汽车使用者的权益，有利于新能源汽车的进一步推广，深入电气化程度，同时保障其向低碳方向发展。

此外在京津冀一体化的发展框架下，北京市还应当联合河北、天津等地，共同发展新能源汽车行业。因此可以在立法中规定"北京市发展与改革委员会、北京市交通部门联合天津市、河北省相关部门结合三地情况，共同为充电桩建设进行布局。促进京津冀地区能源汽车的发展与使用。"

4. 推进北京市公共交通全面清洁化制度

经过北京市多年节能减排等政策的引导，重污染企业逐步外迁，在电力方面也已经完全实现了市内电力生产的无煤化。作为世界上拥有公交车最多的城市，北京市为进一步改善北京市生态环境，倡导低碳可持续发展，应当将公共交通低碳化发展作为推动城市清洁化发展的重点，而转变方式是将原有的油气为主导的能源供应模式转变为电力供应模式。因此北京当前应当着力推进新能源汽车在公共交通领域的发展。

公共交通广义上讲是包括民航、铁路、公路及水运等交通方式。但北京市的公共交通则是狭义上的公共交通，是指自北京市范围内定线运行的公共交通、轨道交通（地铁、城铁、城际列车等）以及公共自行车。作为市民出行的主要方式，如地铁、城铁和城际列车等轨道交通均是通过电力进行供能，公共自行车更是节能低碳出行的典范。相比之下公交车主要依靠油、气进行供能，污染相对较大。因此近些年北京市也在公交的各个方面进行改变，逐步以新能源汽车为主更新当前公交，增加充电桩建设。虽然已经取得较大成效，但占比不及六成，并随着补贴的退坡，新能源公交的更新成本将日益增加。并且由于补贴过于集中于车辆,导致充电桩建设的投入极为有限。相关政策的引导就更为匮乏。

因此结合前文中提及的转变新能源汽车补贴模式,即北京市在法律制定中需明确"发展新能源汽车,推动北京市公共交通转型",为保障公共交通的供能安全,针对新能源汽车的充电桩建设,建议北京市在《北京市新能源汽车发展办法》中规定"全面完善北京市公交充电桩建设"。同时规定"北京市政府应当减缓公共交通方面的补贴退坡力度,推动新能源汽车在公共交通领域稳定快速发展"。

5. 立法提高北京市自主创新能力

为促进新能源汽车技术的进一步突破与发展,国家必将进一步加强对整车及核心零部件技术突破及科技创新的政策支持。当前补贴的退坡也印证了我国及地方的政策补贴将逐渐由普惠性向鼓励推进行业技术革新方向发展。因此北京市在制定新能源汽车行业法律法规时还应指出:"北京市重点扶持创新能力强、技术研发能力强、已经掌握行业核心技术并具有品牌效应的新能源汽车企业,促使其快速发展获取行业优势,以发挥其领跑作用。"

在该规定的具体实施中,北京市为人才资源充沛,科研资源集中的首都城市,虽然在京津冀一体化的发展中面临产业转移的问题,但在首都战略下,其在科技研发中先天性的发展优势不会发生变化。应当并有义务在新能源汽车行业技术发展中充分发挥其优势地位,推动北京市的新能源汽车生产企业取得行业优势,领跑全行业。

北京市在汽车行业发展方面应当以车辆电动化为突破口,通过鼓励科技研发,逐步引导新能源汽车的发展与时俱进,通过调整促进电动化、智能化等趋势发展的新能源汽车相关政策,推进汽车产业的转型和多学科的跨界融合,使其与智能化、轻量化、网联化相结合,以提升消费者的使用体验,推动北京市电动汽车行业发展壮大,从而带动全国新能源汽车行业共同发展,拓宽国际市场。

此外为建立健全新能源汽车行业法律保障机制,还要注意做好政策法律更替时的衔接工作,通过提前明确新老政策交替阶段相关政策执行标准,防止无法可依或政策过紧的问题出现。

(二) 制定北京市公共节能办法

电力需求侧包括电力使用的各个方面。作为我国首批电力需求侧管理的试点省市，除建立新能源汽车的法律保障机制外，当前还建议北京市对其公共领域、建筑领域的节能政策进行整合，以建立完善需求侧低碳法律保障机制，并对当前需求侧标准机制的制定进行明确。在推动电力需求侧管理的同时，提升北京市电力的低碳化发展程度。在公共节能方面建议由北京市发展与改革委员会联合北京市公共机构节能管理部门制定《北京市公共节能办法》，由北京市公共机构节能管理部门进行监管，北京市发改委统一进行指导。

1. 整合北京市公共及建筑领域的节能政策

公共领域的节能是电力需求侧低碳发展的重要组成部分，但是公共领域的节能并非仅仅包括电力节能这一部分。当前在公共领域、建筑领域的节能方面，我国已经制定了民用建筑节能条例和公共机构节能条例，从法律角度对公共、建筑领域的节能减排进行规范。并针对需求侧的节能监管，与清洁发展制订出一系列政策。

在北京市电力需求侧发展方面，除散见于北京市的总体规划中的建筑节能规划外，北京市民用建筑节能管理办法取代原有的建筑节能管理规定，对北京市的建筑节能作出明确的规定。因此，建议在北京市电力行业需求侧方面对建筑节能政策进行整合，使其上升到立法的层面，提升其强制性，并充分发挥教育作用和引导作用。在企业节能方面，北京市固定资产投资中的节能评估政策较为全面，通过节能评估、审查管理以及评估机构管理多方面进行规范，符合北京市低碳清洁的发展需要。因此在对北京市电力行业低碳发展进行立法规范的过程中，可以将其整合成电力需求侧企业的节能管理制度，由原有项目管理相关部门继续负责评估管理工作。

由于当前北京市公共领域节能法律政策较为全面，建议将当前政策进行统一整合。以《北京市民用建筑节能管理办法》为基础，对其他政策规范的内容进行整合。

2. 加快北京市标准化制度的建立

北京市作为我国的首都，政治、经济、文化发达，科学技术研发优势明显，人才充沛，无论是在社会经济领域还是工业生产领域，其发展都明显处于全国领先水平。在电力方面，全市发电企业已经实现"无煤化"，成为我国首个全面"清洁化"发电城市。并逐步计划在北京城市副中心、冬奥会赛事场馆周边等重点区域进行试点，将"近零碳排放技术"应用于工业生产当中。因此，北京在节能减排、推动社会循环低碳发展中，建议建立起比国家标准更为严格的标准化制度，并通过法律加以规范。标准化制度也应当作为北京市公共领域节能的一项重要内容进行规定。

为完善北京市标准化制度，北京制定了多部政策文件。2011年北京市制定并印发了《首都标准化战略纲要》，通过提升北京市标准化工作的基础保障能力、保障水平，来发挥标准化工作对北京市经济社会发展的技术支撑作用。2014年8月制定的北京市民用建筑节能管理办法中就明确指出，根据北京市民用建筑节能管理工作的要求，可以制定严格于国家标准、行业标准的地方性标准。在《2015年北京市标准化工作要点》中也指出，为进一步推进北京市的节能低碳以及循环经济的发展，保障冬奥会期间北京市的生态环境质量，2015年10月北京市又制订了《北京市推进节能低碳和循环经济标准化工作实施方案（2015—2022年）》，要求健全北京市标准制定修订的工作机制，以制定出指标先进、构成完整、具有北京市特色的节能低碳和循环经济标准体系。但始终未上升到法律的层面上来。

因此建议北京市在《北京市新能源汽车发展办法》中将北京市民用建筑节能管理办法中"可以制定严格于国家、行业标准的地方性标准的规定"的"可以"变为"应当"，并由北京市发改委、北京市电力、建筑等公共节能相关部门共同对北京市电力行业需求侧公共节能发展各个方面的标准进行制定。在制定后由电力监管及建筑管理部门进行标准的年检，及时制定新的标准，以规避法律的时效性问题。

> 附录 1

北京市实施《中华人民共和国节约能源法》办法

(1999年9月16日北京市第十一届人民代表大会常务委员会第十三次会议通过　2010年5月28日北京市第十三届人民代表大会常务委员会第十八次会议修订)

第一章　总　则

第一条　为了实施《中华人民共和国节约能源法》，结合本市实际情况，制定本办法。

第二条　本办法适用于本市行政区域内的节能管理、能源使用和节能技术的开发、利用等活动。

第三条　本市贯彻节约资源的基本国策，实施节约与开发并举、把节约放在首位的能源发展战略，建设资源节约型、环境友好型社会。

节能工作遵循政府引导、市场调节、科技推动、社会参与的原则。

第四条　市和区、县人民政府应当将节能工作纳入国民经济和社会发展规划、年度计划，并组织编制和实施节能中长期专项规划、年度节能计划。

市和区、县人民政府每年向同级人民代表大会或者其常务委员会报告节能工作。

第五条 市和区、县人民政府应当根据经济和社会发展的需要，调整产业结构、企业结构、产品结构和能源消费结构，加快发展低能耗的高新技术产业、服务业、现代制造业和节能环保产业，限制发展高耗能产业，提高能源利用效率。

第六条 市和区、县发展改革部门主管本行政区域内的节能监督管理工作，负责节能综合协调，组织拟定本市节约能源综合规划，按照职责分工组织实施节能监察和考核工作。

发展改革部门所属的节能监察机构具体实施节能监察工作。

经济和信息化、住房和城乡建设、交通、公共机构节能管理、市政市容、规划、科技、财政、质量技术监督、统计、农业等部门在各自的职责范围内负责节能监督管理工作，并接受同级发展改革部门的指导。

第七条 本市鼓励、支持节能科学技术的研究、开发、示范应用及推广，促进节能技术的创新与进步。

鼓励、支持开发利用新能源、可再生能源。

第八条 市发展改革部门应当会同有关部门和社会组织，开展节能宣传和教育，通过国民教育和培训体系、节能宣传周、节能社区、节能家庭、志愿者服务等形式，普及节能科学知识，增强公众的节能意识，倡导节约型的消费方式。

新闻媒体应当加强宣传节能法律、法规、政策和节能知识，对浪费能源的行为进行舆论监督。

本市在每年六月开展节能宣传周活动。

第二章 节能管理

第九条 市和区、县人民政府建立议事协调机制，统筹协调、组织推动本地区节能工作，研究解决节能工作中的重大问题。

第十条 本市实行节能目标责任制和节能考核评价制度。市人民政府根据节能中长期专项规划和年度节能计划，与区、县人民政府签订节能目标责任书，将节能目标完成情况作为对区、县人民政府及其负责人考核评价的内容。

节能目标、节能考核评价标准应当结合各区、县发展水平、区域功能定位和各类能耗所占比重等因素，科学合理地制定。

第十一条 经济和信息化、住房和城乡建设、交通、公共机构节能管理、市政市容等部门会同发展改革部门，根据本市节能中长期专项规划，分别编制工业、民用建筑、交通运输、公共机构、供热等领域或者系统的节能规划，报市人民政府批准后实施。

节能规划应当包括编制依据、节能目标、重点任务、保障措施等内容。

第十二条 本市节能领域严格执行国家标准、行业标准。没有国家标准、行业标准，本市需要制定地方标准的，或者本市需要制定严于强制性国家标准、行业标准的地方标准的，由市质量技术监督部门、有关行政部门依法组织制定。本市制定的地方节能标准应当公布，并根据经济社会发展情况适时修订。

第十三条 本市按照国家规定实行固定资产投资项目节能评估和审查制度。达到国家规定的规模和标准的项目，由市发展改革部门组织节能评估并出具节能审查意见。

固定资产投资项目的建设单位和设计单位，应当按照节能强制性标准及节能审查意见进行建设项目的设计。施工图设计文件审查机构应当按照节能强制性标准及节能审查意见对施工图设计文件进行审查。

固定资产投资项目的施工单位、监理单位和建设单位，应当按照审查合格的施工图设计文件进行施工、监理和竣工验收。

第十四条 市经济和信息化部门编制工业结构调整目录，指导用能单位对耗能过高的用能产品、设备和生产工艺实施技术改造。

第十五条 禁止生产、进口、销售国家明令淘汰或者不符合强制性能源效率标准的用能产品、设备；禁止使用国家明令淘汰的用能设备、生产工艺。

第十六条 质量技术监督部门按照国家规定对高耗能特种设备的设计、制造、安装、改造、维修、使用及检验检测实行节能审查和监管。

第十七条 市统计部门建立健全能源统计制度和能源统计指标体系，定期发布主要耗能行业的能源消费和节能情况等信息。

第十八条 市发展改革部门建立统一的节能公共服务网站，公布节能政策法规、节能服务机构名录,宣传节能知识,介绍节能技术和产品,披露违反节能法律、法规行为的信息,促进节能信息资源共享。

第十九条 政府部门可以委托行业协会、节能服务机构开展节能宣传培训、信息咨询和技术推广等工作。

第二十条 本市建立和完善节能服务体系。支持节能服务机构开展节能咨询、设计、评估、检测、审计、认证等活动,开展节能知识宣传和节能技术培训,提供节能信息、节能示范和其他公益性节能服务。

节能服务机构应当按照法律规定和合同约定从事节能服务活动,提高服务质量,保障提供的信息真实准确。

市和区、县人民政府及负有节能监督管理职责的部门制定与节能有关的政策和标准时,应当听取节能服务机构的意见。

第二十一条 本市推行合同能源管理,发展节能服务产业。节能服务机构通过与用能单位签订节能服务合同,为用能单位提供节能诊断、融资、改造等服务,并按照合同约定与用能单位分享节能效益。

本市将合同能源管理项目纳入有关专项资金支持范围。对采用合同能源管理方式实施的节能改造项目,按照国家和本市有关规定,给予税收扶持和补助、奖励。

用能单位采用合同能源管理方式支付节能服务机构的支出,按照国家会计制度的规定予以列支。

鼓励金融机构根据节能服务机构的融资需求特点,创新信贷产品,拓宽担保品范围,简化申请和审批手续,为节能服务机构提供项目融资、保理等金融服务。

第二十二条 任何单位和个人应当依法履行节能义务,有权举报浪费能源的违法行为。

负有节能监督管理职责的部门应当公布举报电话、电子邮箱或者其他联系方式;接到举报,应当完整地进行记录,及时调查核实并依法作出处理。

负有节能监督管理职责的部门应当为举报人保密;对举报属实、为查处违法案件提供线索和证据的举报人给予奖励。

第三章 合理使用与节约能源

第二十三条 用能单位应当加强用能管理，采取技术上可行、经济上合理及环境和社会可承受的措施，降低能源消耗，减少排放，有效、合理地利用能源，制止能源浪费。

第二十四条 用能单位应当做好以下工作：

（一）建立节能目标责任制和节能奖惩制度；

（二）制定并实施节能计划和节能技术措施；

（三）建立月度能源消费统计台账和能源利用状况分析制度；

（四）定期开展节能教育和岗位节能培训。

年综合能源消费总量2000吨以上不满1万吨标准煤的用能单位，除市发展改革部门指定的重点用能单位外，应当每年向所在地的区、县发展改革部门报送能源利用状况报告。

第二十五条 用能单位应当加强能源计量管理，按照规定配备和使用经依法检定合格的能源计量器具，记录和汇总能源计量原始数据，确保数据真实、完整。

第二十六条 供热单位应当加强供热系统节能管理，对供热系统进行定期检查、维护和更新改造，提高供热系统效率。

第二十七条 能源生产经营单位不得向本单位职工无偿提供能源。任何单位不得对能源消费实行包费制。

第二十八条 本市鼓励用能单位与同行业的能源效率先进水平指标进行对比，强化节能管理，实施节能技术改造，优化用能结构，提高能源利用效率。

有关行业协会应当为会员单位进行能效指标对比和优化节能管理提供指导和咨询服务。

第二十九条 本市鼓励工业企业采用高效、节能的电动机、锅炉、窑炉、风机、泵类等设备，采用热电联产、余热余压利用、洁净煤以及先进的用能监测和控制等技术。

第三十条 电网企业应当按照国家规定的并网技术标准，加强电网建设，提高吸纳可再生能源电力的能力，为可再生能源发电提供上网服务。

第三十一条 建筑所有权人或者使用权人应当保证建筑用能系统正常运行，不得人为损坏建筑围护结构和用能系统。

第三十二条 本市在民用建筑领域推广太阳能利用系统，其中，新建保障性住房、政府投资的公共建筑，以及在小城镇、工业园区建设中应当率先推广使用。新建民用建筑安装太阳能利用系统或者预留安装位置的，应当符合国家和本市有关太阳能利用系统与建筑一体化设计、施工的技术标准，并与建筑主体工程同步设计、同步施工、同步验收。具体办法由市住房和城乡建设部门会同有关部门制定，报市人民政府批准后执行。

本市推广太阳能在新农村建设中的普及和应用；开展示范项目，支持农业生产、农民生活与太阳能利用相结合。

支持太阳能利用项目的补贴办法按照市人民政府有关规定执行。

第三十三条 既有居住建筑不符合民用建筑节能强制性标准的，在尊重该建筑所有权人意愿的基础上，逐步实施节能改造。节能改造费用由政府、建筑所有权人共同负担。

住房和城乡建设部门制定既有居住建筑节能改造计划，明确节能改造的范围、要求和项目实施单位，报同级人民政府批准后执行。

第三十四条 居住建筑以外的其他既有民用建筑不符合民用建筑节能强制性标准的，在进行扩建、改建时，应当同步进行节能改造。

第三十五条 农民对住宅实施节能保温改造的，按照本市有关规定给予政策性资金扶持。

第三十六条 使用空调采暖、制冷的公共建筑应当改进空调运行管理，充分利用自然通风，并按照国家规定实行室内温度控制制度。

第三十七条 实行集中供热的建筑分步骤实行供热分户计量、按用热量收费的制度。新建建筑或者对既有建筑进行节能改造，应当按照规定安装用热计量装置、室内温度调控装置和供热系统调控装置。新建建筑未按照规定安装用热计量装置、室内温度调控装置和供热系统调控装置的，建设单位不得出具竣工验收合格报告。

第三十八条 公用设施、公共场所的照明和大型建筑物装饰性景观照明及其控制系统应当优先使用节电的技术、产品和新能源,按照节能要求降低照明能耗。

第三十九条 本市促进各种交通运输方式协调发展和有效衔接,优化交通运输结构,建设节能型综合交通运输体系;推进交通信息化建设,建设智能交通运输管理系统,逐步提高交通运行效率。

第四十条 本市优先发展公共交通、轨道交通,推广大容量快速公交系统,科学规划调整公共交通线路布局,优化城市道路网络系统。

第四十一条 本市鼓励和支持公共交通等公共服务行业优先采购和使用电动车、混合动力车、天然气车等节能环保型汽车。

第四十二条 公共机构应当落实下列节能管理工作:

(一)制定年度节能目标和实施方案,有针对性地采取节能管理或者节能改造措施;

(二)带头使用节能产品和设备,提高能源利用效率;

(三)加强能源消费计量和监督管理,定期报告能源消费状况;

(四)对重点用能部位的用能情况实行监测,采取有效措施降低能耗。

公共机构负责人对本单位节能工作全面负责。

第四十三条 公共机构新建建筑和既有建筑节能改造,应当使用新型墙体材料等节能建筑材料和节能设备。具备可再生能源利用条件的,应当安装和使用可再生能源利用系统。

发展改革部门应当安排对公共机构既有建筑的节能改造投资。

第四十四条 本市推广绿色建筑标准。鼓励、支持新建民用建筑执行绿色建筑标准;鼓励、支持既有民用建筑通过改造达到绿色建筑标准。具体办法由市住房和城乡建设部门会同有关部门制定,报市人民政府批准后执行。

第四十五条 公共机构节能管理部门制定公共机构能源消耗定额标准,对公共机构实行能源消耗定额管理制度。能源消耗定额标准应当根据经济社会发展状况定期调整。

第四十六条 公共机构和大型公共建筑应当安装能源消耗计量装置,实行能源消耗分类、分项计量和能源审计制度。

公共机构和大型公共建筑的能源消耗情况按照国家有关规定向社会公布。

第四十七条 市发展改革部门按照国家规定加强对重点用能单位的节能管理，并于每年6月底前会同统计部门向社会公布全市重点用能单位的能源利用状况。

第四十八条 市发展改革部门在年综合能源消费总量5000吨以上不满1万吨标准煤的用能单位中指定重点用能单位，并会同统计部门公布具体名单。

市发展改革部门指定的重点用能单位在每年3月底前向市发展改革部门报送上年度的能源利用状况报告。

市发展改革部门应当组织对重点用能单位报送的能源利用状况报告进行审查。对节能管理制度不健全、节能措施不落实、未完成年度节能考核目标、能源利用效率低的重点用能单位，发展改革部门应当开展现场调查，组织实施用能设备能源效率检测，责令实施能源审计，并提出书面整改要求，限期整改。

第四十九条 能源审计主要包括下列内容：

（一）查阅用能系统、设备台账资料，核对能源消耗计量记录；

（二）检查用能系统、设备及能源计量器具的运行状况，审查节能管理制度及能源消耗定额执行情况；

（三）查找存在节能潜力的用能环节或者部位，提出合理使用能源的建议。

第五十条 重点用能单位应当设立能源管理岗位，按照国家规定的条件聘任能源管理负责人，并报所在地的区、县发展改革部门和有关部门备案。

能源管理负责人应当接受节能培训。

第五十一条 政府有关部门可以采用在线监测和现场检测等方式，掌握公共机构、大型公共建筑、重点用能单位和其他用能单位的用能情况。有关用能单位应当予以配合。

政府有关部门应当加强节能监测，并利用在线监测系统或者通过现场检测等方式，为用能单位提供指导和服务。

第四章 节能技术进步

第五十二条 市和区、县人民政府应当把节能技术研究开发作为政府科技投入的重点领域，支持开展节能技术应用研究，开发节能共性和关键技术，促进节能技术创新与成果转化。

鼓励开展节能和可再生能源技术与信息的国际交流合作。

第五十三条　市发展改革部门会同有关部门制定并公布节能技术和产品的推广目录；市住房和城乡建设部门按照国家规定制定并公布推广使用、限制使用和禁止使用的民用建筑材料目录。

第五十四条　本市鼓励和支持研究开发交通节能技术和产品，推广节油技术和新能源汽车。

第五十五条　本市按照因地制宜、多能互补、综合利用、讲求效益的原则，发展和推广太阳能、生物质能、地热能和风能等可再生能源利用技术。

第五章　激励措施

第五十六条　市人民政府应当安排节能专项资金，支持节能技术研究开发、节能技术和产品的示范与推广、重点节能工程的实施、节能技术改造、节能宣传培训、信息服务和表彰奖励等。

第五十七条　市和区、县人民政府应当安排民用建筑节能资金，支持民用建筑节能的科学技术研究和标准制定、既有建筑围护结构和供热系统的节能改造、可再生能源的应用，以及民用建筑节能示范工程、节能项目的推广。

第五十八条　本市鼓励采用高效照明、高效电机、蓄能设备等节能技术和产品；推广节能自愿协议、电力需求侧管理等节能办法。具体奖励和补助办法由市人民政府另行制定。

第五十九条　本市实行有利于节能和开发利用可再生能源的价格政策，逐步建立和完善能耗超限额加价制度和能源阶梯价格制度，引导用能单位和个人节能。

第六十条　政府采购监督管理部门会同有关部门制定节能产品、设备政府采购名录。公共机构应当优先采购列入政府采购名录中的产品、设备。

第六十一条　本市引导金融机构增加对节能项目的信贷支持，为符合条件的节能技术研究开发、节能产品生产及节能技术改造等项目提供优惠贷款；引导社会有关方面加大对节能的资金投入，加快节能技术改造；逐步开展节能量指标交易。

第六十二条 本市鼓励和支持消费者购买和使用能源效率等级较高或者有节能认证标志的用能产品。

第六十三条 市和区、县人民政府对在节能工作中取得显著成绩或者作出突出贡献的单位和个人，给予表彰和奖励。

第六章 法律责任

第六十四条 固定资产投资项目建设单位开工建设不符合强制性节能标准的项目或者将该项目投入生产、使用的，由发展改革部门责令停止建设或者停止生产、使用，限期改造；不能改造或者逾期不改造的生产性项目，由发展改革部门报请同级人民政府按照国务院规定的权限责令关闭。

第六十五条 使用国家明令淘汰的用能设备或者生产工艺的，由发展改革部门责令停止使用，没收国家明令淘汰的用能设备；情节严重的，可以由发展改革部门提出意见，报请同级人民政府按照国务院规定的权限责令停业整顿或者关闭。

依法没收的国家明令淘汰的用能设备，交由指定单位解体处理。

第六十六条 节能服务机构从事节能咨询、设计、评估、检测、审计、认证等活动提供虚假信息的，由发展改革部门责令改正，没收违法所得，并处5万元以上10万元以下罚款，并将违法行为信息记入本市企业信用信息系统。

第六十七条 用能单位未按照规定配备、使用能源计量器具的，由质量技术监督部门责令限期改正；逾期不改正的，处1万元以上5万元以下罚款。

第六十八条 瞒报、伪造、篡改能源统计资料或者编造虚假能源统计数据的，依照《中华人民共和国统计法》的规定处罚。

第六十九条 能源生产经营单位无偿向本单位职工提供能源或者对能源消费实行包费制的，由发展改革部门责令限期改正；逾期不改正的，处5万元以上20万元以下罚款。

第七章 附 则

第七十条 本办法自2010年7月1日起施行。

> 附录2

北京市政府关于印发《北京市进一步促进能源清洁高效安全发展的实施意见》的通知

京政办发〔2015〕28号

各区、县人民政府，市政府各委、办、局，各市属机构：

《北京市进一步促进能源清洁高效安全发展的实施意见》已经市政府同意，现印发给你们，请认真贯彻实施。

北京市人民政府办公厅
2015年5月14日

北京市进一步促进能源清洁
高效安全发展的实施意见

为贯彻落实《国务院办公厅关于印发能源发展战略行动计划（2014—2020年）的通知》（国办发〔2014〕31号）精神，进一步调整优化能源结构，提高能源利用效率，确保能源安全供应，加快构建本市清洁、高效、安全、可持续的现代能源体系，特提出如下实施意见。

一、总体要求

（一）指导思想

深入贯彻落实党的十八大和十八届三中、四中全会精神，深入学习贯彻习近平总书记系列重要讲话和对北京工作的重要指示精神，主动适应经济发展新常态，坚持和强化首都城市战略定位，以开源、节流、减排为重点，以节约优先、绿色低碳、创新驱动、安全可靠为原则，健全完善能源发展体制机制，严格控制能源消费总量，着力调整优化能源结构，高标准建设能源基础设施，切实加强能源运行精细化管理，最大限度地降低能源利用排放对大气环境的影响，努力为建设国际一流的和谐宜居之都提供安全可靠的能源保障。

（二）主要目标

到2020年，全市能源消费总量控制在8800万吨标准煤左右，其中优质能源比重提高到92%左右，煤炭消费总量控制在900万吨以内，新能源和可再生能源比重提高到8%左右，能源结构进一步优化；全市万元地区生产总值能耗比2015年下降15%左右，能源利用效率进一步提高；建成网络可靠、结构合理、运行灵活、绿色智能的现代化电网和多源、多向、多级天然气接收供应体系，能源供应保障体系更加完善。

二、重点任务

（一）调整优化能源结构

1. 着力压减燃煤总量。建成四大燃气热电中心，全面关停燃煤机组。城六区、远郊区县新城建成区和全市市级及以上开发区，按照时限要求建成高污染燃料禁燃区。推进生产和供暖用燃煤锅炉进行清洁能源改造，继续淘汰退出高耗能、高污染企业，如期完成城市核心区基本实现无煤化、城六区基本实现无燃煤锅炉的任务。加快推进城乡结合部和农村地区"减煤换煤"步伐，压减民用燃煤总量。责任单位：市发展改革委、市经济信息化委、市财政局、市环保局、市规划委、市住房城乡建设委、市市政市容委、市农委、

市重大项目办、市燃气集团、北京市电力公司、相关区县政府

2. 合理利用天然气资源。优先保障居民生活、公共服务及商业用气，除四大燃气热电中心和3座区域能源中心外不再新建燃气电厂，有序推动天然气分布式能源系统建设，稳步发展利用天然气的交通运输模式。

责任单位：市市政市容委、市发展改革委、市交通委，市燃气集团，相关区县政府

3. 大力发展新能源和可再生能源。加快发展地热和热泵供暖，推进深层地热和再生水、地埋管、余热等热泵系统的开发利用。合理利用太阳能，在工业园区、学校、工商业企业和大型公共建筑等场所推广使用分布式光伏发电系统，推进太阳能光热系统建筑一体化应用。因地制宜发展生物质能，积极推进城市生活垃圾能源化利用。

责任单位：市发展改革委、市教委、市经济信息化委、市财政局、市国土局、市住房城乡建设委、市市政市容委、市水务局、市商务委、市国资委，北京市电力公司，相关区县政府

（二）提高能源利用效率

1. 严格控制重点行业能源消费增长。实施更加严格的公共建筑节能设计标准，新建建筑必须达到绿色建筑一星级以上标准。坚决控制新建和改扩建石化、化工、建材等高耗能、高排放项目。坚持公交优先发展战略，继续完善机动车总量调控机制，新进入本市市场销售的机动车必须达到国际能效先进水平。

责任单位：市发展改革委、市经济信息化委、市环保局、市规划委、市住房城乡建设委、市交通委

2. 全面实施能效提升计划。建立重点行业（领域）、重要耗能产品能效领跑者制度，组织能效对标活动，实施节能技术改造。开展百家重点用能单位节能低碳行动，推广余热余压利用，淘汰国家明令禁止使用的落后用能设备。加快推动城镇居住建筑抗震节能综合改造。

责任单位：市发展改革委、市经济信息化委、市住房城乡建设委、市质监局、市重大项目办

3. 加强和创新节能管理。继续实施能源消费总量和能耗强度"双控"机制。健全完善节能监测预警机制,对能耗超标的区县、行业(领域)和重点用能单位实行用能调控。建立能源审计机制,推行全领域清洁生产,年耗能在5000吨标准煤以上的重点用能单位全部建立能源管理体系。推广合同能源管理、节能委托管理、能效融资等市场化模式,培育一批综合性节能技术服务机构。

责任单位:市发展改革委、市经济信息化委、市财政局,各区县政府

(三) 确保能源供应安全

1. 提升供电保障能力。加快外受电通道建设,形成东南西北4个方向受电格局,受电能力达到3400万千瓦左右。优化电力主网结构,将特高压电力引入朝阳中央商务区、丰台丽泽金融商务区、大兴新航城等高可靠用电需求区域,完善500千伏双环电网,220千伏电网形成9个相互联络支援的供电分区。"网格化"规划配电网络,差异化配置开闭站,提升配电网络自动化水平。全面实施配电网络升级改造,努力提升农村地区电力基础设施建设水平和承载能力。

责任单位:市发展改革委,北京市电力公司,相关区县政府

2. 完善供气基础设施体系。完善陕京输气系统,增加外部供气通道,陕京输气系统等长输管线年供气能力超过930亿立方米。着力提升天然气输配系统安全性,建成"外输内配"的燃气环线网络,天然气接收门站总数达到14座。加快输气干线向郊区延伸,实现天然气管网城六区和远郊区县新城全覆盖、重点工业园区全联通。

责任单位:市市政市容委、市发展改革委、市重大项目办,中石油集团公司,市燃气集团,相关区县政府

3. 大力推进清洁供热。继续加大燃煤供热设施清洁能源改造力度,全市清洁能源供热比例超过90%,城六区基本实现清洁供热。在远郊区县乡镇及农村地区重点发展小型清洁供热设施替代现有燃煤锅炉,推广应用电采暖及太阳能、热泵等清洁能源供暖。

责任单位:市市政市容委、市发展改革委、市农委,市燃气集团、市热

力集团,北京市电力公司,相关区县政府

(四)强化能源运行精细化管理

1. 加强地下管线运行管理。组织编制地下管线综合规划,加强输油气管道和危险化学品输送管道保护,提高管线运行的安全性和可靠性。开展地下管线基础信息普查,建立完善地下管线基础信息综合管理系统。建立完善地下管线运行管理体制、隐患排查治理工作体系和应急管理机制,切实消除安全隐患,及时处置突发事故。

责任单位:市市政市容委、市发展改革委、市规划委、市水务局、市安全监管局,中石油集团公司、中石化集团公司,市燃气集团、市热力集团、市自来水集团、市排水集团,北京市电力公司,相关区县政府

2. 提升能源监测调度水平。整合政府部门和企业信息资源,健全市、区(县)两级能源运行监测体系,完善全市能源与经济运行监测平台的综合功能和覆盖范围。高标准建设天然气全网数字化监控运行调度系统、城市电网智能运行监控平台和供热管网地理信息系统数据库平台等企业监测调度系统,推动建立能源监测数据共享机制,提升智能化管理和监测调度水平。

责任单位:市发展改革委、市市政市容委、市商务委,中石油集团公司、中石化集团公司,市燃气集团、市热力集团,北京市电力公司

3. 提高综合运行管理能力。深入推进需求侧管理,继续完善与国家有关部门及能源企业的沟通协调机制,提前落实主要能源资源的供需计划。深化区域能源合作,构建更加稳定的能源合作关系。加强高峰季节、节假日和重大活动的能源运行保障。完善能源应急储备体系,建立规模适度的天然气、成品油和煤炭等重点能源应急储备。

责任单位:市发展改革委、市市政市容委、市商务委,中石油集团公司、中石化集团公司,市燃气集团、市热力集团,北京市电力公司

(五)健全完善能源发展机制

1. 完善能源市场体系。充分发挥市场在能源资源配置中的决定性作用,鼓励社会资本参与区域性供热(气)工程的建设运营和全市新能源、可再生能源的建设发展,支持社会资本发展合同能源管理等节能服务产业,建立统

一开放、竞争有序的现代能源市场体系。

责任单位：市发展改革委、市市政市容委、市财政局、市农委、市金融局

2. 稳步推进能源价格改革。按照国家价格改革方向和要求，逐步推进能源价格改革，建立与人口资源环境相协调的能源价格体系。完善差别化能源价格政策，实施居民阶梯气价制度，积极推进电价和供热价格改革。

责任单位：市发展改革委、市财政局

3. 健全能源监管体系。结合能源行业发展需求，制定完善本市电力、天然气、成品油、热力、煤炭等行业的相关政策和标准规范。贯彻落实《可再生能源法》，创新监管方式，提高监管效能，维护公平公正的市场秩序。加快研究制定可再生能源地方法规，优化能源发展的法制环境。

责任单位：市发展改革委、市市政市容委、市商务委、市质监局、市安全监管局、市政府法制办

三、保障措施

（一）加强组织领导

充分发挥市能源与经济运行调节工作领导小组的统筹协调作用，加大能源领域重大事项的协调推进力度。各区县政府、各有关部门要明确职责、细化目标，制订具体方案，狠抓工作落实。电力、天然气、热力等相关企业要加快推进清洁能源设施建设，切实做好能源供应保障工作。

（二）强化督查考核

市能源与经济运行调节工作领导小组办公室要制定年度工作计划，分解落实年度任务，定期开展分析评估，对重点领域中的突出问题和难点工作，要及时开展专题研究，并协调推动解决，确保各项工作任务按时完成。

（三）做好宣传引导

市能源与经济运行调节工作领导小组各成员单位要加大宣传力度，利用电视、互联网、报刊等各类媒体深入开展节能宣传活动，大力倡导绿色生产生活方式，普及节能知识，推广节能产品，充分调动社会各方面的积极性，努力营造科学节能、合理用能的良好氛围。

附录 3

国家发展改革委 国家能源局关于同意北京市开展电力体制改革综合试点的复函

发改经体〔2016〕1853 号

北京市人民政府：

报来《北京市人民政府关于报请批准〈北京市电力体制改革综合试点方案〉的函》（京政函〔2016〕64号）收悉。经征求经济体制改革工作部际联席会议（电力专题）成员单位意见，现函复如下：

一、同意北京市开展电力体制改革综合试点。经征求有关部门意见汇总修改形成的《北京市电力体制改革综合试点方案》附后，请据此制定完善输配电价改革、电力交易机构组建、电力市场建设、发用电计划放开、售电侧改革等专项试点方案，报国家发展改革委、国家能源局备案。

二、加强组织领导，加快改革实施。请你市加强对试点工作的组织领导，市人民政府负总责，各部门、国家能源局华北监管局分工协作、各司其职，加强与电网企业、发电企业、用电企业等各方面的协调沟通，充分调动各方面积极性，搞好工作衔接，形成工作合力。按照《中共中央国务院关于进一步深化电力体制改革的若干意见》（中发〔2015〕9号，以下简称中发9号文件）和电力体制改革配套文件精神，在综合试点和专项试点方案基础上，结合实际完善配套措施、突出工作重点，积极配合组建电网企业相对控股的京津冀电力交易机构，统筹推进输配电价、电力市场建设、电力交易机制、发用电计划、配售电侧等改革任务落实，确保改革取得实质性突破。

三、把握改革方向，规范推进试点。电力体制改革社会关注度高、影响面广、情况复杂，要坚持正确的改革方向，确保在中发9号文件和配套文件框架内推进试点，防止试点工作方向走偏。试点工作要始终坚持以下原则：一是坚持市场定价的原则，不得采取行政命令等违背改革方向的办法，人为降低电价；二是坚持平等竞争的原则，向符合条件的市场主体平等开放售电业务和增量配电业务，不得以行政指定方式确定售电主体和投资主体；三是坚持节能减排的原则，对按规定应实行差别电价和惩罚性电价的企业，不得借机变相对其提供优惠电价和电费补贴。

四、稳妥推进改革，确保电力安全。试点过程中，要建立问题发现和纠错机制，灵活应对试点工作中出现的新情况新问题，切实防范试点过程中可能出现的风险，保证电网安全，保障民生用电，重大问题及时报告经济体制改革工作部际联席会议（电力专题）。电力市场运行前要进行模拟运行，加强对市场运行情况的跟踪了解和分析，及时修订完善有关规则、技术规范。国家能源局华北监管局和北京市电力管理部门根据职能依法履行电力监管职责，对市场主体准入、电网公平开放、市场秩序、市场主体交易行为、电力普遍服务等实施监管。国家发展改革委、国家能源局将会同有关部门加强对试点的指导协调、督促检查、评估验收，共同做好试点工作。

国家发展改革委
国家能源局
2016年8月26日

北京市电力体制改革综合试点方案

为深入贯彻落实《中共中央国务院关于进一步深化电力体制改革的若干意见》（中发〔2015〕9号）和《国家发展改革委国家能源局关于印发电力

体制改革配套文件的通知》（发改经体〔2015〕2752号）精神，积极推进我市电力体制改革综合试点工作，着力构建有效竞争的市场结构和市场体系，结合我市实际，制订本方案。

一、总体思路

坚持社会主义市场经济改革方向，牢牢把握首都城市战略定位，深入实施京津冀协同发展战略，遵循电力系统运行规律，坚持安全第一，按照"三放开、一独立、三强化"的总体要求，结合首都电力行业发展实际，积极开展电力体制改革综合试点，着力推进输配电价改革、电力交易市场建设、电动汽车充电设施建设、可再生能源发展、配售电业务放开试点等工作，释放市场活力，坚持科学监管，提高资源利用效率，为首都电力系统安全稳定运行和电力可靠供应提供有力保障。

二、改革原则

（一）安全可靠，市场主导。在确保首都供电安全可靠前提下，通过市场化方式引导激励市场主体积极参与各项电力体制改革试点工作。

（二）问题导向，突出重点。结合首都电力发展实际，重点就保障供电安全要求高、配网投资不足、电网峰谷差大等问题提出改革方案，促进电力行业发展。

（三）试点先行，平稳推进。在条件相对较好、矛盾相对较少、重点支持发展的区域开展试点工作，并逐步扩大改革实施范围，确保平稳推进。

（四）完善制度，健全机制。制定我市电力体制改革配套落实文件，建立健全工作机制，细化职责分工，明确市场规则和市场主体准入条件，确保电力体制改革有序推进。

三、主要任务

（一）推进输配电价改革工作。以"准许成本加合理收益"为原则，以各电压等级输配电资产、成本、输电量和线损率等为基础，核定电网输配电价。配合国家发展改革委核定华北电网输电网络输电电价。重点开展以下工作：配合国家发展改革委做好输配电价成本监审，核定国网北京市电力公司提供输配电服务的有效资产和资产折旧、运维费用、合理的工资收入等准许成本以及电网各电压等级输配电价等相关具体工作，形成完整的输配电价体系；设立平衡账户，电网企业监管周期内输配电实际收入与准许收入之间的差额，通过平衡账户进行调节；创新输配电价核定办法，制定激励和约束机制，促进电网企业提高服务质量，增进效率、降低运营成本。

（二）推进京津冀电力交易市场建设。积极推进电网企业相对控股的京津冀电力交易机构组建工作，并争取其在京落户，建设京津冀统一的电力市场。结合有序放开公益性和调节性以外的发用电计划，开展京津冀区域电力中长期市场交易和现货市场业务。重点开展以下工作：会同天津市政府、河北省政府和国家能源局华北监管局，成立京津冀电力交易机构筹备委员会；配合国家发展改革委、国家能源局制定京津冀电力交易机构组建方案、监管办法以及京津冀电力市场建设方案，确定京津冀电力交易机构主要业务及业务开展模式等；支持京津冀电力交易机构成立市场管理委员会。

（三）推进电动汽车充电设施建设。大力推进电动汽车充电设施网络化建设，满足我市快速增长的电动汽车充电需求。建立合理的电动汽车充电服务机制和收费机制，促进电动汽车产业快速发展。探索推进电动汽车参与电网储能和调峰。重点开展以下工作：制定电动汽车充电设施配套电网规划，完善电动汽车充电设施接入配网支持政策；建立合理的电动汽车充电收费机制；支持社会资本参与电动汽车充电设施建设和运营，鼓励增量配网投资主体参与电动汽车充电设施建设；强化规划、政策、标准等协同，全面推进京津冀区域电动汽车充电设施一体化建设；着力创新技术和运营模式，推动互联网与电动汽车充电设施深度融合；引导电动汽车在电网负荷低谷时段充电，鼓励电动汽车为电网提供储能和调峰服务。

（四）推进高效绿色电力送京。在保障我市电网运行安全和供热安全的前提下，提高外调电比例，减少我市火电发电厂污染物排放，改善大气环境质量。重点开展以下工作：有序放开公益性和调节性以外的发用电计划，逐步减少我市火电机组计划内发电量；完善发电合同转让交易机制，开展替代发电，在保障我市电网安全和供热安全前提下，尽量将我市火电机组发电量计划转让给京外的可再生能源及大容量、高参数、超低排放机组；推进可再生能源特别是低谷弃风和弃光电力在"煤改电"、热泵系统、乡镇清洁采暖、新能源汽车等领域的使用。推进以电代煤工作，实施农村"电代煤"工程，加快推进农村无煤化进程，预计到 2017 年 10 月底，实现核心区和南部四区平原地区基本"无煤化"。统筹"煤改电"配套电网建设和外送电通道建设工作，加大农村电网升级改造力度。

（五）推进电力辅助服务市场化建设。建立健全无功补偿、调峰、黑启动、容量备用等电力辅助服务市场化机制。重点开展以下工作：推进调相机建设，增加动态无功电源；完善我市电网黑启动方案；推动储能调频调峰电站建设和应用，结合京津冀电力市场建设，建立完善储能调频调峰电站调度运行机制和市场参与机制；配合国家能源局开展京津冀电力辅助服务市场建设相关工作，科学制定调峰、调频、备用等交易规则，建立无功补偿、黑启动等辅助服务合理的投资回报机制；逐步实现辅助服务有偿化和市场化，提高电力系统安全可靠运行水平。

（六）推进可再生能源发展。逐步完善可再生能源发展机制，鼓励以分布式可再生能源和天然气热电冷三联供为主的分布式能源发展，提升可再生能源就地消纳能力和利用比例。重点开展以下工作：研究建立我市可再生能源目标引导和考核制度，到 2020 年非水可再生能源电力消费占全市电力消费比重达到 10% 以上；政府及公共机构率先使用绿色电力，并研究制定绿色电力自愿认购制度，鼓励企业、社会单位及家庭使用绿色电力；支持利用能源互联网技术、微电网技术等提高可再生能源就地消纳能力，支持可再生能源电源就近向电力用户售电；鼓励社会资本投资建设可再生能源发电设施，完善可再生能源发电设施接入电网支持政策。

（七）推进增量配电业务放开试点工作。在具备条件的开发区、产业园区和重点功能区开展增量配电业务放开试点工作，鼓励社会资本投资增量配电业务，促进我市电力基础设施建设，提高配网运营效率，降低配电成本，更好为广大用户提供电力服务，保障首都电力供应。重点开展以下工作：结合配电网规划，确定试点区域，通过招标等市场化机制公开、公正优选确定项目业主，并按现有要求做好项目核准工作；制定增量配电业务投资与运营的监管办法，建立增量配电业务投资回报和运行保障机制；建立健全增量配电市场主体信用体系，建立增量配电市场风险防范机制等。对于历史形成的，国网北京市电力公司以外的存量配电资产，可视为增量配电业务。

（八）推进竞争性售电业务放开试点工作。培育售电市场主体，吸引社会资本进入竞争性售电领域，发展能源增值服务，为用户提供多样化、个性化的综合能源服务。推进全市大用户、售电主体与发电企业直接交易。重点开展以下工作：建立健全售电侧管理体系，明确市场主体权责，制定售电公司准入条件与退出机制，制定售电业务监管细则；建立保底供电服务机制，建立健全售电市场主体信用体系，制定售电市场风险防范机制；推进大用户、售电主体与发电企业的跨省跨区电力直接交易。

（九）提高需求调控能力。针对我市电网峰谷差大的特点，完善电力需求侧管理和需求侧响应机制。加强电力需求侧资源开发利用，提高负荷调控能力，引导电力用户削减高峰时段用电需求，削减电网峰谷差，减轻电网运行压力，促进节能减排。重点开展以下工作：建立60万千瓦政府需求响应库和120万千瓦有序用电资源库；完善需求侧响应应急实施方案与激励机制；建立电力与环保应急联动机制，在空气重度污染时启动负荷调控措施，减少电力消耗，降低生产排放；推动电储能技术应用，推动分布式储能系统发展，研究出台促进电储能技术应用的支持政策。

（十）提高安全保障能力。针对电力体制改革后市场主体增多、市场交易频繁等新情况，完善监管机制，创新监管措施，进一步提高政府部门监管能力。重点开展以下工作：健全监管机构，做好电力交易、调度、供电服务和安全运行全过程监管工作；建立供电服务市场化保障和风险防范机制，在供电合约中明确供电企业安全责任，提高供电可靠性。

四、组织实施

（一）完善工作机制。成立市电力体制改革领导小组，由分管副市长任组长，市政府分管副秘书长、市发展改革委主要负责同志任副组长，市能源与经济运行调节工作领导小组办公室、市财政局、市环保局、市国资委、市工商局、市金融局、各区政府、国家能源局华北监管局、国家电网公司华北分部、国网北京市电力公司、国网冀北电力有限公司、北京能源集团有限责任公司、中国华能集团公司、中国大唐集团公司、中国华电集团公司、神华集团有限责任公司、首钢总公司分管负责同志为成员,负责电力体制改革综合试点工作的政策指导和统筹协调,加强监督检查和跟踪落实,研究解决试点工作中的重点难点问题。领导小组办公室设在市发展改革委(市能源与经济运行调节工作领导小组办公室)。

(二)积极营造改革氛围。加强与新闻媒体的沟通协调,加大对我市电力体制改革工作的宣传力度,正确引导社会舆论,充分调动各方面积极性,切实形成工作合力,在全社会形成推进电力体制改革的浓厚氛围。

> 附录4

北京市民用建筑节能管理办法

北京市人民政府

北京市人民政府令第 256 号

《北京市民用建筑节能管理办法》已经 2014 年 6 月 3 日市人民政府第 43 次常务会议审议通过，现予公布，自 2014 年 8 月 1 日起施行。

市长 王安顺

2014 年 6 月 24 日

北京市民用建筑节能管理办法

第一章 总 则

第一条 为加强本市民用建筑节能管理，降低能源消耗，提高能源利用效率，根据有关法律法规，结合本市实际情况，制定本办法。

第二条 本市行政区域内的民用建筑节能及其监督管理活动，适用本办法。

本办法所称民用建筑节能，是指在居住建筑和公共建筑的规划、设计、建造、使用、改造等活动中，按照有关标准和规定，采用符合节能要求的建筑材料、设备、技术、工艺和管理措施，在保证建筑物使用功能和室内环境质量的前提下，合理、有效地利用能源，降低能源消耗。

第三条 本市民用建筑节能管理工作遵循政府引导、市场调节、社会参与的原则，通过提高节能技术标准，加强节能管理，实现节约能源、改善环境、社会受益。

第四条 住房城乡建设行政主管部门负责本市民用建筑节能管理的综合统筹、监督、协调工作，具体负责民用建筑建造、使用、改造方面的节能监督管理工作。

规划行政主管部门负责民用建筑规划、设计方面的节能监督管理工作；市政市容行政主管部门负责民用建筑供热方面的节能监督管理工作；发改、财政、统计、农村工作等行政主管部门按照职责负责民用建筑节能的相关监督管理工作。

区、县人民政府负责本行政区域内民用建筑节能管理的组织领导工作。

第五条 市住房城乡建设行政主管部门负责编制本市民用建筑节能专项规划，民用建筑节能专项规划的主要指标应当纳入国民经济和社会发展规划。

市和区县住房城乡建设行政主管部门根据专项规划制定民用建筑节能年度工作计划。

第六条 新建民用建筑、实施节能改造的既有民用建筑的建筑节能责任由建设单位承担。设计单位、施工单位、监理单位、检测单位、施工图设计文件审查机构等单位及其相关人员，按照规定承担设计、施工、监理、检测、施工图审查等方面的建筑节能责任。

民用建筑使用中的节能责任由所有权人、运行管理人、使用人按照规定或者约定承担，没有规定或者约定的，由所有权人承担。

第七条 公民、法人和其他组织应当提高节能意识，采取节能措施，加强日常行为节能。

新闻媒体应当加强民用建筑节能宣传工作，普及建筑节能科学知识，引导、鼓励社会公众节能行为。

第八条 本市民用建筑节能工作严格执行国家标准、行业标准和本市地方标准。根据本市民用建筑节能管理工作的需要，可以制定严于国家标准和行业标准的地方标准，地方标准可以制定强制性条文。

第九条 市住房城乡建设行政主管部门会同市规划等部门，定期发布本市推广、限制、禁止使用的建筑材料、设备、技术、工艺目录，并实行动态管理。本市推广安全耐久、节能环保、便于施工的绿色建材，禁止生产和使用粘土砖、粘土瓦、粘土陶粒。

第十条 本市实行公共建筑能耗限额管理制度，逐步建立分类公共建筑能耗定额管理、能源阶梯价格制度，具体办法由市住房城乡建设行政主管部门会同市发展改革行政主管部门制定。

集中供热的公共建筑实行热计量收费制度，集中供热的居住建筑逐步实行热计量收费制度，具体办法由市市政市容行政主管部门会同市发展改革行政主管部门制定。

第十一条 本市建立民用建筑能耗统计制度，具体办法由市住房城乡建设行政主管部门会同市统计、计量行政主管部门制定。

民用建筑的所有权人、使用人、运行管理单位和能源供应单位应当配合建筑能耗调查统计工作，并按照规定提供统计调查所需要的资料。

第十二条 本市在民用建筑中推广太阳能、地热能、水能、风能等可再生能源的利用。民用建筑节能项目按照国家和本市规定，享受税收优惠和资金补贴、奖励政策。

本市节能专项资金中应当安排专门用于民用建筑节能的资金，用于建筑节能技术研究和推广、节能改造、可再生能源应用、建筑节能宣传培训以及绿色建筑和住宅产业化等项目的补贴和奖励。

鼓励以商业银行贷款、合同能源管理等方式推动民用建筑节能工作。

第二章 新建民用建筑节能管理

第十三条 本市编制、调整城乡规划时应当充分考虑气候、地形地貌、资源等条件，按照建筑节能与宜居的要求，对区域功能、人口密度、能源消耗强度、基础设施配置等进行统筹研究、合理安排。

第十四条 新建民用建筑在编制项目建议书、可行性研究报告、项目申请报告时应当包括建筑节能内容。

达到国家规定的规模和标准的项目，建设单位应当单独编制节能评估文件，由发展改革部门组织节能评估并出具节能审查意见。建设单位应当将节能审查意见中的能源利用方案、能耗指标和提高能效的要求转化成具体措施。

第十五条 新建民用建筑的设计说明应当注明符合建筑节能标准、符合固定资产投资项目节能审查意见要求的具体措施。

施工图设计文件审查机构应当按照建筑节能标准和规定对施工图设计文件进行审查。经审查合格的施工图设计文件不得擅自变更；确需变更且涉及建筑节能内容的，建设单位应当重新履行施工图设计文件审查程序。

第十六条 施工单位应当按照建设工程设计图纸和施工技术标准进行施工，采用符合建筑节能要求的建筑材料、设备和施工工艺；在施工作业中，应当按照本市绿色施工管理规程的要求进行绿色施工。

在建设工程项目竣工验收之前，建设单位应当按照规定组织建筑节能专项验收。

第十七条 市住房城乡建设行政主管部门应当建立全市建筑材料使用管理信息化监控平台，实行建筑节能材料信用信息管理制度，定期发布建筑节能材料的相关信息，对涉及建筑节能效能的建筑材料实施重点监管。

施工总承包单位应当按照规定报送相关建筑节能材料的数据信息。

第十八条 新建民用建筑应当按标准和规定安装能耗计量设施，大型公共建筑应当安装能耗分项计量设施。新建民用建筑安装供热计量与温控装置应当符合下列要求：

（一）热量表经计量检定合格；

（二）温控装置具有检测合格报告；

（三）供热计量装置达到数据远传通讯功能；

（四）建筑物室内分户安装采暖温度采集远传装置。

供热计量与温控装置安装应当便于日常巡检、维修，并保证正常运行。

第十九条 采用集中供热的建设工程，建设单位应当在建设工程开工前与供热单位签订集中供热设施的运行管理合同，明确供热计量与温控装置的采购、技术标准及安装要求。供热单位采购供热计量与温控装置，对装置安装工作进行技术指导，参与采暖节能工程分项验收中的供热计量与温控装置安装工程验收工作。供热计量与温控装置不符合要求的，供热单位不予验收。

第二十条 本市新建民用建筑执行一星级绿色建筑标准。

根据民用建筑节能管理需要，部分新建民用建筑应当按照二星级以上绿色建筑标准或者住宅产业化要求进行建设，具体范围由市住房城乡建设行政主管部门会同规划等部门确定，根据经济社会发展情况实行动态调整，并制定年度建设计划。

确定为按照二星级以上绿色建筑标准或者住宅产业化要求进行建设的项目，相关建设标准或者要求应当在土地出让条件、选址意见书或者规划条件中明确。

第二十一条 市规划、住房城乡建设行政主管部门负责组织对按照二星级以上绿色建筑标准进行建设的民用建筑进行绿色建筑评审，对评审合格的民用建筑，颁发绿色建筑设计、运行标识，并按照规定给予补贴或者奖励。

第二十二条 建设单位应当在房屋销售场所、房屋买卖合同、住宅质量保证书、住宅使用说明书中明示所售房屋的建筑节能设计指标、绿色建筑星级、可再生能源利用情况、供热方式、供热单位及供热计量收费方式、节能设施的使用与保护要求等基本信息。

第二十三条 由农村集体组织统一规划、统一建设的三层以上建设项目应当执行本市建筑节能设计标准。

农村村民自建住宅的，鼓励其采用建筑节能设计，使用新型建筑材料和清洁能源。经住房城乡建设行政主管部门认定，农村村民自建住宅符合本市农村村民住宅节能标准、采用清洁能源的，市和区县财政部门可以按照规定给予补贴。

第三章 既有民用建筑节能改造

第二十四条 本市对不符合民用建筑节能强制性标准且有改造价值的民用建筑逐步实行节能改造。区、县人民政府负责统筹推进本行政区域内的节能改造工作。在实行抗震加固、老旧小区改造时，应当同时进行节能改造。

第二十五条 既有普通公共建筑不符合民用建筑节能强制性标准的，所有权人在进行改建、扩建和外部装饰装修工程时，应当同时进行围护结构的节能改造和能耗计量监控设施改造，并依法进行施工图设计审查。既有大型公共建筑不符合民用建筑节能强制性标准的，在进行改建、扩建时，应当同时进行能耗分项计量监控设施和用能系统节能改造。

未同步进行节能改造的，相关行政主管部门不予办理改建、扩建和外部装饰装修工程的相关手续。

第二十六条　本市鼓励对不符合建筑节能强制性标准的既有居住建筑进行围护结构和供热计量改造，改造资金由政府、所有权人共同承担。既有居住建筑属于职工购买公有住宅楼房性质的，改造资金按照本市有关规定及原售房合同的约定承担。

第二十七条　公共建筑的节能改造由建筑物所有权人负责组织实施，公共建筑的所有权人为分散业主的，由公共建筑的运行管理单位负责组织实施工作。

居住建筑的节能改造，属于政府直管或者单位自管的，由房屋管理单位负责组织实施工作；其他居住建筑由区县住房城乡建设行政主管部门或者区县人民政府指定的有关机构负责组织实施工作。集中供热系统热计量改造由供热单位组织实施，负责供热计量与温控装置的采购和组织安装。

中央在京机关、军队、企业、事业单位的居住建筑，由房屋管理单位按照国家主管部门和市人民政府的规定组织实施。本市国有资产监督管理机构按照规定督促所监管企业做好既有建筑节能改造工作。

建筑物所有权人、管理人、使用人应当依法配合节能改造工作。

第二十八条　既有居住建筑实施节能改造应当制定改造工作方案。改造工作方案由本办法第二十七条确定的负责组织实施工作的主体制定，并征求房屋所有权人的意见。改造工作方案应当确定实施改造的项目管理人，项目管理人承担建设单位的法律责任。

第四章　民用建筑节能运行

第二十九条　实行物业管理的民用建筑，物业服务单位应当按照物业服务合同的约定承担建筑节能运行管理责任。物业服务单位应当向建筑物所有权人提出建筑物节能运行的方案。

居住建筑的物业服务单位应当建立健全节能管理制度，开展节能宣传教育，负责物业管理区域内共用部位的节能管理工作。公共建筑的物业服务单位应当设立能源管理岗位，采用节能技术和管理措施，负责用能分类分项计量调控系统、数据远传系统的运行管理。

第三十条 公共建筑的所有权人应当采取节能技术和措施，采取建筑物用能系统节能运行方案，减少能源消耗。公共建筑和居住建筑的使用人应当提高节能意识，在日常使用中注意节电、节水、节能。

第三十一条 市住房城乡建设行政主管部门会同发展改革等主管部门确定重点公共建筑的年度能耗限额，对具有标杆作用的低能耗公共建筑、超过年度能耗限额的公共建筑和公共建筑的所有权人、运行管理单位定期向社会公布。

对超过年度能耗限额的重点公共建筑，有关行政主管部门应当要求建筑物所有权人制订整改方案，并督促其采用节能技术，减少能源消耗。

第三十二条 本市建立公共建筑能源利用状况报告和能源审计制度。大型公共建筑的所有权人应当每年向市住房城乡建设行政主管部门报送年度能源利用状况报告。

年度能源利用状况报告显示建筑物出现能源利用状况明显异常或者超过公共建筑年度能耗限额20%的，市住房城乡建设行政主管部门应当责令该公共建筑的所有权人实施能源审计。所有权人应当聘请能源审计机构进行能源审计，将审计结果报送市住房城乡建设行政主管部门，并依据能源审计结果加强节能管理和实施节能改造。

第三十三条 任何人不得损坏、擅自拆改建筑物围护结构保温层、供热计量装置与调控系统、能耗计量设施等。

第三十四条 使用空调采暖、制冷的公共建筑所有权人应当改进空调运行管理，充分利用自然通风，管理运行单位和使用人应当按照国家规定实行室内温度控制。

第三十五条 新建民用建筑、既有建筑节能改造项目的供热计量和温控装置经验收交付后，供热单位应当按照本市规定实行供热计量，并与用户签订按照供热计量收费的供用热合同。

供热单位应当在民用建筑区的显著位置公示实行供热计量信息及其收费

标准和收费办法。应当实行供热计量的民用建筑,供热单位未按照供热计量方式收取费用的,用户可以按照供热计量收费的基本热价标准交纳采暖费。

第三十六条 供热单位应当负责并做好供热计量与温控装置的管理、维护、抢修、更新改造等工作,并加强巡检,提高节能运行水平。供热单位应当定期监测水质,并在非供暖季,对供热系统实施充水保养。

市政市容行政主管部门应当做好本市供热计量监督管理工作,畅通供热计量投诉、举报渠道,对用户反映的供热计量意见,及时受理和处理;发现供热单位不按照规定实行供热计量的,应当督促供热单位及时整改,并移送城市管理综合执法部门处理。

第五章 法律责任

第三十七条 建设单位、设计单位、施工单位、监理单位违反本办法规定,未按照民用建筑节能要求建设、设计、施工、监理的,按照《建设工程质量管理条例》《民用建筑节能条例》及相关法律法规处理。

第三十八条 违反本办法第二十二条规定,建设单位未按照规定履行相关信息告知义务的,由住房城乡建设行政主管部门责令限期改正,处1万元以上3万元以下罚款。

第三十九条 违反本办法第二十五条规定,公共建筑的所有权人在进行改建、扩建或者外部装饰装修工程时,未按照规定同时进行相关节能改造的,由住房城乡建设行政主管部门责令限期改正,处3万元以上10万元以下罚款。

第四十条 违反本办法第三十一条第二款规定,重点公共建筑连续两年超过年度能耗限额20%的,由住房城乡建设行政主管部门责令改正,处3万元以上10万元以下罚款。

第四十一条 违反本办法第三十二条规定,未按照要求开展能源审计、未按照规定报送能源审计结果或者报送虚假审计报告的,由住房城乡建设行政主管部门责令改正,逾期不改正的,处1万元以上3万元以下罚款。

第四十二条 违反本办法第三十三条规定,损坏建筑物围护结构保温层的,由住房城乡建设行政主管部门责令改正,情节严重的,可处1000元以上

1万元以下罚款。损坏供热计量装置与调控系统的，由城市管理综合执法部门责令改正，可处 500 元以上 1000 元以下罚款；情节严重，影响正常供热的，可处 1000 元以上 1 万元以下罚款。

第四十三条 违反本办法第三十四条规定，公共建筑的运行管理单位或者使用人不按照规定执行公共建筑室内温度控制的，由住房城乡建设行政主管部门责令限期改正，逾期不改正的，处 1000 元以上 5000 元以下罚款。

第四十四条 违反本办法第三十五条规定，新建民用建筑、既有建筑节能改造项目的供热计量和温控装置经验收交付后，供热单位不实行供热计量的，由城市管理综合执法部门责令供热单位限期整改，逾期不改正的，处 3 万元罚款。

第六章 附 则

第四十五条 本办法所称的新建民用建筑包括新建、改建、扩建和翻建的民用建筑。

第四十六条 本办法自 2014 年 8 月 1 日起施行。2001 年 8 月 14 日北京市人民政府令第 80 号发布的《北京市建筑节能管理规定》同时废止。

> 附录5

北京市电动汽车推广应用行动计划
（2014—2017年）

京政办发〔2014〕39号

各区、县人民政府，市政府各委、办、局，各市属机构：

《北京市电动汽车推广应用行动计划（2014—2017年）》已经市政府同意，现印发给你们，请结合实际认真贯彻落实。

北京市人民政府办公厅
2014年6月16日

北京市电动汽车推广应用行动计划
（2014—2017年）

为深入贯彻落实国家《大气污染防治行动计划》和《北京市2013—2017年清洁空气行动计划》，切实做好电动汽车推广应用工作，努力实现大气污染防治目标，特制定本计划。

一、总体要求

紧紧围绕首都城市战略定位，坚持市场导向和政府推动相结合，以政策服务创新为牵引，以重点应用示范为突破，以市场全面开放为动力，以基础设施建设为支撑，在公共领域率先示范，兼顾有序培育私家电动汽车市场，营造全社会共同关注创新、共同支持减排的良好氛围，努力将北京建设成为电动汽车全国示范应用的新标杆、应用规模全球领先的新高地。

一是着力推进政策服务创新。将推广应用电动汽车的政策从购车环节向用车环节延伸，覆盖购车、用车、基础设施建设及运营、服务保障等全链条。鼓励各类金融机构开发金融产品，全面参与电动汽车推广应用。

二是着力推进重点应用示范。聚焦示范效应突出、节能减排效果明显、应用模式相对成熟的细分市场，大领域以点带面，小行业集中突破，加大在公交、出租、公务车领域的推广力度，引导和带动单位及个人购买使用电动汽车。

三是着力推进市场全面开放。立足纯电驱动，坚持以市场为导向，将产品准入、基础设施建设及运营等全面开放，突出质量与服务并重，强化企业主体责任。

四是着力推进基础设施建设。坚持公用充电桩以快充补电为主、自用充电桩以慢充为主的原则，适度超前布局，充分发挥政府规划引导作用，吸引社会力量全面参与，推动形成市场化的建设、运营、管理机制，建成较为完善的充电设施服务网络。

二、重点任务及责任分工

（一）坚定不移推进公交电动化。将电驱动公交车的推广应用与交通体系深化改革相结合，使技术创新与商业模式创新相协调，因线制宜，实现换电、场站集中充电、在线充电、停靠站分散补电等多种供电模式的有机协同和车辆、供电、营运之间的有效匹配。以公交电动化为突破口，聚焦主要线路和重点区域，大力推进公交电动化。2014 年，投运电驱动公交车不低于 900 辆。到 2017 年，投运电驱动公交车不低于 4500 辆。

1. 推进重点公交线路电动化。长安街沿线、三环路环线等重点公交线路全部采用电驱动公交车。2014 年在重点公交线路上投运电驱动公交车

700 辆。

牵头单位：市交通委

责任单位：市发展改革委、市规划委、北京市电力公司

2. 实现全部城市快速公交线路（BRT）电动化。将现有 4 条城市快速公交线路全部更新为电驱动公交车。2014 年重点启动南中轴快速公交线路首批 40 辆电驱动公交车的更新工作。

牵头单位：市交通委

责任单位：市发展改革委、市规划委

3. 实现全部轨道交通接驳微循环线路电动化。现有及新增轨道交通接驳微循环线路全部采用电驱动公交车。2014 年重点在 6 条以上微循环线路投运电驱动公交车不低于 100 辆。

牵头单位：市交通委

责任单位：市发展改革委、市规划委、北京市电力公司

4. 推动新城城区主要公交线路电动化。新城城区内主要公交线路全部采用电驱动公交车。2014 年重点在怀柔亚太经济合作组织会议会址、亦庄新城、昌平未来科技城等的主要公交线路投运电驱动公交车 60 辆。

牵头单位：市交通委

责任单位：北京市电力公司、门头沟区政府、房山区政府、通州区政府、顺义区政府、昌平区政府、大兴区政府、平谷区政府、怀柔区政府、密云县政府、延庆县政府、北京经济技术开发区管委会

5. 推动机场运营车辆电动化。首都机场更新或新增各类运营车辆、摆渡等旅客保障车辆全部采用纯电动汽车。2014 年完成首批电动汽车示范运行，规划建设配套充电站。

牵头单位：首都机场集团公司

责任单位：市经济信息化委、市环保局、北京市电力公司

（二）大力推进电动汽车在出租行业的应用。

6. 加大市区出租车采用电动汽车力度。市区内新增出租车全部采用电动汽车。加快研究出台出租车更新为电动出租车的鼓励政策，推动存量出租车有序更新为电动汽车。

牵头单位：市交通委

责任单位：市发展改革委、市规划委、北京市电力公司

7. 10个郊区县区域出租车全部采用电动汽车。各郊区县要加快充电站选址建设，完善快速充电网络。

牵头单位：市交通委

责任单位：北京市电力公司、门头沟区政府、房山区政府、通州区政府、顺义区政府、昌平区政府、大兴区政府、平谷区政府、怀柔区政府、密云县政府、延庆县政府

（三）加快推进电动汽车分时租赁示范应用。

8. 开展电动汽车分时租赁示范运行。建设电动汽车分时租赁网络，使其成为城市多层次交通体系的组成部分。

牵头单位：市交通委

责任单位：市科委、市发展改革委、市规划委、北京市电力公司

（四）全力推进末端物流电动化。

9. 打造绿色末端物流配送体系。适应电子商务快速发展需要，聚焦末端物流配送，在邮政快递、电子商务末端物流等领域推广应用电动物流车。

牵头单位：市商务委、市交通委、市邮政管理局

（五）坚决推进公务车示范应用。

10. 推动公务用车率先采用电动汽车。新增的公务车、具备更新条件的公务车、党政机关机要通讯车原则上均采用电动汽车。参照《北京市居住公共服务设施规划设计指标》要求，在本市党政机关和企事业单位现有公共停车位建设一定比例的充电桩，专门用于电动汽车的充电和停车。

牵头单位：市财政局

责任单位：市发展改革委

（六）持续推进电动环卫车示范运行。

11. 推进环卫车电动化进程。确保已投运的环卫车满负荷运营。全力推进已采购的电动环卫车投入运营。新增环卫车中电动环卫车比例要超过50%。

牵头单位：市市政市容委

责任单位：各区县政府

（七）有序推进单位及个人购买使用电动汽车。

12. 鼓励单位及个人购买使用电动汽车。在基础设施不断完善、市场能够支撑的条件下，提供17万辆电动小客车指标。2014年完成2万辆电动小客车指标配置，争取出台有关政策鼓励老旧机动车更新为电动汽车。

牵头单位：市科委

责任单位：市经济信息化委、市交通委、市财政局、市环保局

（八）统筹推进基础设施建设。

13. 加大公共领域充换电站建设力度。在公交领域，建设大型充换电站3座；对直充式电驱动公交车、增程式公交车分别按照不低于2∶1、10∶1的车桩比建设快速充电桩。在出租领域，对市区电动出租车按照不低于3∶1的车桩比建设快速充电桩；对区域电动出租车分别按照不低于1∶1、5∶1的车桩比建设交流充电桩、快速充电桩；同时在出租企业建设慢充桩。2014年力争完成小营公交车充换电站建设，启动通州土桥和昌平未来科技城公交车充换电站建设，推进电动出租车充电设施建设。

牵头单位：市发展改革委

责任单位：市交通委、市规划委、各区县政府、北京市电力公司

14. 全面建成较为完善的公用充电服务网络。在社会公共停车场、交通枢纽停车场（含P+R）、大型商超停车场、高速公路服务区、电动汽车专业销售（4S）店、具备条件的加油站等建设10 000个快速充电桩。全面调动社会力量参与基础设施建设的积极性，加快推动形成基础设施建设、运营、管理的市场化机制。研究推进建设京津冀一体化充电服务网络。2014年重点研究制定在首都机场、南苑机场、北京站、北京南站、北京西站等大型交通枢纽，以及公共停车场、高速公路服务区等公共场所充电设施配建规范，完成1000个快速充电桩建设，在五环内初步建成5公里半径快速充电网络。

牵头单位：市发展改革委

责任单位：市交通委、市规划委、市商务委、北京市电力公司

15. 推进单位及个人自用充电桩建设。2014年，市发展改革委发布实施《北京市示范应用新能源小客车自用充电设施建设管理细则》，做到流程清

晰、标准明确、方便快捷、规范有序；市规划委发布实施《北京市居住公共服务设施规划设计指标》，明确新建及改建建筑要按照不低于18%的停车位比例配建充电设施，并将此作为规划审批条件；市住房城乡建设委发布《关于推进既有居住区新能源小客车自用充电设施安装的通知》，明确既有居住区内用户、物业、充电设施建设单位等各方的权利和义务，要求协调配合推进充电设施建设。

牵头单位：市发展改革委、市规划委、市住房城乡建设委

责任单位：市科委、北京市电力公司

（九）统筹政策形成合力。

16. 发挥政策叠加效应。在发布实施《北京市示范应用新能源小客车管理办法》及相关细则、《北京市纯电动汽车示范推广市级补助暂行办法》的基础上，将政策从购车环节向用车环节延伸，在购车、用车、基础设施建设及运营、服务保障等环节实现全覆盖。

在购车环节，邮政、物流等企业购买的纯电动专用车，按照国家标准1∶1比例给予市级财政补贴，并支持电动客车在单位班车、旅游客车等方面开展示范运行。在用车环节，积极研究差异化停车费、电动物流车优先配置货车通行证等政策。在基础设施方面，研究制定加快充电设施建设和有效运营的相关政策。同时，积极争取国家相关政策支持，申请在本市开展先行先试政策试点。

牵头单位：市发展改革委、市财政局、市公安局公安交通管理局

责任单位：市科委、北京市电力公司

三、保障措施

（一）完善工作协调机制。充分发挥新能源汽车联席会议制度的作用。新能源汽车联席会议负责计划制定、政策及资金统筹、重大事项协调等工作，牵头单位负责制定具体工作方案并组织推进，责任单位按部门职能分工及属地管理原则认真落实。市科委负责组织协调、及时汇报工作进展，并适时提请联席会议协调解决重大事项；市发展改革委牵头成立专项工作小组，统筹推进基础设施建设；市环保局加强对重点应用领域机动车排放情况的检查监

督；市质监局加强对车辆安全运营的监管。

（二）加强资金和用地保障。在资金保障方面，全面落实市级购车财政补贴和基础设施建设财政补贴，积极争取国家财政补贴。在用地保障方面，盘活存量，用好增量，保障充换电站建设的用地需求。研究设立新能源汽车碳交易基金，推动在本市运行的电动汽车整体参加碳交易。

（三）加大科技创新支撑。持续加大科技创新及产业化力度，引导产学研用紧密结合，重点提升动力电池、驱动电机、整车电控等关键核心技术水平，支持新型动力电池开发，加强共性技术平台建设。积极发展车联网技术，将电动汽车打造成移动智能终端，实现车人、车车、车路、车网等交互，推动电动汽车和大数据平台有机融合，实现车辆智能化、交通智慧化和信息动态化。

（四）鼓励商业模式创新。通过融资租赁等方式，加快在公交、出租等领域大规模应用电动汽车。在完善贷款贴息、电池租赁政策的基础上，积极探索公私合营（PPP）等模式，通过共享油电差价等机制，鼓励社会资本参与充电设施建设与运营、车辆购买与维护。引导设立电动汽车发展基金，鼓励充换电设施建设运营单位实行有偿服务，推动形成车位所有者、基础设施建设者和运营管理者等多方共赢的运营模式。

四、全社会共同参与

（一）强化企业主体责任。

1. 整车企业全面保障产品质量和服务。整车产品须满足低温运行等地域性特征要求。整车企业负责对废旧动力电池回收处理；建立车辆运行保障体系，重点对车辆安全运营信息进行监控，并实现实时故障预警；建设一定规模的充电设施并承诺对社会开放。

2. 电力部门全面推进基础设施建设。开辟绿色通道，进一步优化报装验收流程；完善智能充换电服务管理平台，满足公众预约、查询、结算等使用需求；加快在社会停车场、交通枢纽建设快充服务网络。

3. 物业管理单位全面参与充电桩建设运营。小区物业管理单位、业主委员会等应支持具备条件的单位或个人开展自用充电桩建设；具备条件的社会停车场应建设一定比例的充电桩向社会开放,并按照相关规定收取服务费用。

4. 公用企事业单位全面开展电动汽车示范运行。全市范围内的公交、出租、环卫、邮政物流等公用企事业单位,应成为推广电动汽车应用的重要示范载体,率先推广应用电动汽车,积极探索创新运营机制和商业模式。

(二)倡导公众全面参与。公务人员率先使用电动汽车,自觉成为电动汽车推广应用的推动者。倡导电动汽车行业从业人员身体力行,自觉成为电动汽车理念的传播者。倡导广大市民积极参与电动汽车推广应用活动,成为电动汽车应用的践行者。

(三)加大宣传监督力度。新闻媒体进行全方位、多层次、宽视角的科普宣传,切实增进社会公众认知程度,营造易于接受、乐于使用电动汽车的良好环境。重点加大政策宣传力度,通过专家解读、专题报道、典型案例等形式进行宣传报道,使公众清晰、消费者明晰、执行者熟悉。强化舆论监督作用,重点关注产品质量、服务保障、设施建设等关键环节,共同维护电动汽车良好的发展态势和局面。